Visione sistemica per u

Alejandro Ochoa Pimienta

Visione sistemica per un migliore stile e qualità di vita

Il nostro cervello, probabilmente l'oggetto più complesso dell'universo, è in grado di creare cose meravigliose che ci animano

ScienciaScripts

Imprint

Any brand names and product names mentioned in this book are subject to trademark, brand or patent protection and are trademarks or registered trademarks of their respective holders. The use of brand names, product names, common names, trade names, product descriptions etc. even without a particular marking in this work is in no way to be construed to mean that such names may be regarded as unrestricted in respect of trademark and brand protection legislation and could thus be used by anyone.

Cover image: www.ingimage.com

This book is a translation from the original published under ISBN 978-620-0-03241-6.

Publisher:
Sciencia Scripts
is a trademark of
Dodo Books Indian Ocean Ltd. and OmniScriptum S.R.L publishing group

120 High Road, East Finchley, London, N2 9ED, United Kingdom
Str. Armeneasca 28/1, office 1, Chisinau MD-2012, Republic of Moldova, Europe

ISBN: 978-620-7-00966-4

Indice dei contenuti :

Visione sistemica

Per uno stile e una qualità di vita migliori

Alejandro Ochoa Pimienta

Dedicazione

Questo lavoro è per la mia inseparabile compagna "Licha".

Gli assiomi servono a determinare verità che vengono accettate senza dubitare della loro veridicità, quindi non hanno bisogno di essere comprovati e per il solo fatto di pronunciarli, ciò che la frase dice viene dato per scontato. Ce n'è uno, che in particolare non si applica a questa dedica; la frase a cui mi riferisco sostiene che "l'uomo forgia la propria storia", e personalmente non ho forgiato solo la mia storia, la mia storia è diventata la nostra storia più di trentaquattro anni fa.

In questa storia condivisa, abbiamo vissuto insieme molte esperienze, alcune più significative e altre meno trascendentali; molti credevano che questa avventura sarebbe finita in breve tempo. Nonostante ciò e per qualche motivo, entrambi abbiamo resistito alle previsioni e abbiamo deciso di tracciare il nostro cammino, a volte allontanandoci l'uno dall'altro e a volte avvicinandoci troppo. Insieme abbiamo deciso di credere e insieme abbiamo deciso di fidarci, insieme abbiamo imparato a camminare a volte insieme e a volte separati, ma abbiamo sempre mantenuto dei punti di unione.

Sono stati i nostri figli, senza saperlo, a provocare la nostra vicinanza, e sono stati loro a motivare la nostra crescita, che è avvenuta senza che l'uno o l'altro ostacolasse i nostri ideali.

In diversi momenti la difesa dei nostri ideali ci ha costretto a dissentire; tuttavia, questi ideali non sono mai stati abbastanza forti da farci allontanare. Con il passare del tempo, abbiamo raggiunto obiettivi e ci siamo avventurati in ruoli sociali; all'inizio è stato difficile per noi, ma alla fine non ci siamo accontentati e ora non siamo solo una coppia, ma anche genitori, suoceri e nonni.

Il nostro viaggio non è ancora finito, questa è solo una parte del nostro romanzo e ora questo libro fa parte di questa storia. Quest'opera è potuta nascere perché siete stati capaci di credere in me, ed è la stessa fede che mi ha spinto a scrivere questo testo. Questo libro è per voi che mi avete permesso di far parte della vostra storia, e quindi d'ora in poi diventa la nostra storia.

Prefazione

Il nostro cervello, probabilmente l'oggetto più complesso dell'universo, è capace di creare cose meravigliose che ci animano e ci danno la vita; ma può anche diventare ciò che ce la toglie, se diamo ai nostri pensieri il potere di farci del male. Ricordiamoci che siamo nati per partecipare attivamente all'evoluzione del cosmo, ma i limiti sociali ci sommergono in gabbie mentali che ci impediscono di essere ciò che siamo veramente.

Il titolo di quest'opera è un invito a un'analisi sistemica della visione che ci plasma come esseri umani. L'autore afferma che sono necessari sforzi tenaci, continui, intensi e incessanti per rivedere il presente, sostituendo la percezione degli eventi passati con percezioni aggiornate.

Come mai in molte occasioni si presentano situazioni che richiedono una soluzione, e come mai da questa apparente "semplice azione" emergono circostanze impreviste che possono provocare alterazioni e cambiamenti emotivi che rendono difficile percepire adeguatamente la nostra realtà? L'approccio del lavoro afferma che non saremmo gli stessi se non fossimo stati formati da chi ci ha educato, poiché la costruzione della nostra realtà si basa sul senso di appartenenza che ci tiene legati a persone o circostanze.

Questo libro serve ad aprire la mente e l'anima a infinite alternative in cui viene descritta una storia ordinaria simile a quella di molte altre persone; poiché, come dice l'autore, il sistema di credenze viene riorientato e con questo si ottiene una flessibilizzazione della visione e della percezione di se stessi.

In particolare, perché leggere questo libro, per interrogarci sul fatto che non siamo davvero consapevoli che la nostra vita può cambiare radicalmente in pochi secondi. Si è vivi per lo stesso motivo, non è necessario rimandare la propria esistenza. Celebriamo quindi, leggendolo, l'irresistibile gioia di essere vivi.

Nidia Tirado

Introduzione

I secondi, i minuti, le ore, i giorni, le settimane, i mesi, gli anni, i lustri e i decenni sono modi per misurare e specificare la collocazione nel tempo degli eventi umani. Il loro uso permette di collocarsi in qualsiasi momento della vita e quindi servono come punto di riferimento per ricordare gli eventi. I ricordi sono un modo per rivivere il passato e questi ricordi generano sensazioni che danno origine a emozioni, alcune molto piacevoli e altre spiacevoli. Questa capacità che abbiamo di ricordare gli eventi passati è molto difficile da controllare, poiché le evocazioni sono in gran parte il prodotto di stimoli presenti che hanno una certa somiglianza con le esperienze passate. Siamo talmente abituati a questo modello di azione che abbiamo imparato a vivere senza chiederci se questi usi passati siano in grado di segnare il nostro presente. È persino possibile sostenere che, a prescindere da quanto positivo o negativo possa essere stato ciò che abbiamo vissuto, tutte le esperienze, in un modo o nell'altro, hanno lasciato eredità o ricchezze che si traducono in apprendimenti, che ci costruiscono gradualmente nel bene e nel male.

In diverse occasioni queste eredità, frutto di ciò che abbiamo imparato, si riflettono sul nostro spirito per affrontare le esigenze quotidiane. Molte esperienze possono funzionare come uno sprone che stimola il cammino abituale; altre volte, invece, accade il contrario e le esperienze assomigliano a grandi lastre di cemento che limitano e ostacolano il pellegrinaggio quotidiano. Il peso di queste lastre non è dovuto alla loro massa o al loro volume, questo peso si manifesta nel morale del soggetto, che può essere osservato nell'essere umano dal modo in cui affronta le faccende quotidiane; cioè, in atteggiamenti di pessimismo o positivismo di fronte alla vita. Questa risposta emotiva può in egual misura limitare o aumentare la motivazione per lo stile di vita che si conduce.

Questo libro vuole portare il lettore a una sorta di confronto con se stesso, in modo che sia in grado di chiedersi se sopravvive alla vita attraverso una disperazione appresa nel corso degli anni. Quante volte vi siete lamentati di tutte le cose che dovete fare e avete sostenuto che non c'è abbastanza tempo? Vi siete mai sentiti in colpa per non aver svolto tutti i compiti che avevate programmato?

I temi trattati sono intimamente legati alle proprie dinamiche. Ancora meglio, questa lettura è accompagnata da suggerimenti pratici, facili da applicare immediatamente, in modo che, dopo questo possibile utilizzo, si possano ottenere risorse o competenze che facilitino e permettano di svilupparsi prima di tutto come persona, e poi di godere di ciò che si fa. L'obiettivo è quello di fornire strumenti per il coping personale, in modo che il lettore sia in grado di avere il controllo di tutte quelle azioni che sono inerenti alle sue azioni. Cioè, accedere e beneficiare dell'impulso del potere e dell'essenza del lettore e, in funzione di questo impulso, aumentare la conoscenza di sé e il rispetto di sé, per propiziare la cura di sé, e quindi raggiungere gradualmente l'assimilazione del concetto di "adattamento", in modo che questo trascenda come la costante da preservare, per adattarsi sistemicamente e in modo prolungato alla propria esistenza.

Proposta e approccio iniziale

L'approccio principale di questo documento è quello di affrontare, dal punto di vista del ragionamento, l'importanza dell'apprendimento sia sociale che esperienziale.[1] Vale a dire, dalla configurazione del modo ordinario di ragionare, che inizia nel nucleo familiare attraverso la convivenza tra fratelli, cugini, zii, parenti, ecc. E dopo questa convivenza, si gettano le basi di quello che poi diventerà la piattaforma dell'apprendimento sociale. Queste due aree del continuum insegnamento-apprendimento solidificano la struttura per lo sviluppo delle abilità sociali che ci permettono di affrontare e risolvere i continui eventi legati all'esistenza e al movimento nella vita.

---

[1] L'apprendimento esperienziale è più di uno strumento, è una filosofia dell'educazione degli adulti, basata sul principio che le persone imparano meglio quando entrano in contatto diretto con le proprie esperienze e i propri vissuti.

Vale la pena notare che i diversi insegnamenti e apprendimenti si mescolano a emozioni e situazioni difficili da prevenire; molti di questi insegnamenti si ottengono in modo naturale o attraverso l'esperienza, altri in modo specifico attraverso l'istruzione formale o scolastica e una buona parte di questi insegnamenti si generano anche nel nucleo familiare primario, mentre altri provengono dalla sfera sociale.

Tutto questo apprendimento permette di affrontare e risolvere, il più delle volte, le situazioni abituali che fanno parte della vita umana, che in molte occasioni vengono solitamente risolte in modo efficiente, ma in altre occasioni non si ottiene lo stesso livello di efficienza, e allora nasce un sentimento di insoddisfazione o di fastidio, un sentimento che si manifesta con disappunto, impazienza o dispiacere. Pertanto, le emozioni, che sono del tutto naturali, possono anche diventare abituali; cioè, diventa abituale per le persone convivere con sentimenti di insoddisfazione e disagio, assumendo stoicamente[7] che questo è il modo in cui deve essere. Di conseguenza, si presume che gli esseri umani diventino forti ed equilibrati di fronte alla sfortuna di essere insoddisfatti di se stessi.

Tuttavia, questo tipo di comportamento, apparentemente scomodo, permette all'essere umano di acquisire forza, che viene acquisita nel tempo e che a sua volta si riflette nel carattere. Il carattere è definito come l'insieme delle qualità o delle circostanze di una persona o di un gruppo, che li distingue dagli altri nel loro modo di essere o di agire. Il carattere diventa quindi la struttura che distingue e individualizza l'essere umano e questo, a sua volta, facilita la capacità di pensare[3] e di procedere in modo singolare.

Paradossi e conflitti per "Essere se stessi".

Tuttavia, questa possibilità di osare essere se stessi, paradossalmente contribuisce da un lato a far sentire l'individuo forte e sicuro in un ambiente sociale, ma dall'altro porta anche al conflitto, poiché, come suggerisce Albert Bandura[4] nel suo libro: *Apprendimento* sociale *e sviluppo della personalità* (Bandura A.1963 *Apprendimento sociale e sviluppo della personalità*), buona parte dell'apprendimento dei comportamenti sociali si ottiene per imitazione. In altre parole, una buona percentuale di comportamenti è dovuta prevalentemente all'aspetto sociale; di conseguenza, molti dei comportamenti adottati non sono esattamente i più adatti alla personalità del soggetto.

Il paradosso è che in termini generali l'essere umano è un individuo saturo di apprendimento sociale; cioè non è se stesso in essenza,[5] ma solo in presenza.[6] E il conflitto diventa evidente attraverso il bisogno di essere se stesso anche nell'essenza, poiché questo si manifesta in un maggiore concetto di sé; quindi, più ci si allontana dall'essenza e si cerca per contrasto l'alienazione,[7] più si è lontani dalla propria realtà, e quindi più si è angosciati a causa della lontananza che si sperimenta con se stessi. In concreto, la premessa è: più si cerca di agire e di essere come la società impone, meno si sarà felici, perché ci si concentra prima sugli altri; per questo il soggetto diventa infelice con se stesso e con l'ambiente, perché alla fine è molto complesso essere autogratificanti (essere e vivere privilegiando l'essenza), e in egual misura restituire alla società (essere e vivere in presenza).

In questo scenario, l'uomo può proteggere la sua essenza solo finché non si socializza, perché questo è l'unico modo per mantenere il suo attributo. Ma ora, se consideriamo un'altra posizione teorica che ha a che fare con i bisogni primari, dove Abraham Maslow[8] (1943), sostiene che l'essere umano ha

---

[2] Forte, equilibrato di fronte alle disgrazie. (http://buscon.rae.es/draeI/)
[3] Pensare con intenzione o profondità a qualcosa (http://buscon.rae.es/draeI/)
determinismo reciproco: il mondo e il comportamento di una persona si causano a vicenda (http://www.psicologia-online.com/ebooks).
[5] Ciò che costituisce la natura delle cose, ciò che è permanente e immutabile in esse (http://buscon.rae.es/draeI/).
[6] Dimensioni, forma e disposizione del corpo *(http://buscon.rae.es/draeI/)*
[7] Stato mentale caratterizzato dalla perdita del senso di identità di sé (http://buscon.rae.es/draeI/).
[8] Abraham Harold Maslow (Brooklyn, New York, 1 aprile 1908 - 8 giugno 1970 Palo Alto, California) è stato uno

bisogno, per il suo sviluppo, di far parte di una società o di sviluppare un senso di appartenenza;[9] e questo stesso si riferisce all'essere accettati e quindi alla socializzazione per raggiungere in questo stesso senso una possibile auto-realizzazione sociale.

Abbiamo quindi che si manifesta una ramificazione tra il bisogno di essere un individuo e, dall'altro lato, di interagire socialmente in un ambiente e in un contesto alla ricerca della realizzazione di sé. Questo mantiene di conseguenza la validità del paradosso, che si riflette nella comparsa di un conflitto e, come conseguenza di questa corsa, si manifesta un'alterazione tra le priorità da soddisfare (da un lato soddisfare se stessi e dall'altro far parte della società per realizzarsi). Questo lo porta a pensare e ad agire in termini sociali piuttosto che individuali, dando luogo a una serie di comportamenti indifferenziati tra ciò che lo soddisfa e ciò che lo soddisfa socialmente. Di fronte a tale dilemma, l'essere umano lo risolve replicando le azioni nei diversi scenari in cui si sviluppa, senza discriminare tra i comportamenti che favoriscono lo sviluppo individuale e quelli che favoriscono il progresso sociale.

Modificare, non cambiare!

Non è quindi necessario cambiare, perché il soggetto funziona adeguatamente, solo che non si rende conto che ci sono comportamenti che stimolano lo sviluppo prosociale e comportamenti che favoriscono lo sviluppo dell'individualità, che non rendono necessaria la rinuncia al sociale.

Proprio per questo motivo, ritengo pertinente proporre fin dall'inizio l'idea di modificare piuttosto che di cambiare, poiché cambiare implica la rinuncia a modelli di comportamento che in scenari sociali possono essere appropriati ma che in situazioni personali non lo sono. E poi comporterebbe un'alterazione emotiva che non contribuisce al benessere personale. Per questo la proposta consiste solo nel modificare, per il quale è necessario analizzare prima quali comportamenti che si emettono sono efficaci per consolidare la consapevolezza di sé, e quali repertori all'interno della sfera sociale devono essere modificati. In altre parole, la modifica non implica più la rinuncia, ma solo l'adattamento, e con questo la risposta emotiva non sarà più così intensa; quindi, la probabilità di adattamento aumenta per rendere l'adattamento più fattibile.

Concettualizzazione del riavvicinamento sistemico.

L'elemento chiave da mettere in evidenza è l'occupazione del tempo; in quali azioni si spende abitualmente il proprio tempo, quanto tempo si dedica a un determinato compito, il ritmo della propria vita è soddisfacente, questo ritmo di vita porta davvero a ciò che si desidera, è questo lo stile di vita che si vuole e, infine, cosa si può fare per riorientare la propria esistenza?

L'origine della concettualizzazione di questa proposta consiste nel focalizzare l'attenzione su due prospettive che sono dinamicamente intrecciate con l'essere umano e che continuamente orientano, determinano, motivano o limitano i compiti della persona.

Le due sfaccettature nascono da una prospettiva cognitiva/comportamentale. La prima si riferisce alla percezione del passato, del presente e del futuro che ogni essere umano acquisisce nel corso della vita e che spesso dipende dagli eventi. Pertanto, considerando che ciò che è rilevante per il soggetto è l'esperienza vissuta, poiché egli può aver sperimentato qualcosa di piacevole o spiacevole un buon

---

psicologo americano noto come uno dei fondatori e dei principali esponenti della psicologia umanistica, una corrente psicologica che postula l'esistenza di una tendenza umana di base alla salute mentale, che si manifesterebbe come continui processi di ricerca dell'autorealizzazione e dell'auto-realizzazione (http://es.wikipedia.org/wiki).
[9] Il fatto o la circostanza di far parte di un insieme, come una classe, un gruppo, una comunità, un'istituzione, ecc.

numero di volte, e in entrambi i casi concepisce una fissazione, positiva o negativa; di conseguenza, molte delle esperienze presenti saranno valutate più in termini di passato che in termini di presente vissuto; Quindi questi trascorsi, indipendentemente da come sono stati vissuti, inducono a vedere il futuro in modo ottimistico o pessimistico, e molto probabilmente a cercare di vivere nel presente rimediando o evitando il passato, che quindi non corrisponde al presente.

Questo primo aspetto esperienziale può essere interpretato parafrasando alcuni teorici della personalità, i quali affermano che una buona parte degli individui vive fissata nel passato, e quindi mostra resistenza verso il presente; Ci saranno anche altri che trovano un senso alla vita da quel passato tortuoso, e altri ancora con una visione teleologica, dove gli eventi passati segneranno il loro presente e quindi la loro motivazione nella vita; e altri ancora che costruiscono il loro stimolo all'azione presente sulla base del piacere agli altri, adeguandosi all'esibizione di archetipi comportamentali che permettono loro di essere accettati dagli altri.

In molti casi, quindi, le attività svolte al presente sono strettamente legate al passato e, in questo stesso presente, sono destinate a forgiare il futuro.

A queste considerazioni sul tempo, di solito si attribuiscono sfumature emotive che fanno da cornice alle attività abituali che un essere umano svolge. Questo ci porta alla seconda considerazione, che ora è di natura comportamentale, cioè in questo caso le attività che vengono svolte provocano emozioni anche nella loro esecuzione. Innanzitutto, le esperienze precedenti attivano emozioni e, nella stessa misura, fluttuazioni cognitive, poiché molte volte si può vivere un'esperienza drammatica; tuttavia, se il soggetto non attribuisce molto valore all'esperienza, allora l'emozione non sarà così intensa, ma al contrario, se all'esperienza si aggiungono drammaticità e intensità, allora le emozioni saranno più intense. Questo basterà a marcare e condizionare determinati comportamenti e quindi a provocare un'associazione tra l'emozione e il comportamento.

Di conseguenza, se un'emozione piacevole è associata a una certa attività, per esempio: un giovane che è stato rinforzato positivamente all'inizio degli anni scolastici, molto probabilmente apprezzerà l'attività universitaria che ora si suppone sia più impegnativa, e questo non sarà un ostacolo a godere e a essere efficiente in questa attività; ma ora, vediamo come una persona che è stata costretta a lavorare da bambina, a causa delle condizioni che prevalevano a casa, molto probabilmente non amerà i comportamenti legati al lavoro ora nel tempo presente. In realtà, le possibilità di tali comportamenti sono molteplici e in infinite combinazioni. Il punto focale di questo approccio è che invariabilmente, man mano che si matura cronologicamente, si matura anche cognitivamente; in modo tale da permettere all'essere umano di costruire gradualmente aree di crescita che gli consentano di utilizzare le proprie risorse personali e di far fronte alle richieste dell'ambiente sociale; in questo stesso senso, può essere molto efficiente in alcune aree e carente in altre. Questa dinamica di efficienza-carenza sarà indubbiamente segnata dal tipo di esperienza vissuta, e in molte occasioni le diverse attività che si sviluppano serviranno più a dimenticare il passato o a costruire il futuro, facendo sì che il presente venga vissuto senza metterlo minimamente in discussione.

Analisi sistemica dello sviluppo umano

Consideriamo quanto sopra in questo modo, fermo restando che verrà trattato in modo più approfondito in seguito; tuttavia, per chiarire questa idea, ritengo pertinente tornare su di essa a questo punto.

Vediamo allora che, in questa prospettiva, l'essere umano, per il suo sviluppo esistenziale, ha bisogno di vagare in diversi spazi o sistemi, e questi sono:

Sistema personale: è legato allo sviluppo del sé; e in questo senso comporta alcune dimensioni di crescita che, come le aree, saranno trattate in capitoli. Tuttavia, ai fini della descrizione, saranno denominate: dimensione cognitiva, affettiva e spirituale.

Sistema familiare: si concentra sulle risorse fornite dalla famiglia all'essere umano, risorse che a volte favoriscono, ma in altri casi ostacolano o limitano le prestazioni in altre aree.

Sistema affettivo: questa parte delle aree si riferisce al modo in cui si dà l'affetto ma anche a come lo si riceve. A volte è molto piacevole dare affetto, perché questa sensazione crea una sensazione di piacere, ma molte altre volte non si sa come riceverlo allo stesso modo; e questo può riflettersi in sensazioni di disagio, in cui non ci si ritiene degni di un tale segno di apprezzamento. Pertanto, anche lo sviluppo di quest'area richiede attenzione.

Sistema sociale: è considerato sulla base della premessa intrinseca dell'essere umano, che possiede caratteristiche gregarie; abbiamo quindi che la socializzazione è più che una ricerca, è una necessità.

Sistema accademico: è intimamente legato a quello cognitivo e, a prescindere dalla scolarità raggiunta, serve a far fronte alle diverse esigenze quotidiane, siano esse legate alla sfera affettiva, lavorativa, affettiva e sociale, tra le altre. In questa sezione, l'attenzione si concentra sui tipi di ragionamento che ci permettono di affrontare e risolvere le situazioni quotidiane.

Sistema ludico: si riferisce al bisogno naturale che tutti abbiamo di divertirci; è noto, infatti, che questa attività favorisce il rilascio di serotonina negli esseri umani e che questa stessa contribuisce al benessere emotivo.

Sistema sessuale: è considerato non solo in senso genitale, ma si consolida anche attraverso la sensibilità e il rispetto che si dà a se stessi e agli altri. A questo punto è legato alla parte affettiva, ma qui è orientato verso sensazioni e azioni che coinvolgono il sessuale, poiché l'affettivo può essere consolidato con amici ed estranei, e il sessuale, solo con persone che hanno accesso alla prosemica intima.

Sistema di attivazione fisica: favorisce il rilascio di endorfine, che promuovono sentimenti di ottimismo e di attivazione cerebrale.

Sistema spirituale: sarà visto come un vigore naturale e una virtù che incoraggia e fortifica il corpo ad agire; cioè, quest'area di sviluppo è strettamente legata all'area individuale, solo che in questa sezione è incorporata una sorta di mandato, dove le parole: perché, voglio, posso e devo, acquistano un senso pratico e orientato.

Sistema lavorativo: prevede, tra l'altro, lo svolgimento di attività produttive che consentono, dopo la loro esecuzione, la generazione di risorse economiche e spesso emotive. Si basa sulla soddisfazione che può derivare da ciò che è stato svolto.

Ragionamento e cognizione / Comportamento e atteggiamenti

Ora, una volta concettualizzate bene le due prospettive (Cognitiva = esperienze passate-presenti-future e Comportamentale = sviluppo per aree), è possibile con questo approccio che una persona si orienti con maggiore sforzo a sviluppare, ad esempio, l'area lavorativa e di conseguenza trascuri l'area familiare e affettiva. L'orientamento al lavoro può essere compreso dal fatto che l'esperienza familiare non è stata del tutto piacevole, e allora il soggetto si rifugia nel lavoro come forma di soluzione al passato, quando in realtà non risolve nulla, dato che ciò che ha vissuto è stato in gran parte dovuto a una certa circostanza e a un certo scenario, ed è stato anche vissuto con attributi cognitivi che all'epoca non possedeva, e che ora, con maggiori condizioni, non è necessario risolvere il passato, ma affrontare il presente, e per questo è necessario aggiornare la propria autoconsapevolezza.

Per questo sarà necessario riconoscere che molte delle situazioni che possono essere state spiacevoli e che in varie occasioni orientano e condizionano le situazioni attuali, non possono essere risolte rifugiandosi in un solo ambito; al contrario, nella misura in cui ci si rende conto delle potenzialità dello sviluppo di sé in tutti i suoi sistemi, sarà più edificante svilupparsi che contemplarsi in un passato infruttuoso e non più modificabile. Con questa limitazione, tuttavia, è possibile riformulare il presente, sostituendo la percezione degli eventi passati con percezioni aggiornate.

L'aspirazione della mia proposta è quindi quella di analizzare le cognizioni e i comportamenti che sono il prodotto delle esperienze passate e che, in un dato momento, strutturano il sistema di credenze, ragionamenti e comportamenti in modo disfunzionale[10] e ripensarli sistemicamente in modo funzionale[11] .

Per questo motivo, e poiché ogni scrittura deve avere un ordine, perché solo in questo modo è possibile trovare un senso pratico e utile, la presente proposta è stata suddivisa in quattro assi, che saranno sviluppati in modo particolare e poi collegati per concretizzare l'idea principale. Ogni asse ha le sue caratteristiche di sviluppo, ed è accompagnato da esperienze professionali, didattiche e terapeutiche, aneddoti di persone che hanno voluto condividere le loro esperienze e casi clinici che riflettono l'importanza del riadattamento sistemico degli attori.

Gli assi a cui si riferisce la proposta sono:

- **Analisi sistemica del repertorio comportamentale e delle sue ripercussioni**
- **Definizione e sviluppo della salute fisica e mentale**
- **Dimensioni dell'essere umano (approccio umanistico)**
- **Sviluppi sistemici**

Infine, l'intenzione principale si concentra sull'imparare a osservare se stessi da quattro prospettive di sviluppo e cercare, per quanto possibile, di fornire delle linee guida per osservare prima se stessi, poi analizzare e infine incorporare possibili nuovi modelli di azione che permettano un vagabondaggio più armonioso con se stessi; e soprattutto, di non limitarsi e che nel perseguire il desiderio di ottenere qualcosa, si deve cambiare, poiché molto di ciò che si possiede, è dovuto proprio al modo di essere e di agire. Non è quindi necessario rinunciare a tutto ciò che è storia personale, poiché sulla base di quella storia è stato possibile diventare ciò che si è, e di conseguenza è stato possibile raggiungere ciò che ora ci rende dignitosi e orgogliosi. Allo stesso modo, è possibile filtrare parte di ciò che contribuisce alla crescita personale e, semplicemente modificando gli schemi e i modelli di azione, è possibile mantenere la visione e riorientare la missione di utilità e contributo in questa vita.

---

[10] Disturbo nel funzionamento di qualcosa o nella sua funzione (http://buscon.rae.es/draeI)
[11] Detto di un'opera o di una tecnica: efficacemente adatta al suo scopo (http://buscon.rae.es/draeI)

Capitolo 1

Analisi sistemica del repertorio comportamentale e delle sue ripercussioni

In questo primo capitolo si vuole fare un'incursione attraverso la narrazione di una storia che tenta di mostrare le dinamiche coinvolte nel consueto passaggio della vita. Verrà descritta una storia ordinaria simile a quella di molte altre persone. Probabilmente la somiglianza non è totale, ma molto probabilmente alcuni passaggi potrebbero essere simili alla vostra esperienza. L'intento principale di questa narrazione è quello di mostrare come in molte occasioni si presentino situazioni che richiedono una soluzione, e come da questa apparente "semplice azione" emergano circostanze impreviste che possono causare alterazioni non solo nelle relazioni con gli altri, ma anche cambiamenti emotivi che rendono difficile percepire adeguatamente la nostra realtà, che è stata costruita con l'intento di raggiungere una stabilità in grado di fornirci una sicurezza che ci permetta di sopportare i pesi economici, emotivi, familiari, lavorativi, ecc.

Ebbene, in molte occasioni questo stesso senso di sicurezza può essere alterato da una miriade di eventi, alcuni previsti e altri inaspettati; alcuni piacevoli e altri spiacevoli, indipendentemente dall'uno o dall'altro. Affrontare la quotidianità costringe immancabilmente a fare delle scelte ed è in questo senso che le scelte fatte tendono a propagarsi e a rimanere sempre con noi. Questa narrazione vuole quindi mostrare l'importanza sistemica delle decisioni e come esse costringano a continui adattamenti alle circostanze che si presentano.

Questa è la storia di un uomo di 42 anni, adulto, sposato e con tre figli adolescenti. Ha uno stile di vita intenso, poiché viaggia continuamente per lavoro. Tuttavia, nonostante tutto questo dinamismo lavorativo e di fronte alla possibilità di un futuro incerto nel suo lavoro, ha deciso di riprendere la sua formazione professionale. A tal fine, si è iscritto a un istituto di istruzione superiore per conseguire una laurea, ritenendo che questa azione potesse fornirgli la possibilità, in caso di perdita del lavoro, di acquisire le conoscenze necessarie per cercare un'altra opzione e non dipendere esclusivamente dal suo attuale lavoro. Tuttavia, l'impatto della perdita del lavoro non era così grande, poiché la moglie lavorava in un'azienda che le forniva uno stipendio adeguato che le avrebbe permesso di sostenere la mancanza di reddito del marito per il momento. Il marito era alla fine della sua carriera professionale, ed è proprio alla cerimonia di laurea che inizia la narrazione.

L'evento di chiusura dell'anno e la cerimonia di consegna dei diplomi avrebbero avuto inizio alle ore 17.00. Per alcuni, questo giorno rappresentava qualcosa di tanto atteso e, soprattutto, di molto atteso. Per altri, invece, significava un evento come tanti, perché proprio questo evento simboleggiava una grande ricerca e l'apice di un grande sogno. Ecco perché questo evento ha provocato una sensazione un po' strana.

La sensazione era a metà tra l'estrema eccitazione e la profonda incertezza. Entrambe le sensazioni le aveva sicuramente già provate nel corso degli anni, infatti a quarantadue anni riconosceva già la sensazione di felicità in modo molto significativo, e una di queste sensazioni di picco che ancora persisteva riguardava il giorno del loro matrimonio. Un evento che, sebbene potesse essere prematuro, dato che all'epoca entrambi avevano solo vent'anni e stavano ancora studiando all'università, entrambi stavano partecipando alle esigenze di questa attività; E se a questo si aggiungono le attività accademiche e sociali dei giovani in formazione, e se a questo si aggiungono le attività coinvolte in una relazione formale di matrimonio in cui le responsabilità si moltiplicano, perché ora dovevano occuparsi anche del processo di conoscenza reciproca, oltre che degli obblighi lavorativi e accademici, e se si sommano questi elementi, si può vedere che l'aumento delle responsabilità si manifesta in modo esponenziale.[24]

Quindi, in tutta onestà, non potevano nemmeno immaginare la portata del fidanzamento che avevano contratto insieme e di comune accordo. Entrambi i giovani avevano il pieno e corretto consenso dei rispettivi genitori, e questo fatto implicava già in gran parte l'esistenza di alcune simpatie. Simpatie che hanno attenuato l'impatto emotivo di alcuni presagi, certamente non del tutto favorevoli, ma che hanno funzionato più come stimolo che come fonte di desistenza. Alcuni di questi pronostici consistevano nel supporre che la giovane moglie fosse già incinta; un altro presupponeva che probabilmente non sarebbero rimasti una coppia a lungo; e in un altro senso, che l'incipiente relazione coniugale potesse ostacolare il proposito di completare la carriera. In breve, i giudizi sociali non erano molto favorevoli; tuttavia, paradossalmente, questo stesso fatto era un ottimo incoraggiamento per entrambi.

Entrambi condividevano molti interessi e gusti, così in questo tenore di convivenza, conoscenza, ignoranza e ripensamento reciproco riuscirono a stare insieme. Dopo due anni di convivenza, una bellissima bambina dai capelli ricci e dal sorriso smagliante entrò nella loro vita, portando gioia e luce nella vita dei due giovani innamorati. L'arrivo della loro figlia era molto atteso e desiderato. Ma per una coppia di giovani emancipati che stavano cercando di comportarsi e di essere adulti, comportò uno sconvolgimento della loro vita; infatti, con questo dono prezioso comparvero sulla scena anche altri impegni che apparentemente all'epoca non li riguardavano più di tanto, suppongo che di fronte a ciò il fatto di essere giovani fosse molto a favore del fatto di essere giovani. Cioè, il loro atteggiamento aveva ancora l'essenza della giovinezza con realtà adulte.

Un altro fatto significativo è che la natura aveva dotato il loro grande tesoro di una grazia molto speciale, poiché passava regolarmente a braccetto con estranei e amici. Questo dava loro molta soddisfazione e orgoglio. E in un certo senso, questa simpatia faceva sì che gli altri volessero stare con la figlia, alleggerendo di molto i pesi e le responsabilità della genitorialità, poiché la soddisfazione e la gioia di questo dono di Dio erano di gran lunga superiori alle vicissitudini economiche di una famiglia nascente.

Torniamo ora alle sensazioni provate al momento della laurea. Erano molto simili all'esercizio nascente della genitorialità. Ma ciò che sentivo anche adesso era l'incertezza. Vale a dire, un grande punto interrogativo mentre si chiedeva: cosa sarebbe seguito dopo questo? Era molto nuovo per lui provare qualcosa di così piacevole e soddisfacente, e allo stesso tempo così pieno di dubbi.

Questo evento conclusivo ha significato per lui il culmine di vent'anni di errori, decisioni sbagliate, distrazioni, demotivazioni e, in larga misura, grandi carenze volitive. Ci sono voluti vent'anni per completare finalmente una carriera professionale; a prescindere dalle ragioni e dalle giustificazioni, ci sono voluti due decenni per trovare e consolidare la sua carriera professionale. In questo lasso di tempo ha conosciuto ed è stato introdotto a tre discipline di conoscenza dissimili, pensate un po': relazioni commerciali, cioè i principi di gestione, la contabilità e il marketing. Ma alla fine, considerando la grinta e il vigore di un giovane di vent'anni, finì per orientare il suo tempo più verso lo sviluppo di competenze sportive che accademiche. E alla fine questa pratica ha funzionato come un'attività inquinante e, di conseguenza, si è distratto e ha trascurato le esigenze accademiche, che sono in definitiva la ragione principale della sua frequenza all'università. Sono state proprio queste distrazioni a far sì che trascurasse completamente le esigenze dell'università e la conseguenza è stata uno scarso rendimento accademico.

Il modo per risolvere questo conflitto di interessi era semplicemente scappare. In altre parole, si è ritirato temporaneamente dal programma nel tentativo di rimediare in parte alla sua incompetenza accademica, e allo stesso tempo ha fatto una sorta di promessa di continuare a studiare. La realtà della

---

[24] Da *exponent* adj. Detto di crescita: il cui tasso aumenta sempre più rapidamente (http://buscon.rae.es/draeI).

situazione era una sorta di autosabotaggio. Era qualcosa di simile al nascondersi dalla propria incompetenza; cioè, il livello di efficacia nei confronti della scuola non era del tutto efficace e lui lo sapeva già, ma non lo riconosceva, e così lo sport gli permetteva di alleviare la dissonanza cognitiva[25] (*Festinger 1957*). Nello specifico, ciò si riferisce alla mancanza di conformità o di proporzione che dovrebbe essere naturalmente dedicata allo studio; quindi, in proporzione, egli dedicava più tempo all'allenamento fisico e meno a quello cognitivo.

Questa tendenza alla fine portava a un logoramento fisico e mentale, e questa mancanza di conformità si rifletteva nella dissonanza (dal latino *dissonantia*); e il modo per porvi rimedio era, per dirla in modo semplice, attraverso la consonanza (dal latino *consonantia*), attraverso la relazione di conformità, cioè senza avere responsabilità scolastiche, che era la radice della dissonanza in primo luogo. Il modo per percepire che si è in presenza di una dissonanza è attraverso una sensazione di disagio che aumenta progressivamente e si riflette in un'alterazione del funzionamento corporeo, molto simile ai sintomi nevrotici, come la difficoltà di concentrazione e le alterazioni dell'umore; in modo naturale si cerca di porre rimedio a questa sensazione, (questo indipendentemente dalle conseguenze), infatti la ricerca si concentra sull'alleviare il sintomo, senza ragionare sui risultati che questo alleggerimento comporta, e l'azione consisteva nel darsi un congedo temporaneo.

Questo tipo di "soluzione" a una determinata situazione è di solito molto utile, dato che allevia rapidamente il disagio emotivo causato dalla mancata risoluzione adeguata di un conflitto e facilita naturalmente l'evitamento giustificato o ragionato; e quindi allevia il disagio emotivo di riconoscere che, dopo tre anni di studio di una laurea, sono finalmente riusciti ad acquisire alcune conoscenze, ma non il culmine professionale.

Tornando alla ricerca e avendo già deciso di fuggire dallo studio delle relazioni commerciali, decise di continuare gli studi e si iscrisse alla facoltà di veterinaria. Ora lasciava da parte lo studio delle logiche amministrative, contabili e di mercato. Questa volta la sua mente era rivolta alla medicina veterinaria. Un altro ambiente e un altro gruppo di compagni di classe che, tra l'altro, all'inizio fu molto piacevole, poiché i colloqui erano incentrati sugli animali, sull'osservazione di mandrie, cavalli, cani, gatti, ecc. La compagnia che regnava tra tutti i compagni era molto simile all'atmosfera del villaggio (tutti si conoscono e quindi si crea molta familiarità).

Gli aneddoti, le battute, le risate accompagnate da un buon numero di birre hanno reso i momenti molto piacevoli. L'atmosfera era molto orientata alla spensieratezza. E ancora di più alla polidipsia, cioè a soddisfare la propria sete non con l'acqua, ma con la birra. I trasferimenti al centro di studi veterinari e le continue riunioni quotidiane intorno a tanta allegria gli provocavano una sorta di rimorso. Si trattava di un'altra sensazione di disagio emotivo, molto simile a quella che aveva già sperimentato nella sua prima avventura accademica; e si aggiungeva al fatto che in quel periodo, durante il consueto trasferimento alla facoltà di veterinaria (che tra l'altro si trovava a quaranta chilometri di distanza dal suo luogo d'origine), c'era stato un incidente d'auto con alcuni compagni della stessa scuola, e in questa disavventura avevano perso la vita due compagni. Questo gli diede una sorta di avvertimento sul nuovo stile di vita che stava acquisendo. Il suo gusto per il bere e le spese di viaggio quotidiane gli fecero abbandonare il desiderio di studiare di nuovo dopo nove mesi. Solo che ora il periodo di attesa si prolungò di un anno e lui rinunciò a qualsiasi tentativo di studiare.

Più tardi, all'inizio dell'anno scolastico successivo, si iscrive nuovamente a una scuola di livello superiore, questa volta nel suo luogo d'origine, e approfittando di alcune conoscenze pregresse della lingua inglese, si iscrive alla scuola superiore di turismo. A questo punto inizia a rendersi conto che

---

[25] Questo concetto, chiamato dissonanza, si riferisce alla tensione interna o alla disarmonia del sistema di idee, credenze, emozioni e atteggiamenti (cognizioni) che una persona percepisce tenendo due pensieri contrastanti allo stesso tempo, o con un comportamento in conflitto con le sue credenze. In altre parole, il termine si riferisce all'incompatibilità percepita di due cognizioni simultanee.

ogni specialità scolastica ha le sue peculiarità, e la scuola di turismo non poteva fare eccezione. E senza alcun senso peggiorativo, scopre che, come nelle altre incursioni scolastiche, prevaleva il cameratismo; ma questo con una tendenza all'esibizionismo e con un marcato rilassamento verso lo studio da parte di insegnanti e studenti, visto nella prospettiva della rigorosa assistenza e dell'obbligatorietà della lettura formale. Ciò gli provocò una sorta di sentimento misto o, come si dice in psicologia, una dicotomia o ambivalenza, uno stato d'animo in cui coesistono due emozioni antagoniste.

Nella prima emozione vissuta, gli piaceva l'ambiente scolastico, ma la sua rigida visione del dovere dello studio lo disapprovava. Forse perché il suo rendimento non corrispondeva a quello di un uomo con responsabilità coniugali e quindi di partner e di lavoro. Alla fine, il lato responsabile prevale ed egli decide di separarsi dal suo desiderio di diventare un professionista e decide di aspettare e trovare qualcosa che soddisfi veramente le sue aspettative accademiche. In realtà, la decisione di abbandonare la ricerca provoca in lui una sensazione di disagio che lo fa sentire limitato e, in una certa misura, frustrato; si guarda intorno e molti dei suoi conoscenti hanno già completato la loro formazione, mentre lui sta ancora cercando di scoprire quale professione dovrebbe studiare. Tutto sommato, questo periodo di attesa nella ricerca di un consolidamento accademico gli è costato solo quindici anni; proprio così, gli sono serviti quindici anni per decidere di completare la sua formazione professionale.

In questo periodo la sua vita era piuttosto dinamica, suppongo come quella di molti che, come lui, cercano o inseguono un sogno, un'intuizione o sono impegnati a essere produttivi per ottenere abbastanza economicamente, perché hanno già responsabilità concrete e improrogabili. A questo punto vale la pena di riflettere su quelle persone che, a causa di situazioni non ponderate, frutto della naturale irruenza di tutti i giovani inesperti, che dovrebbero essere in grado di far fronte alle richieste e alle esigenze della vita adulta, e a causa di varie circostanze, si trovano coinvolti in situazioni che comportano grandi dosi di responsabilità, e improvvisamente vengono coinvolti in eventi che richiedono molta riflessione per la loro adeguata soluzione. Sebbene sia proprio questa capacità di analisi e valutazione ad essere acquisita con l'esperienza, ma anche con la maturità mentale che deriva dalla crescita e dall'impossibilità di integrarla gradualmente nel corso della vita, compare l'emancipazione (dal latino *emancipare*), che significa: liberarsi dall'autorità o dalla tutela dei genitori; il che, in parole più semplici, significa che i genitori smettono di prendere decisioni sui giovani e che questi si assumono la piena e completa responsabilità delle loro azioni. Questo processo alla fine è il corso naturale di tutta l'evoluzione familiare, ma per potersi liberare completamente dalla tutela, l'individuo deve dimostrare di essere preparato nella sua struttura mentale, emotiva e attitudinale, che si ottiene attraverso la tenacia e l'attaccamento costante nel tempo, e attraverso questo sviluppo orientato si può dire che il soggetto è ora pronto per sfide più grandi, e con l'esperienza acquisita può essere in grado di condurre una vita adulta, e se lo desidera, unire la sua vita a un'altra e formare una famiglia con questa unione.

Le persone che, per una moltitudine di motivi, evitano gran parte di questo processo di vita e ne alterano la traiettoria probabilistica, danno luogo a un'instabilità attitudinale ed emotiva con diverse possibilità di coping. Da un lato, una probabilità è che: i comportamenti possono manifestarsi valorizzando le proprie capacità, aggravando così lo sviluppo personale. Ma, allo stesso modo, per altri, la stessa instabilità può riflettersi in comportamenti disfunzionali che non favoriscono lo sviluppo personale e tanto meno quello familiare; quindi, avventurarsi in scenari che non corrispondono alla propria età cronologica può, in un buon numero di occasioni, alterare e potenziare le capacità e, nella stessa misura, può alterare e limitare le capacità. In entrambi i casi c'è una costante: nel bene e nel male si produce l'irreversibilità.[26] Ciò significa che non è più possibile tornare indietro e quindi l'unica cosa possibile è l'entropia, che non è altro che una misura dell'incertezza che esiste di fronte a un insieme di messaggi, e di questi messaggi il principale e più imminente è quello di

---

[26] Prigogine I. 1993 (*Le leggi del caos*)

sussistere e andare avanti con nuove responsabilità, anche se non abbiamo le risorse per farlo.

Pertanto, l'urgenza dell'azione prevale sull'urgenza della ragione. Questo provoca spesso tensioni che devono essere ridotte, poiché la somma di queste tensioni può causare gravi alterazioni che alla fine portano a patologie mentali; per questo motivo buona parte del tempo produttivo viene investito in comportamenti che alleviano questa tensione. Purtroppo, non si osserva all'interno di questa emissione di comportamenti quali siano funzionali e quali disfunzionali; in definitiva, in modo non riflessivo e indiscriminato, i soggetti vengono coinvolti in routine il cui obiettivo principale è quello di ridurre la tensione causata da certe situazioni, ma che non si riferiscono ad altri scenari, e data l'efficienza precedentemente raggiunta nel far fronte a una certa situazione, si presume erroneamente che la stessa soluzione funzionerà per tutti i contesti.

Dopo aver riflettuto su quanto la vita stessa possa essere dinamica ed enigmatica, l'attenzione dell'autore si rivolge alla propria esistenza; e ora è possibile per lui rendersi conto del proprio processo di esistenza, che può essere stato molto impegnativo, dal momento che nell'arco di quindici anni ha vissuto in tre città diverse, ha svolto otto lavori e nello stesso periodo sono nati gli altri due figli. Ha anche mantenuto un forte rapporto con la sua compagna, così come l'attaccamento e il distacco da amici occasionali e colleghi di lavoro. Con tutto questo, si può dire che ha vissuto una stagione di grande crescita nelle dimensioni dell'essere umano. Dimensioni che saranno trattate in modo dettagliato e approfondito nelle rispettive sezioni.

Ora, tornando alla narrazione dell'appuntamento delle cinque, quello che lo aveva portato a rievocare in modo agile e veloce l'intero processo di ricerca e che ora stava finalmente giungendo alla fine prevista, si trovò di fronte all'improrogabile possibilità di ricevere la lettera del suo tirocinante. Il sentimento che provava in quel momento era piuttosto ambivalente, poiché da un lato c'erano l'eccitazione e la soddisfazione per il traguardo che stava per essere raggiunto; dall'altro, il suo corpo mostrava un certo timore, poiché non sapeva se sarebbe stato possibile per lui essere assunto come professionista; cosa che, tra l'altro, non era ancora riuscito a fare. Ora il passo successivo da seguire e consolidare era l'esame professionale, che ha sostenuto due mesi dopo l'evento conclusivo e che, alla fine, gli ha permesso di diventare un professionista con la capacità di esercitare la sua professione.

Con il passare del tempo, le situazioni che ha dovuto affrontare dopo il suo percorso di studi professionali sono diventate evidenti, e consistevano nel fatto che le competenze che possedeva all'epoca non erano sufficienti per risolvere i vari problemi dei pazienti, che erano molto complessi e diversi nella loro origine. Tutte queste situazioni gli offrivano grandi e generose possibilità di crescita personale e professionale. I pazienti che vedeva nel luogo in cui era stato assegnato al servizio sociale erano molto diversi e presentavano una grande diversità di patologie. Vi rimase per circa nove mesi, durante i quali ebbe modo di svilupparsi e arricchirsi personalmente, moralmente, socialmente e professionalmente. Lì, nell'area della psicologia, era l'unico tirocinante distaccato, per cui ebbe il privilegio di ricevere un'attenzione e un tutoraggio specialistico dal primario del reparto dello stesso ospedale. In effetti, si sentiva molto fortunato per questa esperienza di vita, poiché il carattere, la fermezza e la conoscenza del tutor hanno significato per il nostro personaggio molte frustrazioni ma soprattutto molto apprendimento.

In questo contesto è possibile dire che l'ambivalenza percettiva è spesso mostrata come una costante, poiché c'è apprendimento e allo stesso tempo c'è frustrazione (Britt e Janus 1940); guardiamola dal punto di vista delle teorie dell'apprendimento: è possibile riconoscere che ora si sanno cose che prima non si sapevano. È quindi facile riconoscere che si è imparato, ma non altrettanto riconoscere la frustrazione, perché la frustrazione fa male ed è scomoda, anche se alla fine viene accettata. Un esempio di ciò è che al momento di emettere un'impressione diagnostica, l'ha strutturata secondo i criteri ufficiali e poi il tutor ha confutato queste diagnosi e gliene ha presentate altre spesso molto simili a quelle che aveva studiato in precedenza; si è quindi sentito costretto a risolvere e argomentare la sua presunta diagnosi. Va detto che in molte occasioni non riusciva ad argomentare e doveva modificare la sua diagnosi iniziale, il che lo faceva sentire molto infastidito e persino irritato e frustrato. Alla fine si è reso conto che il fastidio non era nei confronti del tutor, ma che era generato dalla sua stessa limitazione professionale; e di fronte alla realtà di vedersi limitato, l'unico modo possibile per rimediare a questo disagio era accettare la propria ignoranza e, con questa tacita accettazione, ottenere in cambio un'esperienza di apprendimento. In termini molto semplici, è possibile dire che la relazione dicotomica apprendimento-frustrazione inizia intrinsecamente, quindi il rimedio deve essere in egual misura.

Il modo per rimediare a questa ambivalenza è attraverso un reframing cognitivo molto simile a quello utilizzato nella tecnica della terapia razionale ed emotiva (Ellis 1955); cioè, il sistema di credenze viene riorientato e con questo si ottiene un ammorbidimento della visione e della percezione di sé.

Di solito il nostro protagonista arriva in anticipo agli appuntamenti, e questo in particolare era di particolare importanza. Questa volta si trattava della sua cerimonia di laurea, quindi l'occasione non ha fatto eccezione. Arrivato nella sede ufficiale, ha incontrato alcuni volti noti, che apparentemente non appartenevano al suo gruppo, ma che ha comunque salutato e abbracciato, soprattutto quelli che erano vicini e che non erano accompagnati dai familiari, perché troppo presi dalle loro conversazioni. Qualcuno che funge da aiutante di campo, certamente poco presente, si avvicina e chiede la specialità del laureato per integrarlo nel gruppo; il laureato prova a sua volta un senso di orgoglio. Una volta che si sono informati a vicenda, procedono verso il luogo dove sono stati precedentemente assegnati e dove sono già posizionati alcuni colleghi.

Gli accompagnatori della generazione si trovano nella parte inferiore della sala dello stesso locale, vicino alla scala principale che porta al teatro. Si può quindi supporre che saranno i primi a entrare; tuttavia, il motivo della loro collocazione in fondo è dovuto alle dimensioni del gruppo. L'aiutante introduce alcune istruzioni per l'atto protocollare e chiede loro di unirsi ai rispettivi gruppi. Quando si avvicinano ai loro compagni, è difficile riconoscerli; tuttavia, le voci e le battute che vengono fatte confermano che si tratta proprio di loro, ma è difficile riconoscerli perché sono così ben mimetizzati da essere irriconoscibili a occhio nudo grazie all'aspetto e alla cura impeccabili.

È in occasione di questi eventi o esperienze di punta che si dà generalmente la giusta importanza alla cura della persona, ed è quando un buon abito, un vestito e un profumo vengono utilizzati per commemorare tali eventi. Ma in realtà, l'esperienza quotidiana è ricca di esperienze significative, al punto che un buon vestito e un buon profumo possono normalmente portare a qualcosa da festeggiare, e questa festa si riferisce alla persona che, con la sua vocazione alla vita, si permette di sentirsi acclamata e quindi non ha bisogno di aspettare un evento significativo per festeggiare attraverso il grooming.

Disposti in ordine alfabetico secondo i cognomi nel luogo designato, è facile notare l'atmosfera di festa. La felicità e la gioia sono evidenti, e infatti la convivialità e l'allegria di tutti è molto vivace. Qui non c'è una figura principale o una media migliore, ma solo la voglia di essere e di vivere insieme. Si vedono quelli che prima non conversavano, che ora lo fanno, quelli che prima stavano lontani, ora si avvicinano; l'atmosfera è frizzante e votata al divertimento ed è proprio quello che fanno, deliziandosi del loro momento, della loro fatica. In altre parole, hanno deciso laconicamente di godersi ciò che si sono prefissati e per cui hanno lavorato tanto.

La volontà (*dal latino voluntas, -atis*), che significa la facoltà di decidere e ordinare la propria condotta. A tal fine, prima si determina e poi si decide, e quindi la volontà autorizza l'uomo a dirigere il proprio comportamento secondo una certa azione, e il desiderio (*dal latino desidíum*), che implica concretamente il movimento verso qualcosa che si desidera. Quindi, quella volontà e quel desiderio sono qualcosa come decidere e ordinare la propria azione in base a qualcosa che si desidera. E allora viene da chiedersi: perché, se si può decidere di vestirsi da soli e quindi di mostrare rispetto e orgoglio per se stessi, questi momenti sono riservati solo alle occasioni speciali, oppure si può andare in giro vestiti normalmente senza che ci sia un evento? Questo piccolo pensiero viene alla mente ogni volta che si possono ammirare la galanteria e lo sfarzo di tutti i laureati, che sono ugualmente accompagnati da un comportamento affabile che invita alla condivisione. Cosa succederebbe se la pulizia non fosse più riservata solo agli eventi di vertice? Questa visione è probabilmente superficiale per alcuni, ma per altri può essere qualcosa su cui riflettere; si può pensare, ad esempio, a una persona anziana che riconosce l'importanza del tempo presente e non si preoccupa più molto del futuro, sicuramente per questa persona la sua presenza è concentrata nell'adesso, visto che non è molto sicura della sua presenza futura. Suvvia! Il punto è che non si conosce con certezza il momento della partenza, quindi ogni tempo presente è l'unico in cui si può essere e mostrare ciò che si è veramente. Di fronte a ciò, sorge spontanea la domanda: perché aspettare i momenti futuri se il presente è ciò che si può vivere, e quindi ciò che si può celebrare? È proprio questo l'intento di questa proposta: sono vivo proprio per questo, si può festeggiare solo se si ha la volontà e il desiderio di farlo, e non è necessario rimandare la propria esistenza.

Questo momento di divagazione mentale lo fa scivolare nei suoi pensieri e, improvvisamente e gradualmente, gli passano davanti immagini e passaggi dei cinque anni scolastici; le immagini si susseguono molto velocemente e in tutte le sensazioni sono piacevoli e così si rende conto in larga misura che quelli che all'inizio sembravano cinque lunghi anni difficili da conciliare, in realtà erano cinque anni piacevoli e difficili da dimenticare. Improvvisamente viene riportato alla realtà quando gli viene gentilmente chiesto di raggiungere il resto dei suoi compagni all'interno del teatro. Ad uno ad uno salgono le scale fino a trovarsi nella parte più alta dei posti a sedere, e da lì è possibile guardare verso la parte anteriore quello che si suppone essere il podio; su questo, c'è un tavolo d'onore e in fondo a grandi lettere la descrizione dell'evento, in fondo al tavolo d'onore ci sono due persone: una donna e un uomo, vicino a un leggio che aspettano l'ingresso dei laureati. La donna vicino al leggio è vestita con un abito da cerimonia color lilla con delle composizioni sul bavero del vestito, da lontano è difficile distinguere che tipo di composizioni fossero; l'uomo invece indossa un completo nero con cravatta di un tono simile all'abito lilla. I due chiacchierano animatamente, presumo stiano definendo i dettagli sullo svolgimento della cerimonia. In fondo, dalla prospettiva di essere in cima alla scalinata, erano visibili un gran numero di gradini, ora con una prospettiva verso il basso, in fondo a questi e adiacenti alla parte anteriore del palco c'erano una serie di posti a sedere che, a giudicare dai cordoni dorati appesi ai sedili, indicavano che erano designati per i laureati; sul lato destro, dalla posizione rivolta verso il palco principale, era completamente pieno di familiari. Molti dei presenti erano di varie età e una buona parte dei familiari era in stato di eccitazione; molti altri portavano composizioni floreali, il cui numero era tale da essere letteralmente permeato dal profumo dei fiori.

A poco a poco scendono e raggiungono quelli che saranno i loro posti per il resto dell'evento. I protagonisti dell'evento conclusivo, mentre scendono i gradini, sembrano un po' stanchi; in realtà, l'apparente stanchezza è dovuta al fatto che i volti dei diplomati mostrano un po' di stanchezza, e questo perché non hanno smesso di sorridere e il tripudio per tutti non è da poco; alcuni cercano di rilassare un po' i loro volti, ma dopo un po' tornano a sorridere a causa di commenti divertenti. Insomma, è molto difficile resistere alla tentazione di sorridere e finiscono per dimenticarsi completamente della loro stanchezza facciale.

Pochi minuti dopo inizia la cerimonia di consegna dei diplomi e si comincia con altre specialità. Vengono nominati uno per uno e tutti ricevono l'applauso dei presenti, poi vengono consegnati i rispettivi certificati di studio; per alcuni altri, invece, vengono consegnati dei premi e vengono menzionati i loro risultati accademici.

Gli altri ricevono solo applausi e abbracci dai loro insegnanti e, non appena tengono in mano i loro certificati, provano una grande emozione. A volte scappa qualche lacrima, gli scherzi e gli abbracci continuano, ora con le solite targhe fotografiche, e lui torna ancora una volta ai suoi pensieri. Pensieri che tornano all'inizio dei suoi studi, quando già in possesso della rispettiva maturità e avendo ufficialmente soddisfatto i requisiti per ricominciare la sua ricerca professionale, riesce a ricordare la prima azione accademica, che consisteva nell'acquisto di un quaderno con divisori. Non importa che tipo di quaderno, l'unica cosa che ricorda è che il quaderno aveva dei divisori, che usava per dividere le diverse materie che corrispondevano al primo semestre.

E ora che aveva gli elementi necessari per iniziare la sua nuova avventura accademica, si diresse verso quello che sarebbe stato il suo luogo di studio. Durante il tragitto da casa sua all'istituto scolastico, la sua mente era lucida e ascoltava il programma radiofonico che veniva trasmesso in quel momento. Il programma che stava ascoltando riguardava un esperto di lingua spagnola ed era davvero sorprendente ascoltare la sua padronanza dell'origine etimologica delle parole e del modo in cui si completavano a vicenda. Il viaggio durò circa venticinque minuti e alle sette e mezza circa arrivò al luogo previsto. Il motivo per cui arrivò mezz'ora prima dell'appuntamento scolastico era principalmente perché voleva attenuare l'impatto iniziale dell'ingresso in classe; poiché supponeva che sarebbe stato lo studente più anziano, dato che ormai aveva trentasette anni e riteneva di essere già un po' vecchio per studiare, questo di per sé generò in lui una sorta di disagio, anche se alla fine non se ne vergognò.

Individua l'aula ed entra, ma con sorpresa vede che, come lui, anche altri hanno deciso di arrivare in anticipo, cercando di passare inosservati. Una volta ripresosi dalla sorpresa iniziale, si rende conto che l'aula è piena di studenti, circa la metà di quello che presume essere il gruppo. Saluta, osserva inconsciamente i volti dei presenti e si rende conto che per il momento è l'unico uomo nella stanza; Infine, prende posto in un posto a due file dall'ingresso e a quattro posti nella stessa fila, sistema le sue borse di studio e si rivolge a due compagne che stavano chiacchierando animatamente, entrambe molto simili nei lineamenti e nell'età; molto gentilmente coinvolgono tutti nella loro conversazione, che consisteva nello spiegare la loro decisione di studiare e nell'esporre le loro aspettative su ciò che sarebbe accaduto. Da quel momento si instaura una sorta di impegno e di sostegno reciproco che, tra l'altro, si mantiene fino alla fine del percorso.

La prima materia che hanno ricevuto è stata la metodologia della ricerca, insegnata da una docente che non aveva certo il profilo professionale della specialità. Questo non è ben accolto da tutti, ma il trattamento e la conoscenza dimostrata dalla docente, insieme alle risorse didattiche che mostra, riducono significativamente l'impatto iniziale, e sembra che per molti degli studenti sia adeguato e alla fine della giornata nessuno commenta negativamente questa prima impressione. Così è iniziata questa nuova avventura accademica, un'avventura che ha significato vivere con cinquantadue insegnanti per cinque anni, una quantità equivalente al numero di materie che compongono la laurea in psicologia; questa stessa avventura ha incluso anche la convivenza tra le personalità e i caratteri dei compagni di classe. All'inizio il gruppo era molto numeroso e via via si è ridotto, alcuni si sono amalgamati e hanno formato un proprio gruppo, altri si sono allontanati, alcuni hanno mostrato all'inizio una grande capacità intellettuale, altri sono stati più cauti e riservati. C'era anche chi si faceva carico delle battute e chi interrogava con molta formalità e chi con molta creatività. Le sessioni duravano due ore e passavano davvero in fretta; almeno questa era la sensazione. Ogni sessione di solito lasciava un po' di apprendimento, e quest'ultimo non consiste tanto nel sapere di più su qualcosa, ma piuttosto nel sapere e riconoscere che si impara anche da qualcosa o qualcuno che non è molto empatico all'inizio. La consapevolezza dell'interrelazione umana e della comunicazione che si acquisisce è molto interessante e allo stesso tempo molto complessa e varia (Watzlawick 1991). E proprio da questa comunicazione derivano alcuni messaggi che vengono interpretati in base all'esperienza o al significato semantico e, di conseguenza, è possibile provare un'emozione originariamente distorta. Questo secondo Morris e Carnap (1985), i quali suggeriscono che per lo studio della comunicazione umana è conveniente suddividere la comunicazione in tre aree: sintattica[27] , semantica[28] e pragmatica[17] . L'interesse principale dell'area sintattica si riferisce ai problemi di codifica, canali, capacità, rumore, ridondanza e altre proprietà statistiche del linguaggio. Nell'area

---

[27] La parte della grammatica che insegna come coordinare e unire le parole per formare frasi e per esprimere (http://buscon.rae.es/drael)

semantica, invece, il significato costituisce la preoccupazione centrale della semantica; poiché nell'uso e nella trasmissione dei simboli deve esserci un accordo comune tra il mittente e il destinatario, e questo accordo consiste in una parola che significa la stessa cosa per entrambi. "In questo senso, tutte le informazioni condivise presuppongono una convenzione semantica" (Watzlawick 1991), e per quanto riguarda la comunicazione umana, questa si riflette nel comportamento; cioè, la risposta che un soggetto dà a un certo tipo di comunicazione si rifletterà inevitabilmente nel comportamento, da cui il suo carattere pragmatico.

Si può quindi osservare che la comunicazione umana si stabilisce verbalmente, cioè con ciò che dico. Quindi, il paraverbale sarebbe: come lo dico; e quindi con quale parte del corpo lo accompagno, che sarebbe infine il corporale. Vediamo ora le percentuali assegnate alle diverse aree: il verbale 7%, il paraverbale 38% e infine il corporale che rappresenta il 55%. Come si vede, quindi, il comportamento individuale è una forma di comunicazione che influenza molto le relazioni umane, in modo tale che molto di ciò che una persona pensa, si manifesta inesorabilmente a livello corporeo; per dirla in modo molto colloquiale, è possibile comunicare anche senza esprimere alcuna parola. Con questo insegnamento è quindi possibile comprendere che molti dei disturbi e delle distorsioni della comunicazione umana sono dovuti principalmente al carattere pragmatico della comunicazione.

Questo approccio cognitivo facilita la comprensione e l'assimilazione del fatto che questo primo incontro in classe con i compagni ha favorito lo sviluppo di una comunicazione adeguata e ha incoraggiato molti dei compagni ad avvicinarsi, e questa vicinanza ha permesso loro di crescere nella comunicazione e successivamente di sviluppare legami di amicizia e di sostegno reciproco. Questa compagnia ha prevalso per tutto il percorso accademico, e in questo stesso vagabondaggio è stato possibile per loro sperimentare innumerevoli aneddoti e, soprattutto, imparare. Insegnamenti casuali e formali che alla fine davano loro la possibilità di replicare ciò che avevano assimilato. Un buon numero di materie richiedeva una richiesta costante, altre al contrario erano solitamente più rilassate, la costante delle materie era la necessità di leggere e quindi l'incorporazione dell'abitudine alla lettura formale; infatti in larga misura e grazie al modello fornito dalla madre, gli è sempre piaciuto leggere. Il punto concreto è che una cosa è sfogliare un articolo di giornale, e un'altra cosa molto specifica è leggere e capire la lezione tecnica; la ragione dell'ovvietà è che i testi tecnici sono più elaborati e contengono specifiche, e soprattutto termini tecnici che devono essere appresi da un lato, perché è da lì che vengono gli esami da presentare come prova di apprendimento; e dall'altro perché costituiscono la base di una professione.[29]

Pertanto, con il nuovo status di studente universitario che orgogliosamente ricopriva e che lo obbligava a mantenere una disciplina e un attaccamento permanenti, era ugualmente coinvolto nel lavoro, nella vita familiare e, in misura minore, nella socializzazione con gli amici; il che, sebbene gli desse grandi soddisfazioni, lo obbligava anche a riorientare le sue abitudini e i suoi costumi. In altre parole, prima di decidere di studiare, le sue routine erano molto specifiche e concrete; ora, di fronte all'incorporazione di un altro compito con caratteristiche e richieste di tempo molto esplicite, è stato costretto a ripensare il suo sistema di vita, poiché non riguardava solo la sua esistenza, ma anche la sua famiglia, come sottolineato nella teoria dei sistemi e della comunicazione (Bertalanffy 1968).

---

[16] [29] Appartenente o relativo al significato delle parole. (http://buscon.rae.es/drael)
[17] Disciplina che studia il linguaggio nel suo rapporto con gli utenti e le circostanze della comunicazione (http://buscon.rae.es/drael).

Vediamola così: le routine abituali che facilitano lo svolgimento di più attività sono in realtà sistemi (dal latino *systema, e* questo dal greco cuGiqua), cioè insiemi logicamente collegati di regole o principi su un argomento. In modo tale che si corrispondano l'un l'altro in maniera ordinata e servano a un certo scopo. Si può quindi osservare che l'attività abituale si integra in una serie di attività che permettono un funzionamento armonioso e, di conseguenza, si sostiene il progresso e quindi la crescita nelle dimensioni dell'essere.

Ad esempio, e con riserva di un approfondimento di questa crescita più avanti nel capitolo corrispondente, si può dire che il lavoro non solo produce crescita economica, ma riflette i suoi effetti anche sull'aspetto sociale, perché oltre alla ricerca economica si costruiscono anche legami di amicizia; ciò è dovuto alle relazioni interpersonali. L'inizio di un'amicizia, infatti, nasce sulla base di identificazioni affettive, e il modo per privilegiare e conservare questa simpatia è la lealtà, che può essere testimoniata dal rispetto, dalla comprensione e dall'accettazione di chi, in un dato momento, è in relazione. La lealtà, quindi, favorisce la conservazione delle leggi della fedeltà e dell'onore. Pertanto, vediamo che il lavoro non fornisce solo benefici economici, ma consente anche uno sviluppo volitivo, che rafforza la dimensione morale.

D'altra parte, per quanto riguarda la dimensione cognitiva, contemporaneamente all'insegnamento dei dettagli del lavoro da svolgere, si viene istruiti anche alla comunicazione pragmatica; questa, come accennato nelle righe precedenti, corrisponde all'espressione corporea dei colleghi di lavoro stessi, e comporta di per sé uno sviluppo cognitivo, cioè un'educazione considerata dal punto di vista dell'apprendimento sociale, per cui si impara a osservare i comportamenti associati alle emozioni, alcune di queste emozioni di tipo individuale e altre di tipo collettivo. Si può anche prestare attenzione ai comportamenti, cioè a quali comportamenti sono originali e quali vengono adottati, al fine di armonizzare le relazioni di lavoro, e si può osservare che buona parte dei comportamenti abituali che vengono emessi sono il prodotto di archetipi sociali (Jung C. 1964). Questo è in gran parte il risultato del bisogno di accettazione sociale (Maslow A.1943); alla luce di questa serie di riflessioni, in cui da un lato impariamo a comportarci in precedenza in famiglia, e successivamente replichiamo questo comportamento nella sfera sociale e poi sul posto di lavoro, questa dinamica comporta un costante apprendimento, disimparo e, in altre occasioni, un riapprendimento di modelli comportamentali che si rifletteranno invariabilmente nella nostra anima.

Nello specifico, è possibile dedurre che la routine lavorativa comporta una serie di attività specifiche, indipendentemente dal tipo di lavoro svolto, e che queste attività sono già stabilite in precedenza e funzionano in modo armonioso; il fatto di incorporare una nuova attività richiederà invariabilmente degli aggiustamenti temporali e occupazionali, ed è proprio questo l'obiettivo di questo lavoro. Per quanto una nuova attività possa essere minima, l'acquisizione della nuova abitudine inciderà invariabilmente sul repertorio comportamentale precedente e quindi, di fronte all'imminente attività accademica appena acquisita, ha dovuto riadattare le occupazioni per essere più efficiente nell'esecuzione e nell'attaccamento alla nuova occupazione.

Poiché la nuova attività appena acquisita richiedeva un minimo di una o due ore al giorno per essere svolta correttamente, e poiché questa routine comprendeva anche l'imperiosa necessità di leggere costantemente i diversi testi e le lezioni implicite nell'attività scolastica stessa, quest'ultima non era prevista, ma in vista della nuova responsabilità non aveva altra scelta che armonizzare e bilanciare l'uso del tempo. Una cosa che per lui ha funzionato ed è stata molto utile è stata quella relativa all'aspettativa dei voti; sotto questo aspetto, ha stabilito l'obiettivo di non essere bocciato in nessuna materia e, a parte i voti, la premessa fondamentale consisteva nell'accreditare le materie, senza che il tipo di voto avesse la minima importanza. L'unica cosa che contava era che venissero promossi. Questa posizione adottata ha una relazione diretta con l'effetto differenziale del successo o dell'insuccesso sul livello di motivazione studiato da Atkinson (1966), che ipotizza: se la motivazione al successo è maggiore della paura dell'insuccesso e si raggiunge il successo, il livello di aspirazione aumenta e si cercano compiti difficili. Per questo, la proposta si basa su criteri di prestazione normale con compiti concreti di difficoltà crescente.

Torniamo all'intensità dell'atmosfera in teatro, che era ancora molto viva, perché c'era una standing ovation a ogni appello, e questa ovazione aumentava quando si trattava di riconoscere la migliore media di ogni generazione. Al momento di ascoltare la sua generazione, l'ovazione raddoppiava, perché con loro erano due i suoi compagni di classe che erano riusciti a ottenere il riconoscimento per la media migliore; sapeva già in anticipo che non sarebbe stato oggetto di tale merito, ma almeno avrebbe potuto sentire il suo nome. E finalmente lo sente, catapultandosi letteralmente verso il podio per ricevere il sospirato attestato. Cerca di mantenere un certo contegno e finge di non mostrare molta emozione, in realtà è travolto dall'atmosfera e mostra un grande sorriso; in lontananza si sente un gran baccano e applausi e in effetti gli applausi e le acclamazioni erano della sua famiglia, a sua volta orgogliosa del traguardo raggiunto e che ha fatto suo.

La scena in sé è stata molto gratificante per lui, e soprattutto lo ha fatto sentire molto riconoscente verso tutti, specialmente verso Dio. Lo ringraziava interiormente per la tenacia e la forza che gli aveva dato, affinché, dopo vent'anni, potesse realizzare il desiderio tanto atteso.

La sensazione che lo invadeva era di grande pace e si sentiva molto al riparo da Dio, dalla famiglia, dagli amici, dai compagni, eccetera; con la vita stessa, come avrebbe voluto che il tempo si fermasse, in modo da prolungare ancora di più la sensazione di gioia che stava ancora provando, una sensazione che, come altri eventi simili, si gode anche in questo modo, ma che purtroppo sono solo momenti; sì, sono solo momenti che si hanno nel corso della vita, ma che, nonostante questo, non limitano dal continuare letteralmente a perseguirli. Perché la sensazione di piacere che deriva dal raggiungimento di un obiettivo nella vita è così intensa e allo stesso tempo così effimera, che vale la pena continuare a impegnarsi per raggiungere queste sensazioni.

In questi momenti di soddisfazione, il futuro non ha alcuna importanza. Per esempio: cosa farebbe dopo questo? Forse avrebbe continuato a studiare o cosa avrebbe fatto dopo? Queste domande o preoccupazioni non avevano importanza per ora, ciò che contava in questo momento era vivere e godersi questo momento e continuare con l'euforia, gli applausi e le foto che avrebbero reso questo momento perpetuo. La cosa trascendentale per lui era che ora aveva tra le mani il suo certificato di studi; tra l'altro, forse innocentemente, la prima cosa che fece una volta che lo ebbe tra le mani fu di controllarlo per assicurarsi che fosse suo. Guardò e si assicurò che il suo nome fosse scritto sul documento e, una volta confermato, cercò di leggere cosa diceva il documento. Qualcuno si avvicina e gli dice qualcosa all'orecchio, ma quello che sente non ha importanza per lui, visto che non ricorda quello che gli è stato detto, si limita a sorridere e torna a leggere. Che insolenza da parte del suo compagno, chi se ne frega, ma come osano rubargli il momento di estasi o di contemplazione? Infine, decide di non prestare molta attenzione agli altri e di cercare i suoi in lontananza, per condividere con loro il suo piacere, partendo dal presupposto che questi momenti sono da condividere e quindi ora desidera stare con sua moglie e i suoi figli, poiché loro, come lui, hanno contribuito e vissuto, oltre che risentito delle assenze, e ora è giusto che condividano la sua gioia. La loro presenza è stata davvero molto importante, molte volte hanno alimentato il suo gusto e la sua passione per gli studi, in un certo senso erano orgogliosi del loro padre. Lo confermavano i sorrisi e le battute che facevano sui suoi vestiti; i festeggiamenti continuavano a casa e lui era accompagnato da altri membri della famiglia e da amici intimi. L'euforia cessò gradualmente e da allora in poi sarebbero seguite altre cose; l'importante era che fosse riuscito a completare un ciclo e poi sarebbe arrivata un'altra ricerca, probabilmente avrebbe cercato di applicare le sue conoscenze o avrebbe affrontato la sua ignoranza, questo non lo sapeva, l'unica certezza era che ora sapeva che era possibile per lui raggiungere qualcosa, perché lo desiderava veramente e che di fronte al desiderio, in modo inconscio, si manteneva in costante dinamismo e che questo alla fine produceva benefici per lui.

La possibilità di essere assunto come professionista non ha tardato ad arrivare, perché all'inizio di agosto ha iniziato a lavorare part-time in un istituto statale ad orientamento sportivo. Questa possibilità gli è piaciuta, perché lui stesso aveva già un'esperienza sportiva e in un certo senso sapeva quali esigenze potessero avere gli atleti. In un certo senso, questa esperienza precedente nello sport gli è stata molto utile, perché gli ha dato una certa sicurezza per quanto riguarda il lavoro professionale. La realtà era un po' diversa, poiché la stessa clinica, essendo governativa, si occupava di un'ampia varietà di problemi, non tutti legati allo sport, e questo era anche di suo gradimento, poiché all'epoca era molto attratto dalla psicologia generale.

E parte di questa affinità consisteva proprio nel fatto che l'assistenza psicologica offerta dalla clinica era molto varia, e parte di questa assistenza era orientata ai problemi di coppia, alla terapia del gioco, al rapporto con i bambini e ai problemi di prestazione sportiva. La varietà dei problemi da affrontare e la necessità di applicare le proprie conoscenze lo portarono gradualmente a consolidare alcune tecniche terapeutiche, alcune delle quali apprese durante il servizio sociale e altre durante la pratica professionale. Molti dei problemi che ha affrontato erano legati ad alterazioni della dinamica abituale, altri a problemi relazionali, sia con il partner che con i figli, gli insegnanti, gli allenatori, ecc.

In tutte le situazioni si riscontravano alcune similitudini e queste erano legate ai modelli comportamentali; cioè, ordinariamente prevaleva un fattore comune che incideva e condizionava le dinamiche abituali, e questo fattore consisteva proprio nell'alterazione della routine ordinaria. Tecnicamente si può dire che una buona parte della popolazione di pazienti trattati manifestava alterazioni del sistema comportamentale, che sostenevano il repertorio comportamentale (Barrios, Hartman 1986, Fernández Ballesteros 1986, Nelson, Hayes 1986). Molti di questi problemi sono stati affrontati con la tecnica della terapia razionale ed emotiva (Ellis A. 1996), nella quale ha trovato un approccio molto pratico, e soprattutto si è concentrato sulla parte cognitiva che sta alla base di questo approccio clinico, cioè si è concentrato sull'osservazione delle ragioni e dei perché dei pazienti che sono così radicati nei loro sistemi di credenze, da dove vengono tali credenze? In breve, ciò che ha attirato la sua attenzione è stato che molti dei pazienti, all'interno delle loro componenti di personalità (filosofica, cognitiva, comportamentale e fisiologica), avevano la loro componente filosofica profondamente radicata con verbalizzazioni marcatamente negativiste e assolutistiche; cioè, affermazioni di sé come: devo fare bene, devo essere trattato bene e devo avere condizioni favorevoli. In questo modo, se non riuscivano a soddisfare una di queste tre premesse, tendevano a polarizzare il loro pensiero e a far prevalere gli aspetti negativi delle situazioni, limitando così le possibilità di soluzione. Molte delle loro alterazioni erano dovute a schemi di pensiero negativisti, vale a dire che se commettevano qualche errore, per quanto piccolo, o se le condizioni prevalenti non favorivano la loro situazione, il loro pensiero si alterava invariabilmente, o in termini pratici, se ciò che accade non è come ci si aspetta, allora è sbagliato, e se non è come il soggetto si aspetta, allora si comporta in modo inappropriato, e questo comportamento lo fa sentire peggio. Di fronte a questo panorama, a volte irrazionale e assolutista, la prospettiva su cui lavorare è quella di riorientare lo schema di pensiero irrazionale negativista, per uno più razionale e non polarizzato che contribuisca a ridurre l'ansia del paziente.

Questa tendenza in alcuni pazienti, unita alla sua affinità verso questi strumenti terapeutici, lo introdusse in qualche modo al loro studio, e soprattutto l'utilità e la rapidità degli stessi lo invitarono ad approfondire la sua dissertazione; e quindi lo condussero gradualmente verso un ampliamento del suo panorama terapeutico, dato che le possibilità di applicazione pratica erano spesso molto diverse, e così iniziò a studiare e ad applicare le tecniche cognitivo-comportamentali in modo sistematico.

Dopo circa mezzo anno di permanenza in questa clinica e con un buon volume di pazienti da seguire quotidianamente, dato che all'epoca lavorava già a tempo pieno, questo è stato davvero molto gratificante per lui; tanto più che poco dopo ha avuto l'opportunità di frequentare un corso post-laurea a livello di master, orientato allo studio della psicologia dell'attività fisica e dello sport. Sebbene la sua intenzione iniziale fosse quella di specializzarsi in psicologia clinica, anche la psicologia dello sport lo attraeva, soprattutto perché il settore in cui lavorava era legato a questa attività. L'autorità competente lo ha appoggiato e ha ricevuto una borsa di studio per formalizzare il suo ingresso nel programma di master. Per lui questo è stato molto gratificante e incoraggiante, perché è stato lontano dall'apprendimento formale solo per sei mesi; anche se ha continuato a sviluppare le sue abitudini di lettura, si è reso conto che non era la stessa cosa di quando aveva una responsabilità formale nello studio.

In questo master ha avuto l'opportunità di essere vicino a grandi e riconosciute personalità dello sport nazionale e internazionale; si può dire che ha avuto orgogliosamente come insegnanti allenatori, metodologi, dirigenti, giornalisti, psicologi e atleti. Tutti loro gli hanno donato le loro esperienze in modo molto generoso, hanno condiviso molte esperienze, senza alcuna restrizione. La modalità di questo master gli ha permesso di presentare le valutazioni di persona ogni tre mesi, e nel frattempo ha ricevuto le letture che sarebbero state valutate alla fine dei tre mesi, tutti i dubbi che poteva avere sono stati risolti molto rapidamente attraverso un portale web. Questo gli ha dato la sicurezza di mettere in pratica ciò che aveva imparato nello stesso luogo in cui lavorava, aumentando di conseguenza il suo livello di assimilazione e consolidamento delle conoscenze. Le letture di libri specializzati, gli insegnanti che ha avuto a disposizione e la possibilità di mettere in pratica ciò che ha imparato lo hanno fatto sentire sempre più soddisfatto di ciò che stava facendo e anche dei risultati ottenuti. L'obiettivo principale del master era lo sport, ma date le caratteristiche delle tecniche di intervento che gli permettevano di orientare ciò che aveva assimilato alla vita di tutti i giorni, e sommate al fatto che con queste competenze otteneva risultati, gli permisero gradualmente di amalgamare e personalizzare le pratiche, fino a diventare comune l'applicazione delle competenze di intervento per stabilire risultati e obiettivi di realizzazione in ambito sportivo e accademico, per citare solo un esempio.

Alla fine del primo anno di master, si è recato all'estero, dall'altra parte del mondo, per partecipare a un evento globale legato al master stesso, dove ha incontrato persone provenienti da altri Paesi e si è inserito a pieno titolo in un mondo di veri esperti dello sport. Questa esperienza lo ha spinto a prendere in considerazione l'idea di conseguire un titolo di studio superiore e, da quel luogo lontano, ha deciso di conseguire un titolo post-laurea a livello di dottorato. Successivamente, è tornato in Messico pieno di entusiasmo e passione. E con l'inerzia delle conoscenze che possedeva, si è posto il compito di strutturare corsi di psicologia dello sport per allenatori. Allo stesso tempo, comunica la sua intenzione a un bravo e sobrio collega di lavoro, e lui stesso si entusiasta e gli porta un buon volume di bibliografia specializzata sulla metodologia dello sport, infatti questo gesto del collega è molto piacevole per lui e si sente molto grato per questo atteggiamento gentile; da lì si trasforma letteralmente per studiare e comprendere molti degli aspetti che fino a quel giorno non conosceva, e che costituiscono, se non la piattaforma principale dello sviluppo sportivo, una buona parte dei requisiti dello sport. Ogni giorno trova difficile soddisfare le richieste accademiche e le esigenze della clinica. Finché non riesce a integrare nel lavoro i tirocinanti non laureati, il che gli consente di diversificare e di soddisfare meglio le esigenze complessive della clinica. Successivamente, è stata completata la struttura dei corsi di psicologia dello sport, che era destinata ad allenatori e atleti, e insieme ad altri specialisti dello sport, come: metodologi, specialisti in medicina dello sport e nutrizionisti, insieme a loro hanno tenuto il primo corso di diploma in aggiornamento sportivo. La proposta è stata offerta a tutti gli insegnanti di educazione fisica e agli allenatori specializzati dello Stato, e si sono resi conto del successo dell'invito, poiché in generale hanno ricevuto commenti molto favorevoli. Il corso di diploma è durato quattro mesi e al termine della sua partecipazione al corso ha ricevuto un invito a entrare in un'università come insegnante. All'inizio ha trovato un po' difficile accettare l'offerta, dato che non aveva alcuna formazione didattica, ma il suo intuito gli ha detto che l'esperienza poteva essere piacevole; alla fine ha deciso di prepararsi didatticamente e dopo un po' è diventato un insegnante universitario.

Le materie che gli venivano proposte riguardavano il comportamento umano, in particolare l'analisi sperimentale del comportamento e la modificazione del comportamento. Si trattava, infatti, di una scuola di psicologia, insomma, l'argomento su cui lavorare era strettamente legato a quello che svolgeva abitualmente in clinica, cioè al suo campo di competenza. Dato che di solito analizzava i comportamenti di coping agonistico e quindi era possibile individuare i comportamenti disfunzionali attraverso tecniche di modificazione del comportamento, era possibile reindirizzare i comportamenti, ma ora con tinte funzionali (Kazdin A. 2000); il modo di sistematizzare e registrare i comportamenti era attraverso matrici di osservazione e registrazione, queste risorse gli permettevano di chiarire gli abc del comportamento, cioè: dove A significa antecedente comportamentale, B significa comportamento manifesto e C, conseguenza del comportamento manifesto.

Questo modo di analizzare i comportamenti e di riorientare gli schemi comportamentali disfunzionali e di modificarli verso schemi funzionali equivale a ripianificare i comportamenti. Alla fine di tutto ciò, è possibile rendersi conto che la stessa pratica professionale gli permette di strutturare efficacemente le risorse didattiche, poiché molti degli esercizi da svolgere in classe erano stati precedentemente osservati *in loco,* e quindi i risultati potevano essere previsti con maggiore precisione. Questa particolarità ha facilitato la strutturazione teorica e metodologica delle lezioni da tenere e ha reso la sua incursione accademica e quindi la sua pratica clinica molto più flessibile.

L'inserimento di una nuova routine nella sua attività professionale è quindi molto piacevole e soddisfacente per lui; tuttavia, ha poi portato a una ristrutturazione della sua vita familiare, sociale, lavorativa, accademica e del tempo libero; Poiché ora è costretto a sottrarre tempo ad alcune di queste aree per integrare la nuova attività, e di conseguenza questa annessione a sua volta richiede una nuova organizzazione occupazionale che, se non realizzata correttamente, potrebbe indubbiamente significare che ciò che stava facendo ora, che produceva funzionalità e sentimenti di efficienza, a lungo andare potrebbe portare a frustrazione e disfunzionalità. Pertanto, si concentra sulla riorganizzazione della sua routine e, una volta analizzata la sua realtà occupazionale, elimina le attività distraenti e successivamente aggiunge i nuovi compiti. Al termine di questa fase riesce ad armonizzare i diversi compiti e infine a concatenare le attività e i tempi di esecuzione; il risultato di questo processo si riflette nel fatto che è possibile integrare la nuova routine in modo funzionale.

Con il passare del tempo e, in gran parte, in combinazione con le esperienze di apprendimento in classe, questo modello di lavoro è diventato la sua risorsa di insegnamento regolare per gran parte della popolazione studentesca che ha servito, con il risultato che l'applicazione e la valutazione dell'analisi comportamentale ha raggiunto circa 250 persone dopo pochi anni. Questo considerando alcuni pazienti e prevalentemente studenti. Questa quantità di informazioni gli permette di osservare innanzitutto delle somiglianze nell'occupazione del tempo e nelle attività svolte; osserva poi una leggera differenza tra gli studenti di un sistema scolastico e quelli di un sistema semi-scolastico. La differenza più marcata tra gli studenti di un sistema scolastico e quelli di un sistema aperto è che gli studenti che frequentano dal lunedì al venerdì mostrano un repertorio comportamentale maggiore rispetto agli studenti del sistema del sabato; Sebbene la differenza non fosse molto significativa (da due a quattro abitudini comportamentali), mostrava una costante comportamentale; il motivo, secondo la sua valutazione, era dovuto al fatto che, tra l'altro, l'età di questi studenti di tipo scolastico era compresa tra i 18 e i 24 anni e la loro attività principale consisteva proprio nello svolgimento di attività prevalentemente accademiche, familiari, sociali e ricreative; Al contrario, una persona che studia solo il sabato, preferibilmente perché lavora, ha una famiglia, marito, moglie, figli, cioè una serie di impegni lavorativi, familiari e sociali molto concreti e routinari che paradossalmente invece di aumentare il repertorio comportamentale lo riducono, per cui c'era una differenza costante tra gli studenti del sistema scolastico e quelli del sistema semi-scolastico, il cui repertorio variava da 20 a 22 comportamenti. D'altra parte, gli studenti più giovani, con minori responsabilità formali, aumentavano il loro repertorio fino a 22 o 24 comportamenti di preferenza, il che era dovuto al dinamismo caratteristico dei giovani.

Il modo per arrivare a questo tipo di analisi comportamentale applicata è stato attraverso una matrice di osservazione e registrazione del repertorio comportamentale; e la genesi di questa matrice è stata proprio quella di far descrivere al soggetto cosa faceva e quanto tempo dedicava a una certa attività nel corso di una settimana. Per fare questo, il soggetto ha prima dichiarato l'attività e poi ha descritto il tempo di esecuzione nella matrice cronologica, per la quale è molto importante considerare che questa analisi è stata condotta per una sola settimana; in altre parole, è stata fatta un'osservazione di base, ma perché di base, perché da questa registrazione sarebbe possibile determinare due fattori specifici: l'occupazione del tempo in termini di quali attività vengono svolte e quanto tempo viene dedicato a questa attività.

Per questo è molto importante registrare un'intera settimana, poiché la routine abituale di un soggetto non si svolge solo dal lunedì al venerdì; anche il sabato e la domenica sono considerati ai fini della valutazione del repertorio comportamentale, poiché in questi giorni si svolgono attività che normalmente non vengono svolte durante il resto della settimana. Al termine dell'osservazione, sono state registrate 168 ore di attività, corrispondenti a sette giorni, al ritmo di ventiquattro ore al giorno moltiplicate per sette. Nella matrice seguente sarà più facile vedere come si ottengono i dati numerici.

Descrizione dell'attività

1		15	
2		16	
3		17	
4		18	
5		19	
6		20	
7		21	
8		22	
9		23	
10		24	
11		25	
12		26	
13		27	
14		28	

Tabella 1.1 Descrizione generica dell'attività svolta

Analisi comportamentale applicata Data di osservazione

Tempo	Lunedì	Martedì	Mercoledì	J ueves	Venerdì	Sabato	Domenica
01:00							
02:00							
03:00							
04:00							
05:00							
06:00							
07:00							
08:00							
09:00							
10:00							
11:00							
12:00							
13:00							
14:00							
15:00							
16:00							
17:00							
18:00							
19:00							
20:00							

21:00																								
22:00																								
23:00																								
24:00																								

Tabella T1.2. Tempo e frequenza di osservazione del comportamento e formato di registrazione

Categoria e indicatori Emozione

Codice	Categoria	Indicatore o comportamento manifesto
A	Gioia	Divertimento, euforia, gratificazione, appagamento, sensazione di benessere, sicurezza.
B	Sorpresa	Stupore, meraviglia, sconcerto. È molto passeggero. Può fornire un approccio cognitivo a ciò che sta succedendo
C	Tristezza	Dolore, solitudine, pessimismo.
D	Paura	Anticipazione di una minaccia o di un pericolo che produce ansia, incertezza, insicurezza.
E	Avversione	Disgusto, disgusto, tendiamo ad allontanarci dall'oggetto che ci produce avversione
F	Ira	Rabbia, ira, risentimento, furia, irritabilità

Tabella T 1.3 Categoria e indicatori di prevalenza emotiva (Emozioni di base)

Commenti aggiuntivi

Tabella T1.4 Commenti

Come si può vedere nella tabella T1.1, innanzitutto i comportamenti emessi sono descritti in modo generico; per esempio: dormire, lavorare, igiene personale, mangiare, trasferimenti, tra gli altri.

1	Dormire
	Alimentazione
	Presenza e permanenza al lavoro
	Toelettatura personale
5	Attività domestica
	Guarda la TV
	Parlare al telefono

8	Attività sportiva
	Trasferimenti vari
10	Esigenze fisiologiche

Il motivo per cui si è proceduto in questo modo è che è preferibile fare solo una descrizione generica piuttosto che una dettagliata, per due motivi: la descrizione richiederebbe molto spazio e limiterebbe la possibilità di registrare adeguatamente. D'altra parte, è anche importante notare che vengono svolte le stesse attività, solo nel corso della giornata; ma non sono diverse, e molte di esse coinvolgono la stessa attività corporea. A questo proposito verrà mostrato un piccolo esempio: l'attività del dormire, che può essere svolta sia di notte che durante un sonnellino, non importa a che ora viene eseguita, ciò che conta è che la persona dorma; lo stesso vale per il comportamento del mangiare che chiameremo alimentazione, che può essere svolto al mattino, a mezzogiorno o di notte; quindi viene descritto una sola volta, e viene annotato il momento della giornata in cui questa attività viene svolta. Esempio:

Quindi, come si può vedere nella tabella T1.1, c'è uno spazio per la descrizione di un massimo di 28 comportamenti; a questo punto è importante notare che il repertorio comportamentale oscilla tra 22 e 24 comportamenti. Tuttavia, vengono aggiunti altri quattro spazi per aprire la possibilità che qualcuno emetta più comportamenti al giorno. Ora, una volta che i comportamenti emessi sono stati precedentemente rilevati, è possibile registrarli, e per questo si suggerisce che la persona dedichi prima un'intera settimana all'auto-osservazione comportamentale, cioè la prima attività prima di effettuare l'auto-registrazione comportamentale consiste nel rilevare i comportamenti che vengono emessi e che sono stati precedentemente annotati. A questo proposito, va notato che è possibile che vengano messi in atto diversi comportamenti in un periodo di un'ora. A tal fine, si può osservare che ci sono quattro spazi all'ora.

Una volta individuato il loro repertorio, questo viene registrato in base al numero assegnato al comportamento. Esempio:

Tempo	Lunedì		
01:00	1		
02:00	1		
03:00	1		
04:00	1		
05:00	10	8	
06:00			
07:00			
08:00			
09:00			
10:00			
11:00			
12:00			
13:00		10	

Se facciamo attenzione a questa tabella, i periodi di registrazione delle attività si aggirano intorno ai quindici minuti, il che permette alla fine di ogni giornata di fare una somma delle attività giornaliere e in unità di tempo approssimative; in questo modo è possibile fare una sorta di radiografia comportamentale, che permette un'approssimazione alla realtà comportamentale e lavorativa del soggetto e in questo modo, a partire da questa matrice di osservazione e registrazione, si può effettuare un eventuale riorientamento comportamentale. Ora, questa matrice di osservazione può essere integrata con un'altra utilità, cioè con questo strumento è possibile misurare anche la relazione che esiste tra i comportamenti che vengono emessi e le emozioni che prevalgono, a partire dalle emozioni di base. A tal fine, è sufficiente aggiungere una diagonale alla casella corrispondente e, assegnando un numero, anche una lettera T1.3. In questo modo, con questo stesso strumento è possibile osservare e misurare i comportamenti e la prevalenza emotiva. Esempio:

Tempo	Lunedì

01:00	1						
02:00	1						
03:00	1						
04:00	1						
05:00	10	A	8	A	8	B		B
06:00		D		E				
07:00	9	C		C				
08:00		D						
09:00		D						
10:00		D						
11:00		D						
12:00		A						
13:00		A		A		10	A	

Ora, l'analisi e l'interpretazione di questa matrice di osservazione e registrazione rivela che:

Il soggetto X si è alzato alle cinque del mattino per fare i suoi bisogni in circa quindici minuti, in uno stato emotivo di gioia, a giudicare dalla sensazione di benessere, gratificazione ed euforia che provava. Successivamente, qualcosa lo ha fatto sobbalzare ed è passato emotivamente a uno stato di sorpresa, in cui è rimasto per trenta minuti; Questo stato emotivo si prolunga e lo porta a una sensazione di paura sostenuta fino a condurlo a un sentimento di avversione, cioè con una prevalenza di disgusto, successivamente e a causa delle circostanze passa a C, cioè cade in uno stato di tristezza con paura, uno stato emotivo in cui rimane per quattro ore, fino a quando, finalmente e prima del pasto serale, riprende il suo stato emotivo di gioia e questo rimane per il resto della giornata.

I motivi e gli argomenti che hanno scatenato queste oscillazioni emotive sono integrati nel modulo T1.4, cioè quest'ultimo strumento serve a descrivere nel dettaglio quelle particolari situazioni che in un modo o nell'altro stimolano le oscillazioni emotive, alterando così la percezione della realtà. Un'ulteriore utilità di questo strumento di misurazione comportamentale è che rende possibile anche l'autocontrollo, cioè nel tempo può contribuire a una maggiore consapevolezza dell'uso del tempo e a una maggiore consapevolezza degli stati emotivi. Pertanto, nella misura in cui viene osservato e registrato in dettaglio, l'utilità dello strumento stesso sarà in tale misura.

È importante sottolineare che all'inizio questa risorsa didattica non è stata molto accettata dagli studenti, probabilmente perché richiedeva molta auto-osservazione e, d'altra parte, perché venivano valutati con questa risorsa. Questo ha portato a una naturale avversione alla sua esecuzione, ma in seguito, una volta presa confidenza con la risorsa, l'hanno trovata molto utile e facile da usare, e soprattutto hanno utilizzato questo stesso strumento per riorientare le proprie abitudini e, di conseguenza, per osservare se stessi.

In classe, l'azione successiva, una volta completata l'analisi del compito (nota anche come analisi comportamentale applicata), è stato chiesto agli studenti di determinare il comportamento da modificare e, una volta deciso il comportamento, è stato chiesto loro di definire, in base al comportamento stesso, se volevano mantenere, aumentare, ridurre o estinguere il comportamento precedentemente scelto. Una buona parte degli studenti ha deciso di ridurre la frequenza di emissione di un certo comportamento, e qui è sorto un piccolo problema, poiché è importante sottolineare che, proprio come il corpo umano, per quanto riguarda il suo spazio interno, dove tutto lo spazio è vitale e quindi non c'è un solo spazio non occupato nel corpo umano, questo è un principio fondamentale del funzionamento organico. Tutto è occupato, quindi quando si verifica un'infiammazione in un qualsiasi arto corporeo, irrimediabilmente ci sarà il dolore stesso, che è il segnale sensibile che indica che qualcosa non funziona correttamente e che internamente potrebbe essere infiammato e quindi alterare o forzare un altro arto. Si verifica cioè una saturazione funzionale che limita la funzionalità di un altro arto, causando così un'alterazione sistemica; infatti, nella teoria generale dei sistemi (Bertalanffy L. 1950,   1968), si stabiliscono tre premesse fondamentali, una delle quali è

quella che afferma che: i sistemi esistono all'interno dei sistemi, ogni sistema esiste all'interno di un sistema più grande. E poi un'altra di queste premesse sostiene che: le funzioni di un sistema dipendono dalla sua struttura, per i sistemi biologici e meccanici questa affermazione è intuitiva. I tessuti muscolari, ad esempio, si contraggono perché sono costituiti da una struttura cellulare che permette le contrazioni.

Pertanto, se analizziamo questa teoria con il corpo umano, possiamo dire che il funzionamento dell'organismo si realizza perché esiste un insieme di elementi che sono dinamicamente correlati e formano un'attività indipendente per raggiungere un obiettivo. Questo, portato all'esempio concreto del corpo, può essere tradotto nel senso che lo stomaco è in grado di promuovere un'adeguata metabolizzazione dei nutrienti, in quanto è in grado di scindere le sostanze nutritive e di distribuirle agli organi corrispondenti; per questo necessita di un equilibrio nel suo pH acido. Se per qualche motivo, quasi sempre esogeno, cioè esterno, la produzione di acido gastrico viene alterata, lo stomaco continuerà a funzionare, ma con un sovraccarico di lavoro, poiché continuerà a metabolizzare i nutrienti e d'altra parte si proteggerà dall'aggiunta di acido sulla sua superficie. Questo sovraccarico porterà a una sorta di infiammazione e a sua volta l'infiammazione produrrà uno stato di saturazione addominale, che porterà a un disagio tale che questa alterazione di tipo omeostatico non solo può alterare il funzionamento del corpo, ma si rifletterà anche in un'alterazione dello stato emotivo.

Come si vede, ciò che è iniziato con un disturbo corporeo, è stato seguito da un disturbo emotivo, che ha portato poi a un circolo pernicioso dovuto alla saturazione alimentare. Vediamo questo aspetto in modo più semplice, utilizzando lo stesso principio della teoria dei sistemi, ma collegandolo ora agli aspetti comportamentali per scopi didattici:

Consideriamo che la seguente struttura rappresenti l'insieme dei comportamenti emessi da un soggetto, in questa struttura stiamo considerando l'insieme delle attività che vengono svolte durante una settimana completa nell'arco di 168 ore; ma ai fini dell'analisi pratica si considerano solo 24 ore. Questi comportamenti hanno già il loro spazio perché è già noto che si tratta di azioni che vengono eseguite ordinariamente e, d'altra parte, è già nota la dedizione temporale richiesta per la loro esecuzione. Alcuni comportamenti possono aumentare il loro tempo di esecuzione, e quindi avere ripercussioni e diminuire un altro comportamento. Per esempio, la frequenza scolastica si svolge dal lunedì al venerdì, quindi il sabato e la domenica è molto probabile che il tempo dedicato al sonno aumenti, poiché c'è tempo a disposizione per farlo, a causa del fatto che altri comportamenti abituali non vengono eseguiti; quindi, con questa tendenza è molto probabile che aumentino anche i comportamenti di frequentazione, le attività domestiche, le attività sportive, eccetera; oppure ci saranno altri comportamenti molto occasionali, come partecipare a una festa e quindi la frequenza delle attività di svago può aumentare. Sempre in quest'ottica, è molto probabile che si partecipi alle funzioni religiose domenicali, per cui, ai fini pratici dell'osservazione e della registrazione, si misurano solo le 24 ore, ma per i risultati dell'analisi funzionale si considera l'intera settimana.

Un altro aspetto da evidenziare è quello relativo ai dati riportati nella tabella T1.5, in cui sono rappresentate le dinamiche comportamentali di un gruppo di 24 studenti universitari dell'ottavo semestre, frequentanti i corsi serali, che hanno effettuato autonomamente la propria analisi del compito (analisi comportamentale applicata). Successivamente, è stata effettuata la rispettiva compilazione, per cui alcuni di loro hanno messo in atto diversi comportamenti, ad esempio: tenere un diario personale, e altri, invece, erano più orientati alla socializzazione attraverso i social network e/o di persona. Data la complessità di raggruppare le particolarità, si è deciso di raggruppare sulla base di comportamenti prevalenti di ordine generale, infatti questa risorsa di osservazione non è stata validata esternamente, quindi ha solo una validità interna meramente descrittiva.[30]

Tabella T1.5 Repertorio comportamentale

	Repertorio comportamentale abituale	Il tempo	Percentuale
1	Dormire	8.10	33.75 %
	Frequenza scolastica	3.50	14.58 %

---

[30] Sindrome generale di adattamento (Selye H. 1963)

		Uscire con gli amici	1.00	4.16 %
		Toelettatura personale	1.20	5 %
5		Stare sui social network per mezzo del computer	0.60	2.5 %
		Attività domestiche (alimentazione, pulizia, ecc.)	0.90	3.75 %
		Scrivere diari di poesie ecc,	0.11	0.45 %
8		Parlare al telefono	0.26	1.08 %
		Alimentazione (tre pasti)	1.00	4.16 %
10		Guarda la TV	1.48	6.16 %
		Attività ludica	0.40	1.66 %
		Attività sportiva	0.20	0.83 %
		Inizio giornaliero delle attività (fase di allerta)[18]	0.33	1.38 %
		I compiti a casa comprendono la ricerca	1.08	4.5 %
		Convivenza familiare (comprese le controversie)	0.56	2.34 %
		Relazione di coppia	1.09	4.54 %
		Responsabilità specifiche della famiglia	0.60	2.5 %
		Attività produttiva o lavorativa	0.24	1 %
		Servizi religiosi	0.04	0.18 %
		Stage professionali o servizio sociale	0.40	1.67 %
21		Attività sociale	0.31	1.30 %
		Esigenze fisiologiche	0.20	0.84 %
23		Trasferimenti vari	0.40	1.67 %
			24 ore.	100 %

Una volta che si dispone del repertorio comportamentale abituale e si sa che i giovani emettono in media 23 comportamenti nel corso di una settimana, si dispone di quella che in termini formali di analisi sperimentale del comportamento è nota come "linea di base" o piattaforma per l'osservazione dei comportamenti in generale; a partire da questa base di analisi, è ora possibile osservare a quali comportamenti in particolare viene dato più tempo e in quali altri non si produce assolutamente uno sviluppo personale, ma piuttosto sono orientati all'inoperosità e non contribuiscono alla crescita personale. In effetti, è possibile che il loro verificarsi provochi anche qualche disturbo emotivo, ma senza essere pienamente consapevoli del loro impatto sul piano emotivo, si assumono altri aspetti esterni e non si osservano gli aspetti interni che il soggetto stesso mette in atto.

A questo punto dell'analisi è ancora possibile approfondire l'osservazione personale, ma ora è possibile svolgere l'indagine da una prospettiva più ridotta, portando l'analisi nel campo di osservazione delle aree di trascendenza dell'essere umano. Anche se questo punto sarà trattato in dettaglio nel rispettivo capitolo, per il momento è possibile presentare il seguente schema in cui l'essere umano si è sviluppato nel corso della sua esistenza e che, in un modo o nell'altro, gli permette di sviluppare le potenzialità che danno origine a sentimenti di autoconoscenza e fiducia in se stessi. Pertanto, per prima cosa osserveremo il repertorio comportamentale per aree, dove, da questa prospettiva, è possibile osservare con maggiore precisione quale comportamento corrisponde a una certa area, come si può vedere nella tabella T1.6.

Ad esempio, si può osservare che i comportamenti di toelettatura, scrittura di un diario o di una poesia, avvio di attività quotidiane e viaggi corrispondono allo sviluppo individuale. Così i giovani dedicano generalmente l'8,48% del loro tempo abituale a se stessi, e così via fino a completare il numero totale di ore; infine ora il quadro occupazionale è più esemplificativo, quindi, da questa piattaforma di osservazione comportamentale si può decidere con maggiore precisione in quale area e con quale attività si vuole mantenere, aumentare, ridurre o addirittura estinguere qualche comportamento che a causa del tempo o dell'emozione che fornisce non contribuisce allo sviluppo personale, anzi può tendere a limitare o impedire un certo sviluppo personale in una certa area.

Il repertorio comportamentale per trascendenza e sviluppo dell'area

	Comportamento	Aree	Percentuale
1	4,7,13, 23	Individuale	8.48 %
	3,22	Sociale	5.44 %
	2,14,21	Accademico	20.80 %
	5,8,10,11	Lúdica	11.4 %
5	1,9,23	Salute	38,74 %
		Attività fisica	0.86 %
		Spirituale	0.16 %
8		Sessuale	4.54 %
9	5,15,18	Famiglia	8,58 %
10		Lavoro	1.00%

Tabella T1.6 Repertorio di comportamenti per area

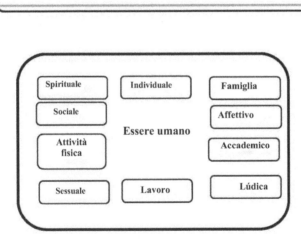

Tabella T1.7
Trascendenza sistemica

La tabella T1.6 illustra che nella sezione n. 3, che corrisponde alle attività accademiche, queste rappresentano il 20,80%, pari a 34,94 ore settimanali, e che l'attività lavorativa ne rappresenta solo 1,68 (un'ora e sessantotto minuti). La ragione di questa tendenza è comprensibile, poiché la popolazione che fornisce questi dati è costituita da studenti universitari e non è ancora inserita nel mercato del lavoro. Una volta completato l'iter accademico, questo andamento occupazionale potrebbe presentare delle variazioni che non si rifletteranno sul mercato del lavoro; le ragioni di ciò sono più di natura economico-sociale che individuale. Tuttavia, man mano che il soggetto viene coinvolto in un'attività sostenuta, irrimediabilmente e sistemicamente, il suo funzionamento in altre aree dello sviluppo sarà alterato; ciò è molto evidente quando si sceglie, per così dire, di fare attività fisica, sia che si vada in palestra sia che si faccia questa attività a casa. La decisione di fare attività

31

fisica è saggia; tuttavia, bisogna essere ben consapevoli che questa scelta comporterà la rinuncia a qualche attività o una sua riduzione. Il punto particolare da notare è che in molti casi la decisione di intraprendere una nuova attività deve essere presa sulla base della necessità di considerare quali attività ridurre o interrompere. Alla fine, ci sarà sempre un impatto sia comportamentale che emotivo. La ragione di ciò è che molti piani di attività fisica vengono abortiti quasi subito; il motivo, da questo punto di vista, è che il repertorio personale non è stato valutato in precedenza e la decisione di attuare il piano viene presa non prima di aver effettuato una valutazione dei compiti da riconsiderare. Un approccio sistematico all'incorporazione di questo modello a livello nutrizionale sarà discusso in dettaglio più avanti nel capitolo sugli schemi di sviluppo delle dimensioni evolutive dell'essere umano.

Tuttavia, per il momento, la seguente matrice decisionale può essere molto utile in questa sezione, in quanto consente un'attenta valutazione dei benefici e dei costi legati alla realizzazione o meno di un'attività:

Data:	Benefici		Costo	
Situazione da considerare:	A breve termine	A lungo termine	A breve termine	A lungo termine
Incorporare una routine quotidiana di mezz'ora di attività fisica (bicicletta, aerobica, ecc.), passeggiate, palestra, ecc.)	Sentirsi bene Sviluppare il tono muscolare Migliorare il mio aspetto Migliorare la mia autostima	Perdere peso Perdere taglia Migliorare la mia autostima Migliorare il mio umore	Seguire la routine. Accettare la fatica fisica. Smettere di fare determinate attività. Disciplina e forza di volontà. Investire del denaro per acquistare vestiti o attrezzature	Organizzare il tempo per rimanere produttivi in altre aree. Possibilità di lesioni dovute al sovraccarico fisico. Riduzione di altre attività che possono essere piacevoli

Tabella T1.8 Matrice decisionale

Come si può notare, sebbene l'incorporazione dell'abitudine all'attività fisica sia molto salutare, essa comporta alcuni rischi nella sua esecuzione a livello comportamentale, fisico ed emotivo. È quindi opportuno effettuare una valutazione preventiva dell'impatto che questa decisione avrà sull'attività abituale; è quindi opportuno considerare le possibili implicazioni della decisione da prendere e, a fronte di ciò, molto spesso si enfatizzano solo i benefici senza tenere conto dei possibili danni che potrebbero verificarsi al momento dello svolgimento dell'attività. È necessario considerare anche i costi, che non implicano valori economici in senso stretto, ma piuttosto costi *attitudinali e comportamentali*. Nel caso degli atteggiamenti, si tratta di come le persone tendono ad agire di fronte all'assorbimento corporeo del lavoro fisico, poiché qualsiasi routine fisica, per quanto lieve, avrà invariabilmente un impatto sul fisico e poi sull'emotivo; in questa valutazione si deve considerare la risposta attitudinale e poi quella comportamentale, che normalmente va di pari passo con la precedente. Se la persona si sente stanca o sopraffatta a seguito di un'attività fisica, molto probabilmente deciderà di rinunciare o di continuare, ma incorporando un certo grado di tensione corporea ed emotiva, e quindi ciò che in origine era destinato a migliorare l'umore può ora rivelarsi un'alterazione negativa.

Pertanto, il suggerimento di utilizzare la tabella T1.8, si basa sulla consapevolezza che ogni routine che viene incorporata nel ritmo abituale comporterà prima o poi sia un beneficio che un costo; Per questo motivo, è necessario essere pienamente consapevoli di quanto sopra, in modo che durante l'implementazione della nuova attività, se si verificano imprevisti come quelli descritti sopra, si possa sapere in anticipo che questo è stato preso in considerazione e può essere più probabile che ci si attenga alla decisione iniziale e alla fine si sappia che il risultato che si vuole raggiungere comporterà invariabilmente un costo, ma che si sarà in grado di portarlo a termine.

Infine, un altro elemento che può contribuire in modo significativo al perseguimento degli obiettivi e all'incorporazione delle attività può essere proprio l'incorporazione dell'abitudine a stabilire obiettivi, che, come indica il nome, hanno come presupposto principale quello di orientare il comportamento nel perseguimento di un risultato. Tuttavia, a questo punto, di solito si dà molta importanza all'obiettivo del raggiungimento, all'obiettivo del risultato, e meno all'esecuzione, cioè alla realizzazione[31] ; che non è altro che il processo di esecuzione sistematica che contribuirà al raggiungimento del risultato.

Se lo guardiamo da una prospettiva molto semplice, sarebbe più o meno così:

Questa illustrazione vuole sottolineare l'importanza del processo, in quanto è la chiave che apre la possibilità concreta di ottenere qualcosa di specifico.

Tornando all'esempio dell'incorporazione di una routine di attività fisica, vedremo che l'enfasi è probabilmente posta sulla perdita di peso o di altezza, e quindi l'attenzione è di solito concentrata sul fine, che sarebbe il peso e l'altezza, e non sul processo; in altre parole, su ciò che deve essere fatto e non fatto per raggiungere l'obiettivo e la fine del processo, se non c'è una reale consapevolezza di questo aspetto, che è spesso il più complicato e persino minaccioso per lo stile di vita del soggetto stesso. Questo perché il processo è direttamente collegato alla sistematizzazione dello sforzo fisico e volitivo. Pertanto, le qualità volitive devono essere prese in considerazione per incoraggiare e rafforzare il processo di esecuzione sistematica. Vediamolo nel modo seguente: Volitivo deriva dal latino *volo*, che significa voglio. Si dice di atti e fenomeni della volontà. E il volitivo è legato alla volontà dal lat. *voluntas, - atis*, che si riferisce alla facoltà di decidere e ordinare la propria condotta.

Come si può notare, l'atto di esecuzione implica decidere e ordinare, e ordinare richiede appunto ordine e mandato. Vediamo, l'ordine implica la gerarchizzazione, la decisione e l'esecuzione; d'altra parte, il mandato si riferisce a una premessa umanistica relativa ai requisiti di realizzazione, che sono:

---

[31] Buceta J. M. (1998) *Psicologia dell'allenamento sportivo.*

sapere, poter, volere e dover[32][33][21] . Questi requisiti di realizzazione significano che, in primo luogo, la persona deve essere sicura di sapere come fare; tuttavia, anche se la persona sa, se non può o non vuole farlo, non raggiungerà mai l'obiettivo. Il secondo requisito da consolidare per raggiungere un obiettivo si riferisce all'essere in grado, e allo stesso modo, se non vuole, non raggiungerà mai l'obiettivo. Quindi, con questo processo, il volere acquisisce un impatto enorme, poiché comporta già una premessa del mandato in funzione dell'ordine, che è la decisione; e poi l'ultimo requisito della realizzazione, che è il dovere, ottiene già un impatto maggiore, perché la persona non esiterà a fare tutto ciò che deve fare per raggiungere il suo obiettivo, che in questo caso si riferisce all'attività fisica. Infine, la conseguenza di questo processo sistematico e ordinato ha permesso non solo di crescere sul piano fisico, ma ha anche favorito e rafforzato il piano volitivo; si è cioè arricchita la facoltà di decidere e ordinare la propria condotta, e quindi la volontà.

Data:	Realizzazione	Risultato
Obiettivi a lungo termine		
Obiettivi a medio termine		
Obiettivi a breve termine		

Tabella T1.9 Obiettivi di output e di risultato

Il modo di organizzare e lavorare con la tabella T1.9 è per certi versi molto semplice; tuttavia, vale la pena di descrivere brevemente come può essere utilizzata in modo più efficace:

Data:[34]	Realizzazione [35]	Risultato[36]
Obiettivi a lungo termine [37]	Eseguire un ciclo di trentacinque minuti con cicli di 5 minuti a metà velocità e 5 minuti con resistenza. E termina con 5 minuti di raffreddamento.	Pedalate per un totale di 175 minuti alla settimana, con la possibilità di riposare un giorno alla settimana.
Obiettivi a medio termine [38]	Eseguire un ciclo di venti minuti con cicli di 5 minuti a metà velocità e 5 minuti con resistenza.	Svolgere questa attività almeno quattro giorni alla settimana a un orario prestabilito.
Obiettivi a breve termine[39]	Pedalate per quindici minuti a un ritmo medio sostenuto in un momento a vostra scelta.	Svolgere questa attività almeno tre giorni alla settimana.

Pertanto, innanzitutto, gli obiettivi vengono suddivisi in base al tempo in cui si intende raggiungerli, cioè il tempo di esecuzione dell'attività viene gradualmente aumentato. La ragione di ciò è dovuta a tre prospettive di conoscenza scientifica; la prima è un concetto strettamente legato alla metodologia sportiva, chiamato supercompensazione, che si riferisce alla capacità dell'organismo di adattarsi al lavoro fisico, in modo che vi sia un efficiente assorbimento del carico fisico e che si eviti il più

---

[32] Vega Báez J.M. (*Rumbo a la Cima 2002*)
[33] Buceta J.M. (1998) *Psicologia dell'allenamento sportivo.*
[34] È importante impostare una data di inizio
[35] Si riferisce ai comportamenti che devono essere eseguiti in modo ordinato.
[36] Si riferisce ai risultati desiderati
[37] Ai fini del presente modello, il lungo termine è considerato un mese.
[38] Il medio termine considera solo due settimane
[39] La prima scadenza è una settimana di lavoro

possibile la comparsa di un infortunio derivante dall'affaticamento muscolare. D'altra parte, nella seconda prospettiva, ora legata all'analisi sperimentale del comportamento, questo approccio suggerisce innanzitutto di introdurre gradualmente il comportamento da instaurare, che viene chiamato abitudine, e proprio il consolidamento di questa può variare da persona a persona; ciò dipende dal livello di resistenza alla routine che il soggetto presenta, dalla forte motivazione intrinseca e dall'elevata persistenza che dimostra. La terza prospettiva è legata alla motivazione al raggiungimento degli obiettivi (Atkinson 1966), dove suggerisce che se la motivazione al raggiungimento degli obiettivi è maggiore della paura del fallimento e si raggiunge il successo, il livello di aspirazione aumenta dopo il successo, perché c'è un cambiamento positivo nella motivazione.

Pertanto, si parte da obiettivi brevi, ma con un'alta probabilità di essere raggiunti dalla persona che li mette in pratica. D'altra parte, si favorisce l'instaurazione di un'abitudine sana e, infine, si protegge il soggetto da possibili lesioni dovute a un sovraccarico di lavoro fisico. Per quanto riguarda gli obiettivi di prestazione, questi vengono incrementati secondo il concetto di sovracompensazione, cioè l'intensità del carico viene aumentata gradualmente fino a raggiungere un punto di equilibrio tra richiesta fisica (resistenza) e capacità di assorbimento organico (efficienza fisica). Questi due fattori possono essere consolidati solo in modo graduale e sostenuto.

Per quanto riguarda gli obiettivi dei risultati, si può notare che i giorni di lavoro stanno aumentando, e l'obiettivo è anche quello di trovare il momento giusto per il soggetto per svolgere la sua routine fisica; infatti, non è necessario che sia sempre alla stessa ora, la routine può variare a seconda del tempo reale a disposizione, l'importante è non eccedere nei tempi di richiesta e per quanto possibile diversificare lo svolgimento della routine per mantenere la motivazione intrinseca. Infine, si sottolinea anche l'importanza della data, che permette di stabilire la data di inizio e di fine del progetto. Personalmente, raccomando di creare un progetto una volta terminato, ma con un'altra attività o un'altra funzione; il suggerimento è di stabilire in modo permanente obiettivi di realizzazione e risultati in tutte le aree di sviluppo personale che la propria creatività consente.

Pertanto, l'applicazione pratica di questa forma di definizione degli obiettivi può essere attuata nelle varie sfaccettature della vita del soggetto, si tratta solo di due cose molto semplici; la prima è essere aperti alle possibilità di crescita personale in tutti i settori dello sviluppo umano, e la seconda è fissare obiettivi personali, cioè essere consapevoli che si tratta di voi e di nessun altro, quindi, gli obiettivi sono decisi da voi, perché solo voi li porterete a termine. Infine, è molto importante fissare obiettivi per persone comuni, cioè obiettivi che abbiano una reale possibilità di essere raggiunti, e non pretendere che obiettivi "altisonanti" vi portino più lontano; questo può esaurirvi a lungo andare, e di conseguenza portarvi ad abbandonare qualsiasi tentativo di fare qualcosa che abbia un reale valore per voi.

Vi invito solo a riflettere un attimo e a osservare che le grandi opere di cui siamo circondati sono state create nel tempo, e che i loro diversi creatori hanno superato innumerevoli ostacoli, che anziché essere ostacoli sono diventati obiettivi da superare per raggiungere ciò che i loro creatori desideravano. Quindi tu, la tua opera migliore, sarà quella che costruirai con la tua vita, le tue possibilità e le tue risorse, non investire più energie e tempo nel vedere cosa fanno gli altri, ora è il momento di costruire te stesso e definire quali risorse hai e dove e perché vuoi arrivare.

Riflettete sulle vostre vere possibilità, sul vostro vero potenziale, non abbiate paura di ciò che gradualmente riscoprirete di voi stessi, la sostanza di questo passo è che vi renderete conto di chi siete veramente e di cosa non siete veramente. Che senso ha continuare a soffrire per ciò che fanno o ottengono gli altri, invece di sprecare il vostro tempo osservando gli altri, investitelo nell'osservare voi stessi, in termini di portata e di potenziale; e infine, decidete di lavorare con questo.

Per questo, il suggerimento è quello di permettere a voi stessi di sapere chi siete, come vivete e come vivete emotivamente la vostra vita. Una volta che lo sapete, permettetevi di fare una vera introspezione e di scoprire che cosa vorreste davvero fare per voi stessi, naturalmente solo ciò che spetta a voi e a nessun altro.

In questo senso è molto importante evitare le dipendenze sia fisiche che emotive, una volta che si sa cosa si vuole fare per se stessi. Poiché avete già valutato i benefici, ma conoscete anche i costi, fissate i vostri obiettivi di realizzazione e di risultato e lasciate che siano loro a occuparsi della vostra crescita personale. Ricordate che avete la possibilità di crescere e di spaziare in dieci aree nel corso del tempo, quindi prendetevi il tempo necessario, ma più tempo passate, meno possibilità avete di godervi il vostro riordino sistemico. Ricordate che siete voi a decidere la direzione e il tempo che vi occorrerà per prendere il controllo della vostra esistenza.

Per concludere questo capitolo, mostrerò due risorse che ci permettono di osservare alcuni dei risultati che si possono ottenere una volta effettuata l'analisi comportamentale applicata. La prima testimonianza è relativa a una studentessa universitaria che ha potuto osservare quali comportamenti emetteva, e allo stesso tempo ha potuto misurare il tempo che trascorreva in ciascuna delle sue attività; e una cosa molto importante che ha potuto specificare, si riferisce al fatto che la propria attività quotidiana le impediva di sviluppare un'adeguata convivenza familiare che limitava la sua capacità di comunicare e di comprendere il suo ambiente domestico. La risorsa seguente si riferisce alla storia di vita di una persona che, come molte donne con circostanze simili, si è trovata nella necessità di modificarsi sistemicamente a causa di eventi biografici.

Analisi comportamentale applicata

Hora	Lunedì				Martedì				Mercoledì				Giovedì				Venerdì				Sabato				Domenica			
5:0 0	1				1	1			1	1			1	1			1	1			1	1	1	1	1	1	1	1
6:0 0																					1	1	1	1	1	1	1	1
7:0 0	9	9	9	9									9	9	9	9	9	9	9	9	1	1	1	1	1	1	1	1
8:0 0					5	5	5	5					9	9	9	9	9	9	9	9	1	1	1	1	1	1	1	1
9:0 0					5	5	5	5					9				9	9	9	9	1 5	1 5			1	1	1 5	1 5
10:	9	9	9	9	1 9	1 9			9	9	9	9					1 9	1 9			1 5	1 5	1 5	1 5			1 2	1 2
11:		1 6			5	5	5	5													1 5	1 5	1 5	1 5	1 2	1 2	1 2	1 2
12:						2 0							9	9	9	9	1 1	1 1	1 1	1 1	1 2	1 2	1 2	1 2	1 2	1 2	1 2	1 2
13:	1	1 2	1 2	1 2	2 0	2 0	2 0	2 0	1 9	1 9	1 9							1 5			1 5	1	1 2	1 2	1 2	1 2	1 2	1 2
14:	1 2	1 2	1 2	1 2	2 0	2 0	2 0	2 0					1 5	1 5	1 5		1 0	1 5			1 6	1 2	1 2	1 2	1 5	1 5	1 5	
15:	1 2	1 2	1 2	1 2									1 7	1 7	1 2	1 2	1 2	1 2	1	1	1 5				1 2	1 2	1 2	1 2
16:	1 2	1 2	1 2	1 2	1	1							1 2	1 2	1 2	1 2	1 0	1 0	1 0	1 0	1 0	1 0	1 0	1 0	1 2	1 2	1 2	1 2
17:	1 2	1 2	1 2	1 0	1 6	1 6	8	8	1 4	1 4	1 4	1 4	1 2	1 2	1 2	1 2	1 5	1 5	1 5	1 5	1 3	1 3	1 3	1 3				

18:	1 3	1 3	1 3	1 3	8	8	1 6	1 0	1 4	1 4	1 4	1 4	1 2	1 2	1 2	1	1 5	1 5	1 7	1 7			1 6	1 6		
19:	1 6	1 6	1 6	1 6	1 6	1 0	1 2	1 2	1 2					1 6	1 6	1 5	1 5	1 7	1 7	1 7	1 7	1 7	1 7	1 7	1 7	1 7
20:	1 7	1 7				1 7	1 7	1 7	1 7	1 5				1 7	1 7	1 7	1 7	1 7	1 5		1 7					
21:	1 7	1 7	1 7		1 7	1 7		1 7		1 3	1 3			1 7		1 7	1 7		1 7	1 9	1 9	1 9				
				1			1			1						1 8		1				1			
22 :0 0	1 7	1 7	1 8	1 8	1 8	1 8	1 8	1 8	1 8	1 8	1 7	1 7	1 7	1	1 3	1 3	1 3	1 3	1 8	1 8	1 8	1 8	1 7	1 7	1 7	1 7 1 7 1 7 1 7 1 7 1 7
23 :0 0	1	1	1	1	1	1	1	1	1	1	1	1	1	1	1 6	1 6	1 7	1 7	1 7	1 7	1 7	1 7	1 7	1 7 1	1	1 1
24 :0 0	1	1	1	1		1 6	1 6	1	1	1	1	1	1	1	1	1	1	1	1	1	1	1	1	1	1	1

Descrizione dell'attività e scala attitudinale

1	Dormire	51:15		Compiti	3:37:30
	Mangiare	8:30		Partecipare al workshop	2:00
	Toelettatura e igiene personale	6:22: 30			
				Lavori domestici (lavare i vestiti, pulire la casa, cucinare i pasti). 8:00	
	Relazione di coppia	3:45		Attività varie	3:45
5	Tirocini	3:00			
				Intrattenimento (guardare la TV, ascoltare la musica, fare social network). 14:30	
	Trasferimenti	11:30		Letture	2:37:30
	Esigenze fisiologiche	1:45		Socializzazione	2:30
8	Attività fisica	1:00		Ricerca educativa	2:15
9	Frequenza della classe	19:45	21		
10	Convivenza in famiglia	2:45			
	Terapia	1:00	23		
	Lavoro	18: 7: 30			

Nomenclatura emozionale

Codice	Descrizione Emozione	Comportamento manifesto
A	Gioia	Divertimento, euforia, gratificazione, appagamento, sensazione di benessere, sicurezza.
B	Sorpresa	Stupore, stupore, smarrimento. È molto transitorio. Può dare un approccio cognitivo a ciò che sta accadendo.
C	Tristezza	Dolore, solitudine, pessimismo.
D	La paura	Anticipazione di una minaccia o di un pericolo che produce ansia, incertezza, insicurezza.

E	Avversione	L'antipatia, il disgusto, tendono ad allontanarci dall'oggetto che non ci piace.
F	Ira	Rabbia, ira, risentimento, furia, irritabilità

Commenti aggiuntivi

Voglio iniziare riducendo le ore di intrattenimento almeno della metà, aumentare la lettura ad almeno 1 ora al giorno, mi sono anche reso conto che passo molto tempo a curare la mia persona, voglio ridurre il tempo dedicato a questa attività e investirlo in attività fisica.

Non avrei mai immaginato che questa semplice analisi comportamentale mi avrebbe permesso di vedere le cose al di là del semplice.

Voglio ringraziarvi per aver messo a disposizione questa analisi, perché ho potuto osservarla e mi ha rattristato molto rendermi conto che su 168 ore settimanali, riesco a dedicare solo 2 ore e 45 minuti a trascorrere del tempo con la mia famiglia.

Ora capisco perché è così difficile per me comunicare e capire i miei fratelli, perché al momento sono le persone con cui vivo quotidianamente, cioè quelle con cui condivido solo lo spazio. Devo ridurre un po' di tempo per ogni attività per avere una comunicazione migliore, credo che andrei più d'accordo con loro, se solo smettessi di essere immersa nel mio mondo e prestassi più attenzione a loro.

Analisi del caso n. 1

La prima impressione quando l'ho vista è stata di sorpresa, ci siamo presentati l'un l'altro; lei voleva sorridere, ma potevo vedere dentro di lei che questo le causava un grande sforzo. Il motivo che l'ha spinta a vedermi è che aveva bisogno di aiuto. Mi parlò del suo trattamento farmacologico e di quanto si sentisse male, e la cosa peggiore era che spesso si sentiva molto scoraggiata; le chiesi di calmarsi e di dirmi cosa, secondo lei, aveva causato il suo stato attuale. Iniziò a parlarmi della sua attuale situazione matrimoniale e delle conseguenze di quell'unione, tra cui la maternità e il rapporto con la suocera, che a suo dire non era affatto lusinghiero.

La situazione era la seguente: lavorava in una scuola locale ed era madre di tre bambini di cinque, tre e un anno. Di questi, il più grande era un maschio, il successivo era una femmina e il più piccolo dei tre era anch'egli un maschio.

La mattina doveva andare al lavoro e il pomeriggio si dedicava ai figli. Condivideva la casa con la suocera, che viveva nella parte inferiore della casa, che tra l'altro apparteneva alla madre. Il marito svolgeva la stessa professione, solo che lavorava in un altro istituto. Da qualche tempo la paziente ha iniziato a provare una sorta di disagio e fastidio nei confronti della suocera, perché, secondo la paziente, era solita essere molto ricattatoria con il figlio; cioè, quando lui non era in casa, la suocera non mostrava alcuna alterazione, ma una volta che il figlio tornava a casa e si trovava con lei e i figli al piano di sopra, la suocera iniziava con una serie di lamentele che, secondo la paziente, avevano il solo scopo di farlo scendere al piano di sotto per stare con la madre. La paziente racconta che questo comportamento da parte della madre era molto frequente e che, nonostante lei gli dicesse che si trattava solo di un ricatto, lui smetteva di stare con lei e si occupava dei bisogni della madre. Questo le causava molto disagio e frustrazione, che a poco a poco l'hanno minata, tanto che ora era anche malata e non se la sentiva di lavorare, né di occuparsi dei bambini, né tantomeno delle altre faccende domestiche.

Le ho chiesto di raccontarmi com'era la sua vita prima di sposarsi e come ha iniziato la relazione con l'attuale marito; il suo sguardo rifletteva un accenno di sorriso, una sorta di gioia nel ricordare com'era la sua vita prima di sposarsi. Innanzitutto, mi ha raccontato che era la maggiore di quattro fratelli e che in casa sua non c'era una figura paterna; infatti, ha raccontato di non aver mai conosciuto il padre, che a quanto pare aveva lasciato la moglie, e di aver tirato avanti come meglio poteva la madre di quattro figli. Essendo la maggiore, è stata costretta fin da piccola ad andare a lavorare e a studiare. La vita di questa famiglia è trascorsa apparentemente con molta fatica, ma alla fine lei (la paziente) è riuscita a terminare la sua carriera di insegnante e a continuare a mantenere la sua famiglia. Sembra che questo sforzo abbia fatto sì che tutti i fratelli, tranne uno, che per caso era l'unico maschio della famiglia, siano riusciti a portare a termine una carriera professionale.

Ha poi commentato che il fatto di essere la più grande, e di essere quella che fin dall'inizio si occupava della casa della madre, le permetteva di ottenere certe gratificazioni, che si riflettevano nel fatto che riceveva un trattamento privilegiato da parte della madre e delle sorelle. Cioè, quando lei stessa arrivava a casa, veniva trattata in modo diverso, poiché, secondo lei, non era responsabile delle faccende domestiche; infatti, le veniva risparmiata qualsiasi responsabilità domestica, e d'altra parte, riceveva molti privilegi, molto simili a quelli che di solito si osservano nelle famiglie in cui prevale la tendenza maschilista; e così il maschio gode di molta libertà sociale e di poca o nessuna responsabilità domestica.

Un altro aspetto degno di nota è che lei stessa era una sorta di autorità agli occhi dei fratelli e, a seconda del suo umore, concedeva il permesso di uscire ai fratelli minori. Ovviamente, tutto questo avveniva in collusione con la madre che, dato il sostegno economico che riceveva dalla figlia maggiore, non aveva altra scelta se non quella di mettersi da parte dalla sua autorità di madre, cedendo invece questo ruolo alla figlia maggiore, ruolo che lei ha inconsapevolmente assunto con il passare del tempo.

Ora, nel caso di come è nata la relazione della coppia con l'attuale marito, questa relazione ha dato i suoi frutti perché entrambi erano impegnati nella stessa attività; secondo i commenti che lui mi ha fatto, era molto colpito dal modo in cui lei si comportava socialmente; secondo la moglie, lei era molto attiva negli incontri con gli amici e tendeva a essere un leader costante nel gruppo comune in cui entrambi si incontravano; Questo era un motivo fondamentale, secondo la moglie, per cui lui la notava, perché tendeva ad essere molto sicura di sé e poteva decidere molto facilmente la direzione di un incontro o di una riunione in cui vivevano insieme. Questo fatto era ciò che più affascinava il suo attuale marito e, secondo lui, a poco a poco si sono conosciuti meglio e alla fine hanno deciso di unire le loro vite, poiché il marito credeva che con questo tipo di donna determinata e con molta verve di fronte alla vita, sarebbe stato molto piacevole vivere e condividere un'intera vita insieme.

Lei conferma e assume molto di quello che dice, infatti aggiunge che nell'ambito della sessualità si sente molto felice, in quanto i loro rapporti sono molto piacevoli, anche se ultimamente li hanno ridotti, ed è sempre più difficile per loro raggiungere l'intimità desiderata, soprattutto per il fatto di sentirsi così gravati da tante responsabilità. E sebbene lei stessa accetti che il marito la sostenga molto con il lavoro dei figli, sente comunque che si tratta di una grande responsabilità, e soprattutto è sempre più difficile per lei vivere con la suocera; infatti, negli ultimi tempi ha anche cercato di evitare il più possibile qualsiasi contatto con lei, ma date le condizioni della casa e il fatto che la suocera è la proprietaria della casa, è letteralmente impossibile ottenere una separazione totale dal rapporto suocera-nuora, e data questa realtà, finisce per diventare ancora più frustrata. E non solo, si sgretola anche moralmente, poiché si rende conto che di quella donna libera, sicura di sé e soprattutto con molta leadership è rimasto ben poco; infatti si chiede cosa sia successo, cosa le sia successo in questo processo.

Ciò che è accaduto nella vita di questa donna è che ha sperimentato un'alterazione biografica rilevante in relazione alla sua esperienza di vita e, dal mio punto di vista, non stava aggiornando la sua vita in base alle esperienze che stava vivendo.

Andiamo per parti, ricordiamo che prima di sposarsi agiva come genitore sostitutivo e quindi possedeva canoni in conseguenza di questo ruolo che le era stato assegnato, come ad esempio il fatto che non esercitava alcuna responsabilità domestica, anzi, era lei a prendersi cura di loro. Questo significa che in una certa misura non ha imparato la rilevanza dei compiti domestici; un altro punto che è stato modificato è che nella casa della madre era lei a prendere le decisioni, e quindi era la regina; ora in questo nuovo scenario il suo ruolo di guida è passato in secondo piano, e di conseguenza non ha più preso decisioni, e al contrario, ora condivide il regno. Ricordiamo che nelle rispettive case d'origine i ruoli sono già assegnati, non c'è duplicità di ruoli, e ci possono essere solo un re e una regina; gli altri sono soggetti con i rispettivi attributi, che a loro volta conferiscono potere e posizione. Vediamo: primogenito, figlio unico, solo maschio, solo femmina, ecc. Questo fatto, unito alla sensazione di essere un'intrusa in casa della suocera, rendeva la situazione più acuta e, non avendola mai vissuta prima, non sapevo come comportarmi.

Un altro aspetto particolarmente rilevante è che, da un lato, deve prendersi cura di tre bambini la cui età richiede molte attenzioni costanti e, dall'altro, deve assumersi la responsabilità di occuparsi delle richieste specifiche di un bambino di cinque, tre e un anno. In questo caso, anche se tutti e tre sono neonati, ognuno di loro richiede un'attenzione specifica e in alcune occasioni questa è spesso simultanea, causando una sensazione di inutilità e di inoperosità materna, familiare e coniugale. La stessa inoperosità era proprio quella che presentava la paziente; cioè, la visione corrispondeva a esperienze passate, e quindi lei stessa non aggiornava la propria visione di sé, e si valutava in termini di ciò che era o faceva, e non in termini di ciò che ora doveva fare.

Il lavoro che abbiamo svolto con questa paziente ha avuto come obiettivo principale il recupero della visione di sé; a questo punto, come prima risorsa terapeutica, abbiamo utilizzato un approccio basato sulla triade terapeutica, che consiste fondamentalmente nel portare la paziente a: *oggettivare il problema, recuperare la propria autostima e recuperare il proprio potere.*

Successivamente, abbiamo lavorato sull'autorealizzazione. Per questo ci siamo concentrati solo sulle situazioni che potevano essere affrontate al momento, dal momento che non poteva tornare alle attività che svolgeva prima di avere figli; a questo punto, è stato molto difficile per lei rendersi conto che doveva concentrarsi sulle situazioni a cui solo lei poteva porre rimedio, che doveva lasciare da parte il sostegno del marito, anche se questo non esimeva il marito dalle sue responsabilità nei confronti suoi e dei figli. Un altro punto su cui abbiamo lavorato con molto attaccamento è stato quello della definizione degli obiettivi, che sono legati al punto della triade terapeutica della riconquista del potere, e che l'hanno aiutata a recuperare una visione produttiva di se stessa; abbiamo lavorato molto su questa parte per recuperare la sua immagine deteriorata di sé, cioè per recuperare la sua autostima, e per interrompere i pensieri assolutistici, negativistici e ricorrenti in cui era solita cadere e che le causavano altrettanto ricorrenti sentimenti di svalutazione e di disperazione. Alla fine, dopo circa un anno e mezzo di lavoro di attaccamento e terapeutico, è riuscita a recuperare buona parte della sua vita familiare e di coppia. E alla fine ha finito per modificarsi sistemicamente di fronte alle continue situazioni che le si presentavano.

Capitolo 2

Definizione e sviluppo della salute fisica e mentale

Definire e concettualizzare le parole salute e salute mentale può sembrare in qualche modo un compito semplice, dato che si tratta di cercare il significato delle parole e in molti casi di trovare la radice etimologica, e con questo si può ottenere un'approssimazione al vero significato della parola, comportando solo uno sforzo minimo nella ricerca dei concetti, ovviamente se si cercano le fonti appropriate. Tuttavia, l'obiettivo di questo capitolo non è solo quello di definire le parole, ma anche di andare oltre, cioè cercare di stabilire un percorso per l'acquisizione e il mantenimento della salute fisica e mentale.

Per realizzare questo compito di definizione, è quindi opportuno esaminare diverse enunciazioni che possono fornire gli elementi necessari per rafforzare il concetto di salute. Si può notare, ad esempio, che secondo il dizionario dell'Accademia Reale della Lingua Spagnola (2000), la parola salute deriva dal latino *salus* e si riferisce allo stato in cui l'organismo esercita normalmente tutte le sue funzioni, aggiungendo che si tratta delle condizioni fisiche in cui un organismo si trova in un determinato momento. Da questa prospettiva, la salute consiste in uno stato e in un funzionamento ottimali; questa definizione suggerisce quindi che la salute di un soggetto può essere calcolata dal punto di vista della forma e del funzionamento in cui si trova in un dato momento.

Da un punto di vista etimologico, invece, la parola salute deriva dal latino *salus, salutis*, e da lì il verbo *salutare*, che significa: desiderare la salute; questa definizione aggiunge che secondo l'usanza dei Romani, la parola veniva intronizzata con le parole benefiche, conferendole le qualità di una dea della salute. La radice è l'aggettivo *salvus* che implica essere integro e sicuro, e che a volte è usato nell'espressione allitterativa[40] "*sanus salvus*", sano e sicuro. Salvus ha una radice indoeuropea, presente nel sanscrito *sárvah* che equivale a intero, e dal greco holos che significa intero o intero; pertanto, il verbo *salvere* implica essere in buona salute e quindi intero.

Come si può notare, questa definizione rafforza ancora una volta il concetto di salute nel senso di funzionamento e di interezza, vale a dire che per funzionare un essere umano ha bisogno di essere integro. Vale a dire, intero. D'altra parte, il dizionario di psicologia e pedagogia (2004), sostiene che la salute è un concetto positivo che non implica solo l'assenza di malattia, ma contempla anche il funzionamento ottimale dell'organismo che rende possibile il suo massimo benessere fisico, psicologico e sociale.

A quest'ultima definizione si può aggiungere che la salute comprende anche l'assenza di malattia e che implica il massimo benessere nelle tre dimensioni dell'uomo: fisica, sociale e psicologica. Con quest'ultima prospettiva, è possibile stabilire che la salute è uno stato basato sulle condizioni attuali. Ossia, contempla solo il presente. Vale a dire, la salute che si possiede in questo momento e che permette un buon funzionamento corporeo in assenza di malattie; quindi, per essere in contatto con la buona salute, è necessario mantenere lo stato attuale nel tempo. Per lo stesso motivo, quando si parla di salute, è necessario tenere conto del fatto che la salute è un processo di ricerca costante, poiché si vuole che il corpo sia in condizioni di lavoro ottimali. Un fattore determinante per la salute è proprio l'alimentazione, l'attività e il riposo. Si può infatti affermare che, affinché l'organismo funzioni correttamente, l'assunzione di nutrienti deve essere ciclica.

Tuttavia, prima di approfondire questo ragionamento, è opportuno determinare il concetto di

---

[40]dal latino ad, a e littéra, lettera), ripetizione vistosa dello stesso suono o degli stessi suoni, soprattutto consonanti, in una frase.
Una figura che, per mezzo di cospicue ripetizioni di fonemi, specialmente consonanti, contribuisce alla struttura (*Reader's Digest Large Illustrated Encyclopaedic Dictionary 1979*).

nutrizione, che deriva dalla parola latina *nutriré*, che significa: "aumentare la sostanza del corpo animale o vegetale per mezzo del cibo, riparando le parti che si perdono con le azioni cataboliche". In concreto, ciò significa che, a causa del funzionamento organico stesso e dell'attività regolare che viene svolta, si consuma energia; allo stesso modo, il reintegro dei nutrienti diventa ciclico. Se per qualche motivo l'apporto di nutrienti viene prolungato o ridotto, prima o poi questo fatto (la mancanza di assunzione di cibo) si rifletterà in un malfunzionamento e proprio in quel momento la salute scomparirà; Ora le condizioni non sono ottimali, poiché l'organismo, attraverso qualche segnale, mostra di non essere più in salute ma, al contrario, di aver bisogno di reintegrare le sue riserve o i suoi nutrienti, e per questo l'organismo subisce un'alterazione omeostatica; cioè ha subito uno squilibrio elettrolitico o calorico, e compaiono i segnali di sete o di fame, che finché non vengono presi in considerazione, limiteranno in larga misura il funzionamento organico ottimale.

Per questo motivo, è possibile affermare che la salute è più di una fase stabile che dura nel tempo. È infatti un processo di ricerca incessante e permanente, che richiede un'osservazione costante e attenta, dato che questo stato, senza essere rigoroso, si altera regolarmente ogni cinque o sei ore, e quindi la ricerca della salute diventa una costante da risolvere in modo permanente.

Tuttavia, per determinare i nutrienti da ingerire, come già detto, è necessario considerare con molta attenzione l'attività che si sta svolgendo, cioè gli alimenti che si consumano abitualmente. Molti di questi vengono consumati più in base alla disponibilità o all'apprezzamento di un certo gusto, che in base alle esigenze dell'organismo. Quindi, il fabbisogno calorico può variare da un individuo all'altro in base a molti fattori, come l'età, il peso, l'altezza, il sesso, la razza, il somatotipo, il temperamento, tra gli altri, ma questi fattori determinanti sono condizionati soprattutto dall'attività fisica del soggetto. La differenza di consumo tra un lavoro e l'altro può essere significativa; possiamo osservare, ad esempio, che il consumo calorico richiesto per un'ora di lavoro intellettuale può ammontare a 1,75 calorie al minuto, rispetto alle 1045 calorie necessarie per le persone che svolgono lavori pesanti. È chiaro, quindi, che una persona che svolge prevalentemente attività in modo statico avrà sicuramente un fabbisogno calorico inferiore rispetto a chi svolge il proprio lavoro in modo molto dinamico e anche fisico.

Tuttavia, un altro elemento da considerare nel fabbisogno umano è legato al riposo; in altre parole, in condizioni di riposo assoluto (metabolismo *basale)* il consumo calorico è minimo, mentre aumenta proporzionalmente all'attività fisica *(dispendio energetico). Il* fabbisogno calorico è quindi la somma del metabolismo energetico basale e del consumo di qualsiasi altra forma di energia, ed è soddisfatto dalla quantità e qualità di cibo ingerito nelle 24 ore.

Esiste infatti il principio di Harris Benedict, utilizzato per la valutazione del tasso metabolico basale (BMR), grazie al quale, seguendo la rispettiva formula, è possibile determinare la quantità di calorie necessarie in base a peso, altezza ed età. Questo stesso tasso permette di calcolare le calorie in base al sesso. Un dato significativo di questo metodo è che le donne richiedono un apporto calorico maggiore rispetto agli uomini. La ragione di ciò, suppongo, è legata all'attività ormonale, che è decisamente più elevata nel sesso femminile.

Con queste informazioni in prospettiva, è possibile considerare che, per quanto riguarda l'alimentazione, è necessario innanzitutto riconoscere ciò che viene effettivamente consumato. È necessario determinare cosa viene prevalentemente ingerito, infatti gli esseri umani in generale hanno una tendenza alla routine occupazionale. Questo si riflette nel fatto che le routine non si realizzano solo in termini di comportamenti e atteggiamenti, ma si stabiliscono anche in termini di cibo; questo punto, se lo trasportiamo nella vita di tutti i giorni, ci mostra che il repertorio dell'assunzione di cibo in generale si sta progressivamente compattando, e in modo impercettibile finisce spesso per essere molto ridotto nella varietà nutrizionale e abbondante negli attributi calorici, il che alla fine fa sì che l'organismo accumuli gradualmente calorie e, con questo stesso processo, diventi sovrappeso.

Pertanto, con questa tendenza nel comportamento alimentare, vale la pena di prendere in considerazione non solo ciò che si mangia, ma anche la quantità di determinati prodotti e in quali momenti della giornata questi prodotti vengono consumati. Questa riflessione sull'alimentazione ha un vero e proprio senso pratico, perché dal punto di vista della psicologia della salute (Oblitas Luis A. 2006), tra le tante questioni pratiche, una in particolare riguarda le abitudini legate a una migliore salute (Bellack 1973).[41]

Questo ricercatore sanitario ha intervistato più di 7000 soggetti adulti sulle loro abitudini di salute e li ha seguiti per un periodo compreso tra i cinque anni e mezzo e i nove anni e mezzo, riuscendo a identificare le sette abitudini associate a una salute migliore. Queste sono elencate di seguito:

- Dormire 7-8 ore,
- Consumare la prima colazione ogni giorno,
- Non mangiate tra i pasti o mangiate raramente,
- Mantenere un peso adeguato alla statura,
- Non si fuma,
- Bevete alcolici moderatamente o per niente
- Attività fisica regolare.

In seguito alla sua ricerca, ha potuto postulare che esistono due stili di vita: lo stile di vita sano e lo stile di vita libero. Con due dimensioni che sono qualificate come:

a) Sobrietà: definita da comportamenti che prevedono il non fumare, il mangiare cibi sani e l'astinenza dall'alcol.

b) Attività o dimensione: definita dalla partecipazione a sport ed esercizio fisico regolare, mantenimento di un basso indice di massa corporea.

In modo tale che lo stile libero sia caratterizzato da comportamenti totalmente contrari al precedente, come il consumo di alcol, l'assunzione di cibi non salutari e la noncuranza per l'aspetto fisico.

Quindi, sulla base di questo modello di abitudini legate alla buona salute, è possibile dimostrare l'importanza di ciò che mangiamo, di quanto mangiamo e di quali sono gli orari in cui mangiamo, dato che due abitudini in particolare legate al cibo hanno un'influenza su questi modelli di salute. La prima, relativa alla prima colazione, ci permette di visualizzare l'importanza di questa fase del processo alimentare, naturalmente se la guardiamo da una prospettiva fisiologica. Ha molto senso logico, perché da un lato la colazione riduce l'ipoglicemia. Di conseguenza, una persona che fa colazione nella giusta quantità e qualità fornirà al proprio corpo energia sufficiente per far fronte alle esigenze della vita quotidiana; dall'altro, perché una buona colazione limita notevolmente la secrezione basale e quindi riduce in modo significativo la possibilità di alterazione della mucosa gastrica a causa di un aumento del pH organico, e quindi di un'alterazione omeostatica. Quanto all'abitudine di limitare il consumo di cibo tra un pasto e l'altro, si può osservare che essa attribuisce una notevole importanza anche agli orari in cui è consuetudine consumare il cibo. Questa abitudine influisce sulla quantità e sui tempi di assunzione del cibo.

Matrice di osservazione e registrazione di modelli di stile di vita salutari

Nella tabella T2.1 (Matrice di osservazione e registrazione dei modelli di stile di vita sano), le abitudini possono essere monitorate su base settimanale. La ragione di questa struttura di osservazione è in gran parte dovuta alle tecniche di autoregistrazione, che forniscono un feedback

---

[41] Luis A. Oblitas (*Psicologia della salute e qualità della vita* 2006)

accurato sul tipo di vita che si conduce abitualmente e, allo stesso tempo, permettono di scegliere l'abitudine da osservare e di stabilire linee di azione concrete sulla routine su cui lavorare. Vale la pena di fare una raccomandazione in questa sezione, che consiste nel suggerire di concentrarsi solo su un'abitudine alla volta, poiché se si cerca di intraprendere azioni per affrontare tutte le abitudini, si può cadere in una saturazione di azioni che, lungi dall'essere benefiche per il soggetto, possono provocare stress (stress negativo); perché ogni abitudine implica di per sé un ripensamento dello stile di vita e quindi cercare di svolgere più azioni contemporaneamente può, come spiegato sopra, generare un eccesso di attenzione e quindi è possibile che questa stessa concentrazione di energia provochi una saturazione attenzionale e quindi un'alterazione delle fasi dello stress (Selye H.1963), l'importante in questo caso è proprio promuovere un autrés (stress positivo).

Abitudini	Lunedì	Martedì	Mercoledì	Giovedì	Venerdì	Sabato	Domenica	Totale
Dormire 7-8 ore al giorno								
Consumare la colazione ogni giorno								
Evitare di mangiare tra i pasti								
Evitare fUmar								
Evitartomar alcoholo moderatamente								
Mantenere peso a livello della vita								
Impegnarsi in un'attività fisica regolare								
Incidenze e totale generale								

Tabella T2.1 Matrice di osservazione e registrazione dei modelli di stile di vita sano

Ora, il modo di effettuare l'osservazione e la registrazione di questi modelli di salute è molto simile a quello presentato nel capitolo precedente in relazione all'analisi comportamentale applicata. Innanzitutto, si suggerisce di iniziare la registrazione in qualsiasi giorno della settimana. L'unica cosa importante è iniziare con l'ordine in cui i modelli saranno osservati nel corso della giornata e, come si può vedere, sono in ordine cronologico, in modo da poter essere compilati nel corso della giornata. Questo schema di osservazione, a differenza della tabella T1.2, viene registrato solo nel momento in cui viene eseguito il pattern corrispondente; pertanto, è molto facile da seguire.

Vediamo allora un esempio di come compilarlo, perché quello che ci interessa qui è conoscere la percentuale di efficienza; in questo possiamo osservare che ogni abitudine rappresenta circa il 14,28%, quindi ogni giorno rappresenta il 2,04%; quindi se li sommiamo, per esempio: possiamo vedere che il nostro soggetto "campione", ha ottenuto per quanto riguarda l'abitudine numero uno un 10,20% di efficienza; cioè, è riuscito a dormire il range indicato durante cinque giorni della settimana, e il martedì ha dormito meno e il sabato ha dormito di più. In questo caso non importa che sia meno o più, l'importante è che rispetti l'intervallo suggerito.

Per quanto riguarda l'assunzione di alcol, l'OMS (Organizzazione Mondiale della Sanità) suggerisce che la quantità giornaliera raccomandata di alcol sia compresa tra 30 e 40 grammi. Il modo per capire come determinare l'alcol in grammi è molto semplice, infatti esiste un calcolo che può aiutarvi a ottenere questa informazione.

Un numero moltiplicatore comune per questo calcolo è 8. Questo viene sempre applicato alla formula. Il punto specifico è il seguente: si scrive la gradazione alcolica della bevanda consumata e la si moltiplica per 8; questo risultato viene a sua volta moltiplicato per la quantità bevuta espressa in litri.

In un esempio pratico, per avere un'idea più concreta, sarebbe così: un terzo di una comune birra di circa 5 gradi alcolici (quasi tutte le marche disponibili in Messico hanno questa gradazione), vi darà circa 13,2 grammi di alcol. Facciamo il calcolo per capire quanto sia semplice: 5 (gradazione alcolica) x 8 (moltiplicatore comune) = 40. 40 x 0,33 (una lattina di birra) = 13,2. Questo significa che si può bere un litro di birra al giorno, senza causare problemi epatici o digestivi significativi.

Quindi, ancora una volta, il nostro soggetto campione è rimasto senza alcol per tutta la settimana; tuttavia, nel fine settimana ha superato la quantità consentita senza essere ubriaco, ma alla fine ha bevuto più della quantità consentita. Si presume quindi che non abbia coperto in due giorni questa abitudine, che viene quindi registrata nella sua matrice di osservazione.

Per quanto riguarda l'abitudine numero sei, al momento il nostro soggetto è in sovrappeso e questo si riflette sul suo girovita, per cui, finché non riuscirà a ridurre questi centimetri dal girovita, non potrà aggiungere alcuna percentuale.

Per quanto riguarda l'attività sette, possiamo vedere che il nostro esempio è stato attivo fisicamente per cinque giorni al ritmo di 30 minuti al giorno su una bicicletta stazionaria, per cui è riuscito ad accumulare un'efficienza totale del 10,20% nel corso della sua settimana.

Infine, alla fine della tabella viene aggiunta una sezione per annotare eventuali incidenti che potrebbero aver impedito il raggiungimento del successo e che potrebbero essere stati rilevanti. Questo spazio può essere utilizzato anche per registrare quegli eventi quotidiani che a volte passano inosservati, ma che a un certo punto possono limitare il perseguimento di una vita sana. La possibilità di annotare questi eventi apparentemente isolati può, a lungo andare, permetterci di stabilire possibili soluzioni a questi eventi.

Una volta ottenute le somme parziali in orizzontale, procediamo ora a fare la somma in verticale, e alla fine possiamo vedere che il nostro soggetto campione ha raggiunto il 71,40% di efficienza nelle abitudini legate a una vita sana.

Abitudini	Lunedì	Martedì	Mercoledì	Giovedì	Venerdì	Sabato	Domenica	Totale
Dormire 7-8 ore al giorno	T		T	T	T		T3[1]	10.20 %
Consumare la colazione ogni giorno	T	T	T	T	T	T	T3[2]	14.28 %
Evitare di mangiare tra i pasti	T	T	T	T	T	T33		12.24 %
Evitare fUmar	T	T	T	T	T	T	T34	14.28 %
Evitartomar alcoholo moderatamente	T	T	T	T	T35			10.20 %

Mantenere peso a livello della vita									
Impegnarsi in un'attività fisica regolare	T	T	T	T	T3[7]				10.20 %
Incidenze e totale generale									**71.40 %**

Tabella T2.1 Matrice di osservazione e registrazione dei modelli di stile di vita sano

Così, in questo modello di misurazione si può vedere che il nostro soggetto campione ha una percentuale di efficienza del 71,40%, il che ci permette di dedurre due cose: la prima è che gli manca solo il 28,60% per raggiungere il suo livello massimo di efficienza nel realizzare una vita sana; e l'altra è che, sulla base di questa stessa tabella di osservazione e registrazione, lo stesso soggetto può determinare quale abitudine e in quale giorno deve prestare maggiore attenzione per aumentare la sua percentuale di efficienza. Personalmente, suggerisco di registrare solo i giorni e le abitudini che hanno avuto successo e di lasciare in bianco i giorni e le abitudini che non hanno avuto successo. Questo per rafforzare il comportamento di ricerca di una vita sana, e il fatto di lasciare in bianco la casella in cui non si è ottenuto nulla, permette di fornire la sensazione di cercare di rimediare, e quindi, se si aggiunge una X o una croce, può provocare una sensazione di fastidio o frustrazione; dovrebbe incoraggiare a cercare di rimediare, invece di provocare frustrazione.[42]

Determinanti e determinanti della salute

Pensiamo che con quanto abbiamo passato in rassegna finora di informazioni e una volta consolidata una vera analisi della propria esistenza, è opportuno dedicare qualche momento alla seguente riflessione:

Considerando le proposte presentate finora, si può dedurre che c'è già abbastanza convinzione nel cercare di diventare una persona sana, ma anche il desiderio di continuare a godere dei piaceri della vita, che comprendono una grande varietà di opzioni, e all'interno di questa grande diversità, si concepisce che ci sia il piacere del cibo.

Questo sentimento polarizzato (desiderare una fetta di torta, ma d'altra parte non voler ingrassare) può portare a una sorta di motivazione antagonista. Può coesistere il desiderio del gusto delizioso di una fetta di torta, ma dall'altra parte un desiderio altrettanto forte di privarsi del piacere di mangiare una fetta di torta. Questa sensazione un po' scomoda, chiamata in psicologia "dicotomia", provoca un conflitto nel soggetto. Di fronte alla necessità di scegliere, il soggetto si trova di fronte a una situazione problematica che richiede una soluzione, poiché c'è un'attivazione mentale, dato che ci

---

[31] Supponiamo che si raggiunga l'intervallo di sonno proposto, quindi indichiamo il giorno della settimana in cui si è raggiunta la realizzazione di questa abitudine, indicandolo.
Pertanto, la somma di queste abitudini porta al 10,20% di efficienza.
[32] In questo modo si ottiene il totale possibile e quindi si somma il 14,28% di efficienza.
[33] In questo caso, se ne ottengono sei. Pertanto, si ottiene un'efficienza totale del 12,24%.
[34] Anche in questo caso si ottiene il totale possibile e quindi l'efficienza è del 14,28%.
[35] In questa sezione il nostro soggetto campione riesce a stare cinque giorni senza bere alcolici e quindi ha un'efficienza del 10,20%.
[36] In questa sezione il nostro soggetto campione non copre questo punto, poiché è un po' in sovrappeso.
[37] Allo stesso modo, in questa sezione, il nostro soggetto campione riesce a stare cinque giorni senza bere alcolici e quindi ha un'efficienza del 10,20%.
[38] Efficacia totale raggiunta al termine di una settimana **71,40%**.

sono due tendenze d'azione simultanee (mangiare o non mangiare), e quindi questa dicotomia provoca una tensione mentale che si riflette nello stato emotivo del soggetto, dato che c'è una relazione diretta tra l'incitamento e l'evitamento; e più questa relazione è stretta, più forte è il conflitto.

Lewin (1938) ha postulato questa teoria del conflitto in cui considerava tre conflitti fondamentali e successivamente Miller (1944) ne ha aggiunto un altro:

Il primo, che è quello che ci interessa considerare in questa sezione, si chiama: Approssimazione - Approssimazione: e questo tipo di conflitto si manifesta perché c'è una competizione tra due possibili risposte (mangiare o non mangiare); in queste, l'ottenimento di una risposta (mangiare), implica irrimediabilmente la perdita dell'altra (non mangiare). Questa sensazione di voler fare qualcosa per piacere, ma di voler fare altrettanto per prendersi cura di sé, porta a un aumento del livello di energia corporea (pulsione), che si riflette in un aumento della risposta emotiva; cioè, in un'oscillazione emotiva (gioia, sorpresa, tristezza, paura, avversione, rabbia), che dipende ovviamente dal temperamento e dalla personalità del soggetto che vive questo conflitto.

Queste emozioni possono poi portare a un'alterazione della risposta cognitiva. In modo molto semplice, il soggetto sperimenta un'incertezza rispetto alla propria capacità decisionale e quindi sperimenta una dissonanza cognitiva (Festinger 1958). In concreto, il soggetto sperimenta una discordanza, un'incoerenza, una contraddizione, un'incongruenza, una discrepanza o un disaccordo rispetto alla situazione di mangiare o non mangiare.

Questa situazione viene di solito risolta con un semplice: "beh, in fondo è solo una piccola fetta" o "salterò la cena" o "domani farò più esercizio fisico"; in altre parole, la soluzione abituale a questo tipo di conflitto è mangiare e ripromettersi che in futuro si eviterà o si farà qualche attività compensativa; o qualcosa come una sorta di punizione o riparazione. La realtà è che si finisce per non fare o evitare, e questo a sua volta porta a una scomoda sensazione di inutilità in se stessi, una sensazione che prima o poi provoca una svalutazione di sé che si riflette in una perdita di fiducia in se stessi.

Costruire una sana autostima

Dopo aver esaminato le complessità dell'essere sani e del divertirsi, è il momento di agire per raggiungere un equilibrio tra i nostri gusti e le reali esigenze del nostro corpo. Non c'è modo migliore per raggiungere questo sospirato equilibrio che la Scala dell'autostima sana[43] .

---

[43] *(http://es.scribd.com/doc/18714477 Scala della sana autostima)*

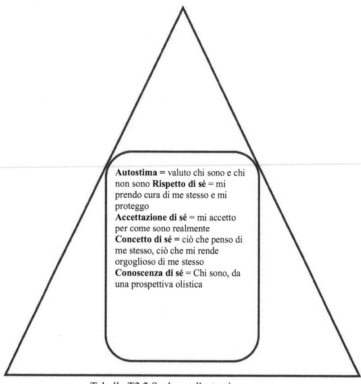

Autostima = valuto chi sono e chi non sono **Rispetto di sé** = mi prendo cura di me stesso e mi proteggo **Accettazione di sé** = mi accetto per come sono realmente **Concetto di sé** = ciò che penso di me stesso, ciò che mi rende orgoglioso di me stesso **Conoscenza di sé** = Chi sono, da una prospettiva olistica

Tabella T2.2 Scala per l'autostima sana

Patricia Cleghorn, nel suo libro "*I segreti dell'autostima*" (2003), presenta una serie di tecniche molto efficaci che mirano proprio a contribuire in modo significativo allo sviluppo delle capacità che consentono una sana autostima; queste tecniche permettono di osservare gradualmente se stessi e, nella stessa misura, forniscono le risorse per raggiungere questo compito. Tuttavia, ai fini di questa sezione prenderemo in considerazione solo alcune di queste proposte, mentre altre saranno considerate sulla base dell'esperienza pratica di chi scrive.

Senza ulteriori indugi, possiamo osservare che nella tabella T2.2 sono specificati cinque concetti che riguardano la concezione del sé, cioè i cinque argomenti si riferiscono a un aspetto diverso, ma hanno tutti a che fare con lo stesso punto (Autostima sana). L'ascesa e lo sviluppo devono essere scaglionati, costanti, coerenti e congruenti e orientati al sé. Come spiegato sopra, ci deve essere un mandato[44] ; cioè la persona deve: sapere, volere e poter compiere azioni su se stessa, per costruire una piattaforma di crescita con strutture solide che le permettano di costruire una personalità sensibile e solida, con la capacità di conoscersi, accettarsi, rispettarsi, amarsi, ma soprattutto capace di credere in se stessa e di confidare nelle sue potenzialità. Vediamo ora i passi da compiere per salire la scala di una sana autostima.

---

[44] Vega Báez J.M. (*Rumbo a la Cima 2002*)

Consapevolezza di sé

Cognoscere significa: scoprire con l'esercizio delle proprie facoltà intellettuali la natura, le qualità e le relazioni delle cose. Conoscere se stessi implica quindi la facoltà intellettuale di riconoscere le proprie qualità e, nella stessa misura, i propri limiti. Analogamente, implica il rapporto con se stessi e con la propria natura, con la propria genetica e, da qui, con gli altri e con le cose.

La conoscenza di sé implica la conoscenza e il riconoscimento delle proprie capacità che possono essere sviluppate dall'eredità, ma che per varie circostanze non sono state scoperte. L'autoconoscenza implica la conoscenza di se stessi, la consapevolezza dei reali bisogni da soddisfare per darsi un vero sollievo; questo incoraggiamento si manifesterà psicologicamente attraverso un senso di armonia interiore, che a sua volta porterà a uno stato mentale di apertura e disponibilità psicologica utile a scoprire il proprio potenziale di realizzazione.

Concetto di sé

Concetto deriva dal latino *conceptus* e si riferisce all'idea che viene concepita o formata dalla comprensione. Si tratta di un pensiero che viene espresso a parole e che permette a chi lo concepisce di avere un'opinione o un giudizio su qualcosa o qualcuno, dandogli quindi credito o riconoscimento. Il concetto di sé ha un rapporto intimo con la conoscenza di sé, perché conoscendo se stessi è possibile darsi credito o riconoscimento a partire dall'esperienza dell'autoesplorazione e dell'autocomprensione. Infatti, l'atto di comprensione rende possibile abbracciare, circondare, circondare da tutti i lati qualcosa. Questo qualcosa non è altro che se stessi. Il concetto di sé porta con sé l'orgoglio di essere e di esistere, e a sua volta fa sì che non si sia così severi o così deboli di cuore con se stessi.

Accettazione di sé

Nel tentativo di continuare con la stessa dinamica di concettualizzazione a partire dalla semantica, possiamo vedere che accettazione deriva dal latino *acceptatío, -onis*, che è l'azione e l'effetto di accettare e quindi di approvare e applaudire. Di conseguenza, l'accettazione di sé è accettarsi, implica la responsabilità di approvarsi. Ecco quanto è semplice realizzare l'accettazione di sé. In altre parole, è un'azione concreta che comporta la convinzione di ricevere e accettare ciò che si è tacitamente e incondizionatamente.

"Io sono io e nessun altro, cioè sono io e le mie circostanze, ma per decidere questo, devo possedere alcune convinzioni su ciò che è intorno a me e solo così potrò vivere" (Ortega y Gasset 1914).

Rispetto di sé

Rispetto deriva dal latino *Respectus, che si* riferisce ad attenzione, considerazione, venerazione, rispetto, considerazione, deferenza. Probabilmente, quando si parla di venerazione di se stessi, si può sembrare in qualche modo egocentrici, ma se ci soffermiamo di nuovo sulla concezione semantica dell'atto di venerazione, che implica il rispetto di una persona per la sua dignità o per le sue grandi virtù, possiamo vedere che la venerazione di se stessi non è propriamente una vituperazione. Ricordiamo che la parola stessa implica considerazione e riguardo, per cui il rispetto di sé non è altro che l'accettazione delle proprie virtù e, in funzione di questo, il rispetto di sé. Il modo di venerare se stessi si manifesta quindi nel prendersi cura e nel rispettare se stessi attraverso la conoscenza e l'accettazione di sé, perché, una volta portati a termine i compiti della scoperta di sé, il riconoscimento di sé e quindi il rispetto di sé sono ora possibili con questa riscoperta.

Autostima

Arriviamo ora all'ultimo gradino di questa scala. Ora sappiamo che la stima implica la considerazione e l'apprezzamento, e si può considerare qualcosa solo quando si sa che esiste; quindi, ora su questo gradino e una volta saliti i vari gradini uno per uno, si può cristallizzare che considerare è prendere in considerazione, cioè riconoscere che si esiste e ora, non resta che apprezzare l'opera che si è diventati, dato che questa grande opera chiamata essere umano (**Te stesso**), è passata attraverso una serie di filtri chiamati: esperienze. Queste esperienze, che a parte la sfumatura dell'esperienza, comportano qualità, quindi oggi non resta che curare e rispettare ciò che si è diventati, e rispettare in ogni momento le circostanze del processo. La principale rivelazione allo zenit della scala è che la vita, come il corpo umano, presenta una costante, e cioè:

L'esistenza dell'essere sarà sempre dinamica e in evoluzione, quindi è necessario imparare a convivere con alti e bassi, miele e fiele, momenti da evocare e momenti da dimenticare.

Ciò che non può essere dinamico, tuttavia, è l'autostima, perché è proprio questa autostima che ci permetterà di soppesare in larga misura i pesi e l'insipidità delle esperienze intense e, man mano che impariamo l'importanza dell'autostima, nella stessa disposizione, accetteremo le nostre circostanze, per quanto spiacevoli possano essere. L'aspetto notevole di un'adeguata autostima è sapere e riconoscere che siamo sempre in un processo costante e che non diventeremo mai un prodotto finito.

La consapevolezza di sé contro la ricerca di appartenenza

"L'attributo si riferisce a ogni qualità o proprietà dell'essere, si può dire che l'attributo è l'anima o l'essenza di ogni essere umano. Noi sentiamo il nostro corpo e non un corpo qualsiasi, quindi concludiamo chiaramente che l'anima è unita al corpo, poiché questa unione è la causa di questa sensazione"[45] . L'attributo è ciò che l'intelletto percepisce di una sostanza come costituente la sua essenza; gli attributi sono sostanze infinite, indivisibili, estese, potenziali e perfettibili.

L'infinito di questa sostanza è il pensiero, l'indivisibile si riferisce al fatto che l'essere umano rifiuta il dualismo. Si può essere solo se stessi, poiché la sostanza è indivisibile in relazione all'esteso; il riferimento di questo è il pensiero, e questo non è l'unica espressione della sostanza, ma si estende anche al corporeo. Spinoza[46] (1663), "sostiene che ogni cosa ha una ragione per cui esiste, così come per cui non esiste. Noi siamo parte della natura, e tutto ciò che esiste in natura sono cause e azioni; inoltre, aggiunge che quanto più conosciamo la natura, tanto più siamo vicini alla divinità, perciò non è necessario comprendere ciò che è strano ed estraneo alla natura, perché questa natura è il nostro legame con Dio". E più avanti aggiunge: "Il diritto della natura si estende fino a dove si estende la sua potenza, e la potenza della natura è la potenza di Dio. Il potere della natura di esistere e di agire è più grande del pensiero, e in ogni cosa della natura c'è un germe del potere e della capacità di migliorarla, perciò la natura è perfetta, poiché vive, e non c'è imperfezione più grande di quella di non esistere". Quindi, alla fine, la perfezione comincia con l'esistere, cioè con l'occuparsi della propria natura, cioè di se stessi.

Questa meditazione sul legame tra natura ed essere di Spinoza (1663) ci permette di riflettere su due cose: **potenza e potere.** Noi, facendo parte della natura, esistiamo e agiamo secondo le esigenze della nostra natura, cioè del nostro corpo. Nella misura in cui ci occupiamo dei bisogni del nostro corpo, in questo stesso modo saremo esistenti; ed esistere consiste nell'occuparci dei nostri bisogni, poiché abbiamo il potere di fare o non fare secondo la nostra natura. D'altra parte, la potenza si riferisce alla capacità che si possiede di raggiungere la perfezione, e questa si ottiene occupandosi della propria natura con la quale si esercita la potenza.

È quindi semplice dedurre che **potere e potenza** equivalgono a curare, proteggere, accudire e conservare la natura. E l'uomo, essendo natura, esiste e agisce; quindi si cura, protegge, accarezza e

---

[45] Corres A. P. (*Memoria dell'oblio* 2000)
[46] Ibidem.

conserva se stesso, considerando i propri bisogni. Vediamo allora che la perfezione esiste in se stessi e si realizza nella misura in cui si impara a curarsi e a proteggersi secondo la propria natura, cioè la propria individualità.

Esistere implica l'individualità, che è la tendenza a esistere nell'essere, e l'essere è individuale, quindi esiste, è nel mondo ed è etico. Quindi il potere dell'uomo è: essere e prendersi cura di sé. Questo implica, di conseguenza, lo sviluppo delle proprie qualità. Questa comprensione molto profonda dell'uomo da parte del filosofo olandese Benedictus Spinoza (1632-1677) rafforza in larga misura ciò che è stato espresso in precedenza nella scala della sana autostima (tabella F2.2), l'importanza del processo di auto-scoperta delle proprie potenzialità. Nella misura in cui si sviluppano le proprie potenzialità, ci si guida verso un ulteriore sviluppo dell'individuo e della natura, e allo stesso modo verso il rafforzamento della propria auto-realizzazione.

Il mantenimento di questo orientamento favorirà in se stessi un comportamento rispettoso ed equilibrato nei confronti della natura, nonché l'accettazione delle proprietà della propria natura umana, e di conseguenza ciò si rifletterà in una migliore percezione della realtà, e quindi della coscienza del Sé.

Una volta che questa consapevolezza è stata esacerbata, ha un senso pratico, perché viene enunciata la *consapevolezza del Sé rispetto alla ricerca di appartenenza*. Vediamo allora cosa significa essere alla ricerca dell'appartenenza. Questa tendenza si osserva quando ci si perde nelle cose degli altri, cioè si esiste in uno stato di confluenza, che significa: vivere dove i sentieri convergono. Quali sentieri? Beh, i sentieri e i transiti degli altri! Si osservano e si attribuiscono a se stessi poteri che non ci appartengono, e quindi si impara a vivere nell'afflizione, perché negli altri esistono virtù che non si hanno in se stessi, e questa afflizione si riflette nell'invidia, che è irrazionale, perché è meglio occuparsi delle proprie virtù, che alla fine sono quelle che si possiedono e sono in definitiva le uniche che si possono rafforzare. L'invidia verso gli altri è un vero e proprio spreco di tempo e di energia che limita la propria esistenza, poiché l'unica cosa che si può fare è contemplare, e in questo processo si consuma una grande quantità di energia che, al contrario, può essere utilizzata per potenziare le proprie capacità.

In larga misura, però, si impara a vivere osservando se stessi in termini di mancanze, cioè invidiando gli altri. E questo accade perché si è imparato a vivere desiderando ciò che gli altri sono o possiedono. Trascurando così l'essenza e il potere che si è e allo stesso tempo si possiede.

Vivere in questo modo è confluire, e ciò comporta il pagamento di un prezzo elevato, che consiste nel negare o disprezzare la propria potenza. Cioè, la confluenza si oppone all'essenza, e quindi c'è un ostacolo agli attributi della presenza. Cioè dell'esistenza. Questa ostruzione degli attributi si manifesta con la negazione di se stessi, che si riflette nell'autopunizione: come ci si punisce nella vita, negando se stessi! In altre parole, si vive e ci si muove nel mondo persi tra le cose degli altri.

Convinzione e carattere

Nella sezione sulla scala dell'Autostima Sana, si è detto che per raggiungere la piena accettazione di sé è necessario coinvolgere la convinzione di ricevere e accettare incondizionatamente ciò che si è; cioè, si richiede una grande convinzione delle proprie circostanze e di ciò che ci circonda e solo così, insomma, si può vivere (Ortega y Gasset 1914) ma, cos'è la convinzione e in cosa consiste? Convinzione deriva dal latino *convictío, -onis* che implica convinzione, che a sua volta consiste nell'azione e nell'effetto di convincere per mezzo di idee religiose, etiche o politiche. In sostanza, si dice che una persona che possiede la convinzione è fortemente attaccata alle proprie idee, siano esse religiose, politiche o etiche. Quindi, una persona convinta si mostra agli altri con la certezza e la convinzione di ciò che è realmente. Vale a dire, in piena accettazione di sé e delle proprie condizioni.

Quindi, per cercare di avvicinarsi a se stessi secondo le proprie circostanze, è diventato necessario aver salito la scala di una sana autostima, poiché questo transito ascensionale alla ricerca di se stessi permette di consolidare la convinzione e l'adesione a ciò che si è. Quale migliore ricompensa si può ottenere se non quella di essere convinti della propria esistenza?

Tuttavia, essere convinti della propria esistenza non è sufficiente per esercitare il potere. È necessario considerare il carattere per completare e consolidare la struttura mentale che permetterà di pensare e agire in futuro secondo ciò che è giusto per se stessi; questa nozione di convinzione e carattere rivendica la concezione originale che si ha di se stessi. E attraversare la vita con questa convinzione e questo carattere può portare, in ultima analisi, all'autocontrollo emotivo e comportamentale. Questo si cristallizzerà nello sviluppo di qualità in qualche modo difficili da distinguere a prima vista; tuttavia, queste condizioni si rifletteranno in atteggiamenti specifici di serenità, pazienza e saggezza.

In breve, con un atteggiamento di convinzione incondizionata che si sta facendo la cosa giusta. Con questo atteggiamento, i risultati arriveranno prima e non dopo, perché si sa che la pazienza stessa rafforzerà il carattere, e alla fine del tempo, come prodotto di uno sforzo continuo, si accumulerà la saggezza necessaria per determinare cosa fare di fronte alle esigenze quotidiane della vita stessa. Con questo atteggiamento si può anche cadere in errori o dubbi, e anche provare una certa delusione se si fallisce, ma un senso di condanna verso se stessi. Sarà peggio se non si prova nemmeno a fare qualcosa quando si sa di avere le risorse per affrontare qualsiasi ostacolo si presenti.

Dan Millman[47] sostiene che possiamo controllare solo gli sforzi, non i risultati. Pertanto, la convinzione e il carattere aiuteranno a concentrarsi sullo sforzo da compiere per raggiungere i risultati. Aggiunge poi che il primo risultato si chiarisce negli atteggiamenti di serenità, pazienza e saggezza; queste azioni diventano evidenti nella consapevolezza che non ci si può assumere direttamente la responsabilità di persone, eventi o risultati. L'unica cosa di cui si può essere responsabili è il proprio sforzo per poter affrontare qualsiasi ostacolo che limiti il proprio desiderio. Ecco allora che la convinzione e il carattere costituiscono una solida base su cui costruire una piattaforma sufficientemente ampia e solida, in modo che l'essere, da questa grande piattaforma, osi crescere e moltiplicare i suoi attributi secondo le sue capacità, convinto di poter, se lo desidera, sviluppare il proprio potenziale.

Risorse per costruire una piattaforma che rafforzi "essere e appartenere".

Fino a questo punto abbiamo già toccato diversi aspetti che possono permetterci di sviluppare una migliore prospettiva di noi stessi. Il risultato di questo esercizio potrebbe, in quel momento, portare a una migliore e più precisa riflessione sulla propria realtà; a decidere, se lo si desidera, di apportare alcuni aggiustamenti a quelle situazioni che richiedono di privilegiare la capacità di godere delle routine e, se possibile, a riaggiustare quei comportamenti che per loro stessa natura non possono essere controllati unilateralmente. Ciò significa che, per quanto si possa desiderare di aggiustare alcuni comportamenti, molti di essi dipendono da agenti esterni e, di fronte a ciò, sarà possibile solo enfatizzare le azioni sulle proprie prestazioni, riconoscendo che l'unica cosa che si può fare in questo scenario è controllare il modo in cui si reagisce alle situazioni, qualcosa di molto simile alla proposta di Stephen R. Covey del principio 90/10, secondo cui il 10% è legato a ciò che ci accade e il restante 90% è determinato dal modo in cui reagiamo a ciò che ci accade.

Partendo dal presupposto che l'analisi della prevalenza emotiva è stata effettuata, sarà possibile aumentare la consapevolezza dell'oscillazione emotiva e quindi ottenere un maggiore controllo delle risposte emotive. È importante sottolineare che non si intende reprimere le proprie emozioni, al contrario, la proposta cerca di ottenere una maggiore consapevolezza delle emozioni; non importa se

---

[47] Millman D. (*Vivere di proposito* 2000)

queste non sono piacevoli, l'importante è riconoscere che gran parte degli eventi in cui siamo coinvolti sono di nostra responsabilità, ma che anche nonostante questo le cose possono sfuggire al controllo, e quindi ciò che ne consegue è riconoscere l'emozione indipendentemente dalla sfumatura con cui viene vissuta, cercare ora di controllare la risposta comportamentale attraverso una riflessione consapevole degli eventi e cercare il più possibile fino a dove arriva la nostra responsabilità e dove finisce.

Questo tipo di esercizio mentale, man mano che viene svolto, aumenterà la consapevolezza di sé e rafforzerà le qualità volitive (determinazione, iniziativa, autonomia, coraggio, resistenza fisica, perseveranza, disciplina e fiducia in se stessi), che, dopo aver preso coscienza di queste qualità, si rifletteranno in comportamenti e atteggiamenti conseguenti.

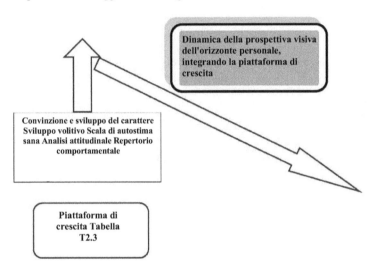

Infine, questo processo aumenterà la convinzione e il carattere su se stessi, a tal punto che questi argomenti serviranno a integrarsi e a formare insieme una piattaforma di crescita sufficientemente ampia e solida, che permetterà naturalmente, una volta saliti su questa piattaforma, di aumentare la prospettiva dell'orizzonte verso cui ci si dovrà muovere, sapendo che ora si hanno maggiori e migliori risorse per affrontare le esigenze quotidiane, ma soprattutto con una grande consapevolezza di se stessi e dei propri bisogni. Quest'ultima, come vedremo più avanti, aiuterà questa piattaforma ad agire come una sorta di contenimento contro le possibili devastazioni causate dai media attraverso l'incessante messaggio di marketing, che spesso altera in modo significativo la percezione della realtà e soprattutto di se stessi.

Pubblicità - consumatore - ricerca - salute

Pubblicità e salute, o meglio sarebbe corretto scorporare questo legame e chiamarlo: pubblicità **contro** salute. Vediamo un po': molto probabilmente appartenete a persone che iniziano la loro attività verso le cinque e mezza o forse le sei del mattino, per esempio non importa molto che ora sia, molto probabilmente, il primo impulso che provate una volta svegli, è legato alla necessità di conoscere l'ora e molto probabilmente fate uso dell'orologio o della televisione; Questo per prendere due piccioni con una fava (vedere l'ora e sapere quali eventi recenti si stanno verificando), il fatto è che si è ancora a letto e si cerca di chiarire la propria esistenza (cioè si è assonnati), di pianificare le attività successive.

A poco a poco si dedicano alcuni minuti al risveglio mattutino ancora prostrati nel comfort del letto, si seguono i telegiornali e alcuni di questi non sono molto piacevoli, poiché mostrano il dramma e la barbarie a cui può arrivare l'essere umano; o magari si trova qualche telegiornale che in modo un po' scherzoso o magari con grandi dosi di sarcasmo, il punto è che in un modo o nell'altro le notizie passano, e alcune possono anche alterare l'umore per l'importanza del loro contenuto, soprattutto se sono legate alla propria attività: il punto è che, in un modo o nell'altro, le notizie arrivano, e alcune di esse possono addirittura alterare l'umore per l'importanza del loro contenuto, soprattutto se sono legate alla propria attività. Successivamente, alla fine di un blocco di notizie, uno dopo l'altro, uno dopo l'altro, vengono presentati messaggi pubblicitari che offrono le stesse cose: perdere peso, aumentare la longevità, aumentare la vitalità, ridurre il colesterolo, eliminare le rughe, recuperare la vita sessuale, arrestare la caduta dei capelli, eliminare le rughe, cambiare il tono dei capelli, ecc. In una parola, tutti i messaggi pubblicitari che vedremo avranno un doppio messaggio implicito. E cioè che dobbiamo a tutti i costi evitare di essere noi stessi; in altre parole, il vero messaggio è che dobbiamo cambiare tutto ciò che siamo realmente. Se il vostro corpo è in sovrappeso, dovreste acquistare tutte le soluzioni magiche e soprattutto rapide proposte dagli spot televisivi. Gli specialisti del marketing sanno che gli esseri umani in generale presentano costantemente dei bisogni, siano essi emotivi, affettivi, economici, relazionali e, soprattutto, estetici. Sapendo che questi bisogni esistono, ne promuovono la soddisfazione attraverso i loro prodotti. In effetti, è molto interessante osservare che nel processo di studio della psicologia e delle carriere di marketing, in entrambi i casi una buona parte del tempo di studio è dedicata all'osservazione delle diverse teorie della personalità che hanno come argomento principale: comprendere il comportamento umano da diverse prospettive teoriche. Le ragioni e i motivi che portano l'uomo a essere e ad agire come fa; e allo stesso modo, cercano di descrivere quali aspetti dell'esistenza hanno segnato il comportamento attuale e che in qualche modo cercano di porre rimedio o di risolvere nel presente errante.

Ritengo infatti che questo studio sia molto utile, perché permetterà di comprendere in modo più formale molti comportamenti umani. È questo il caso: gli psicologi studiano le teorie della personalità per capire, comprendere e, soprattutto, sensibilizzarsi a questi comportamenti e quindi comprendere meglio le persone. D'altra parte, gli studenti di marketing imparano le teorie della personalità per conoscere e riconoscere i bisogni umani e, sulla base di questa conoscenza, offrire prodotti che risolvano magicamente questi bisogni attraverso il consumo di prodotti che contribuiscono ad alleviarli. È quindi molto importante che, una volta salita la piattaforma della crescita, sia ora possibile, con questa prospettiva su di sé, aggirarsi nel mondo dei consumi, senza essere contaminati dai bisogni degli altri, ma anzi prendendosi cura solo dei propri bisogni, tenendo conto della propria attività e corporeità. In questo modo, ci si prenderà veramente cura della propria salute.

Pertanto, se torniamo alla definizione iniziale di salute dove si affermava che la salute comprende l'assenza di malattia e implica anche la considerazione del massimo benessere che si raggiunge in tre dimensioni dell'uomo, e che queste dimensioni sono: *Fisica, Sociale e Psicologica*, ciò implica che si è sani se non si hanno malattie, se si è in grado di socializzare e, soprattutto, se si impara a vivere accettando di dare attributi alle cose, di conseguenza, di sfumare la propria vita, e questo si chiama anche disposizione psicologica sana.

Vediamo allora che le principali risorse per attraversare la vita in modo sano sono già possedute e non è necessario fare alcun acquisto per essere sani, è solo necessario consolidare un'accettazione incondizionata di se stessi, e con questo è possibile prevenire e vaccinare contro la pubblicità perniciosa che cerca solo di far comprare anche se denigra subliminalmente il suo futuro acquirente.

Armonizzazione e allineamento dei collegamenti tra salute e salute mentale

L'armonia si riferisce specificamente al momento culminante in cui ritmo e armonia si uniscono.

Quando c'è una proporzione e una corrispondenza conveniente tra una cosa e l'altra. Pertanto, il punto culminante dell'armonizzazione tra essere fisicamente e mentalmente sani può essere chiarito nel momento in cui converge l'assenza di malattia, quindi l'equilibrio fisico. Allo stesso tempo, questo equilibrio suscita uno stato emotivo piacevole e orientato al senso dell'essere e del fare, quindi l'orientamento della persona che sperimenta questo equilibrio si manifesta a livello comportamentale in una disposizione psicologica in cui il soggetto che vive questa esperienza mostra un comportamento ricettivo e ottimista nei confronti delle esperienze della vita, e ciò si evidenzia nell'animosità e nel desiderio di compiere azioni volte ad aumentare le sensazioni di benessere. Si realizza un'integrazione di fattori cognitivi, emotivi e fisici che si traduce in una disposizione psicologica che permette all'essere umano di guardarsi con ottimismo e di trovare ragioni di essere e di esistere; trova quindi una motivazione che si traduce in un ritrovamento di motivi di azione. In questa necessità di agire inconsciamente, il soggetto intende perpetuare la sensazione di benessere e quale modo migliore di preservare questa sensazione se non compiendo azioni che non solo giovino a se stessi, ma anche che gli altri possano beneficiare della nostra presenza e del nostro ottimismo.

Cinque indicatori di salute mentale

❖ L'interesse per la vita

Come si fa a sapere che si ha interesse per la vita? Le persone che mostrano interesse per la vita sono persone che camminano per strada godendosi il panorama urbano, se incontrano qualcuno che conoscono, lo salutano, chiacchierano, si godono la loro presenza, sono persone che accettano l'imprevisto come parte della vita, quando le cose sfuggono al controllo, non rispondono con la scontrosità o incolpando gli altri per i loro errori. Scelgono di sorridere piuttosto che soffrire e, se per qualche motivo devono soffrire, accettano la sofferenza come parte della crescita, non come punizione divina. Una persona con queste caratteristiche riconosce l'importanza di saper ridere, anche se di se stessi; infatti, utilizza questa risorsa perché sa che la risata è ciò che rende più flessibile l'interno e l'esterno, il che si traduce nel fatto che chi non sorride è una persona rigida con se stessa, è un individuo che non si concede errori e quindi non li tollera negli altri, presume che la serietà lo renda più formale e persino intelligente. In realtà, queste persone induriscono talmente tanto la loro visione del mondo da non rendersi conto che tale serietà indurisce il loro cuore ed evitano il contatto con il mondo. Il sorriso favorisce il rapporto con gli altri, si traduce in una maggiore apertura e accettazione della propria imperfezione e permette di comprendere l'imperfezione degli altri. Un'altra caratteristica di queste persone è che sanno come utilizzare il loro tempo libero, usano questi momenti per leggere, parlare, andare al cinema, alle feste, ai concerti, alle mostre, agli eventi sportivi, ecc. Questo interesse significa che non passano il loro tempo davanti alla televisione, sperando di essere intrattenuti, né trascorrono il loro tempo a fare amicizia sui social network; al contrario, sono responsabili del proprio divertimento, che consiste nello stare in contatto con gli altri.

❖ La capacità di vedere non solo l'ostacolo ma anche la soluzione.

L'ottimismo e la flessibilità che derivano dall'interesse per la vita permettono alla persona di non esitare di fronte a qualsiasi ostacolo, perché sa che se commette un errore, la vita stessa gli darà un'altra possibilità, impara ad essere mentalmente preparato e non esita a riprovare tutte le volte che è necessario, evita il rimpianto e l'autocommiserazione. Se gli si presenta un problema, concentra la sua attenzione solo su due aspetti: il problema stesso e le possibili soluzioni. Riconosce che un problema gli dà la possibilità di usare la sua intelligenza e la sua creatività, quindi i problemi gli permettono di crescere e di rendersi conto di chi è veramente e di riconoscere il potenziale che ha.

❖ **Saper riconoscere qualità e limiti in base alle proprie potenzialità**.

Quando una persona si rende conto del proprio potenziale, sa di cosa è capace e riconosce i propri limiti. Questo si riflette nel fatto che il suo concetto di sé si rafforza, evita di essere così critico e severo, il che gli permette di essere indulgente con se stesso, il che favorisce il rispetto di sé e di ciò che è, invece di disprezzarsi per ciò che presume di voler essere ma che in realtà non sarà mai. Quando la persona sa chi è, riconosce la propria e quella altrui, questo processo la porta a percepirsi sicura di fronte alle circostanze, aumentando così la fiducia in se stessa; ciò la porta a credere di avere gli strumenti necessari per affrontare le richieste della vita e di poter controllare efficacemente le situazioni che si presentano. Impara a lavorare sul proprio potenziale di prestazione e mette da parte le proprie carenze.

❖ **Scoprire la capacità di fare amicizia e sviluppare abilità sociali**.

Anche se veniamo al mondo da soli e alla fine lo lasciamo anche da soli, nel processo di vita lo facciamo in compagnia di altri. Vivere in compagnia o essere vicini a qualcuno diventa una costante della vita, vivere insieme e stare con gli altri è quasi inevitabile nel corso del tempo. Questo porta all'idea di cercare il più possibile di trattare le persone in modo amichevole, perché, proprio come noi, sono esseri con qualità e limiti, e se ci si concentra sulle qualità delle persone con cui si vive, si impara a riconoscere l'individualità, e all'interno di questa c'è molta diversità, quindi non sarà necessario diventare carnefici o vittime. Il desiderio di dominare viene utilizzato per dominare gli ostacoli e le avversità e mai per dominare il prossimo. Vedono gli altri con piacere e non provano antipatie gratuite; attenzione se hanno spesso antipatie, perché questo è un grave sintomo di squilibrio mentale.

❖ **E infine, l'importanza di essere persone attive**.

Le persone con una buona salute mentale sanno essere attive e produttive. Amano il loro lavoro, si divertono con ciò che fanno e sono sempre alla ricerca di cose nuove o di migliorare ciò che fanno. Quando producono o fanno qualcosa, non cercano di dimostrare la loro abilità; al contrario, si sforzano di fare qualcosa e non di dimostrare qualcosa.

❖ **Come la salute mentale viene realmente semplificata**

Le persone che realizzano la salute mentale imparano che la definizione della parola progresso è stabilire la differenza tra la somma degli attributi e delle qualità personali e il possesso di più beni materiali. Quindi, se si raggiunge la salute mentale, si progredisce e questo progresso si vede veramente: La capacità di aumentare gli attributi e le qualità personali.

In conclusione di questo secondo capitolo, è stato possibile osservare che la salute, sia essa fisica o mentale, è un processo dinamico e richiede quindi una ricerca costante. Le risorse presentate sono molto pratiche, in quanto permettono, nell'arco di una settimana, di stabilire una diagnosi comportamentale in linea con la realtà percepita dello stile di vita. Che non sempre è il più vantaggioso per se stessi. Un aspetto molto importante di queste matrici di osservazione e registrazione del comportamento è che permettono di osservare con precisione i giorni critici in cui i modelli salutari vengono alterati in modo marcato.

A questo scopo, è utile osservare da vicino la seguente matrice di una studentessa universitaria che, osservando e registrando i modelli di stile di vita sani, si rende conto che il suo attuale stile di vita le causa sovrappeso e alterazioni dell'umore. Sa anche di provenire da una famiglia con una propensione genetica al diabete, per cui decide di apportare delle modifiche al suo attuale stile di vita una volta che si è resa conto del suo effettivo stile di vita. Parallelamente, verrà presentato un caso clinico in cui sono state applicate varie tecniche; tra queste, proprio un aggiustamento dello stile di vita e la modifica dei modelli di pensiero sulla base di una misurazione precedente. Questo caso illustra quanto possa essere complesso e pernicioso non prestare attenzione allo stile di vita e al flusso di pensieri assolutistici in modo tempestivo.

Matrice di osservazione e registrazione di modelli di stile di vita salutari [48]

Mese: Giorno: Anno: Nome:

Abitudini	Lunedì	Martedì	Mercoledì	Giovedì	Venerdì	Sabato	Domenica	Totale
Dormire 7-8 ore al giorno		Ψ				Ψ	Ψ	6 %
Consumare la colazione ogni giorno	Ψ	Ψ	Ψ	Ψ	Ψ			10 %
Evitare di mangiare tra i pasti	Ψ	Ψ	Ψ	Ψ	Ψ			10 %
Evitare di fumare	Ψ	Ψ	Ψ	Ψ	Ψ	Ψ	Ψ	14 %
Evitartomar alcoholo moderatamente	Ψ	Ψ	Ψ	Ψ	Ψ	Ψ	Ψ	14 %
Mantenere peso a livello della vita								
Impegnarsi in un'attività fisica regolare	Ψ	Ψ	Ψ	Ψ				8 %
Incidenze e totale generale								62 % [44]

Quello che ho osservato nella matrice di osservazione e registrazione dei modelli di stile di vita sani è che non conduco una vita sana costante, perché nel fine settimana mi trascuro molto, sia a colazione che a letto, quindi osservo anche che non mi preoccupo di quanto misura il mio girovita; Beh, mi preoccupo, ma quando dico che mi metterò a dieta perché tutte le persone mi dicono che sto ingrassando, e quando voglio iniziare a prendermi cura di me stesso e modificare la mia dieta, ho più fame, il che genera una sorta di ansia, ecco perché voglio modificare questo comportamento perché mi sta influenzando molto.

Non ho dipendenze; non bevo alcolici, beh solo uno o due bicchieri, ma solo in occasione di qualche festa, ma non molto spesso, e non fumo affatto tabacco.

Quindi cercherò di alzarmi prima per fare colazione tutti i giorni e inizierò a fare più attenzione alle cose che mangio e a non trascurarmi nei fine settimana, anche se l'allenamento è solo dal lunedì al giovedì, cercherò di camminare almeno negli altri giorni della settimana per prendermi cura della mia salute e mantenere il mio corpo in forma.

Soprattutto perché ho il diabete da entrambe le parti, sia da parte di mio padre che di mia madre; e anche le famiglie tendono ad avere l'obesità, e ora che comincio a riflettere penso che non vorrei soffrire di questo modello di obesità, quindi è meglio che mi privi ora di mangiare cibi che danneggerebbero la mia salute, in modo che un domani il medico non mi vieti una serie di alimenti,

---

[48] Efficacia totale raggiunta al termine di una settimana 62 %.

così è meglio nel tempo.

Analisi del caso n. 2

Carlos, come molti giovani studenti universitari della sua età, tendeva ad avere una vita "normale"; la sua esistenza trascorreva tra responsabilità scolastiche e relazioni sociali, la sua famiglia era di classe media ed entrambi i genitori lavoravano. Carlos era il maggiore di quattro fratelli, di cui due maschi e due femmine; si trovava nel mezzo dei due fratelli, quindi il rapporto tra i fratelli maschi, pur essendo armonioso, non c'era molto attaccamento tra i due, probabilmente a causa della distanza cronologica che influenzava questa situazione. I genitori di Carlos lavoravano in campi molto diversi, lui aveva un'attività in proprio che richiedeva molto tempo e impegno, e buona parte della sua attività consisteva nel controllare motori e parti piene di olio e grasso, il che significava che la sua cura personale era in linea con la sua attività. Lei, invece, lavorava in un ufficio e il suo lavoro le imponeva una maggiore attenzione alla cura del corpo. La differenza di occupazione ha avuto in qualche modo un impatto sul rapporto di coppia, perché sebbene il rapporto non fosse molto stretto, non era nemmeno conflittuale. La donna risolveva in qualche modo la necessità di comunicare attraverso il figlio Carlos, con il quale condivideva molte illusioni ed entrambi completavano le aspettative dell'altro, il che significava che qualsiasi situazione, per quanto piccola, era sufficiente per avviare un dialogo.

Le sorelle di Carlos sostenevano la mamma occupandosi delle faccende domestiche e si occupavano anche di tenere pronti i vestiti di Carlos per il fratello maggiore. Non ci sono molte informazioni sul rapporto con le sorelle, poiché non hanno detto nulla al riguardo, ma si può dedurre che il rapporto si sia sviluppato in modo armonioso. Tuttavia, per quanto riguarda il rapporto con il padre, Carlos ha commentato che era molto diverso da quello con la madre: con il padre c'era poca comunicazione perché non avevano molti interessi in comune.

La routine quotidiana di Carlos iniziava intorno alle sei e mezza del mattino e si svolgeva dal lunedì al venerdì. Nei fine settimana, passava il tempo a socializzare con gli amici e a godersi la vita notturna del sabato sera. Al mattino, durante la settimana regolare, si recava all'università con la madre e vi rimaneva fino all'una ed eventualmente alle due del pomeriggio. Pranzava lì perché nel pomeriggio, alle quattro, iniziava un'altra attività. Ma ora questa era orientata verso le belle arti, in questo lasso di tempo Carlos poteva essere a contatto con un hobby che gli piaceva particolarmente, poiché questa attività implicava l'uso delle sue doti artistiche, quindi si può dire che Carlos era una persona molto sensibile e soprattutto appassionata.

Ed è proprio questa capacità di conoscere e di essere appassionato che lo ha portato gradualmente a quello che alla fine si è trasformato da un disturbo comportamentale, a un disturbo comportamentale e infine a una depressione maggiore. Carlos frequentava la scuola d'arte la sera per due motivi in particolare. Il primo era il desiderio di imparare e sviluppare in sé le belle arti; il secondo era perché una giovane donna, che alla fine divenne la sua fidanzata, frequentava la stessa scuola. Secondo Carlos, si trattava di una donna molto attraente, orgogliosa di sé, molto presente e che amava mostrare agli altri i suoi attributi fisici indossando abiti suggestivi che rivelavano il suo fascino estetico.

All'inizio della relazione è stato proprio questo ad attirare la loro attenzione e così hanno iniziato una relazione di coppia. La relazione di coppia si è rafforzata sempre di più. All'inizio la base di questa unione si basava solo sull'estetica, con il tempo hanno maturato il loro apprezzamento reciproco e in seguito hanno condiviso più cose, tra cui il gusto per la socializzazione, le arti e la sessualità, che hanno gradualmente esplorato fino a diventare una parte importante dei loro rapporti quotidiani. Sebbene la sessualità sia una parte molto importante della natura umana, richiede una certa maturità fisica e mentale per il suo pieno esercizio, e in molti casi la sua pratica inizia quando si è raggiunta solo la maturità fisica, tralasciando l'importanza della maturità mentale. In questo senso, la pratica sessuale implica tra l'altro la possibilità di provare sensazioni molto intense che in qualche modo diventano esperienze uniche, simili a un'esperienza di picco come suggerito da Abraham Maslow (1964), il quale sosteneva che l'esperienza di picco consiste in: "uno stato di unicità con caratteristiche mistiche; un'esperienza in cui il tempo tende a svanire e la sensazione travolgente fa sembrare che tutti i bisogni siano soddisfatti".

Personalmente, considero questa esperienza con sfumature mistiche e parossistiche, in quanto richiede per la sua congiunzione una somma di intenzioni che si concentrano corporalmente nei genitali, ma che a loro volta comprendono un bisogno improrogabile di essere e sentirsi con l'altro indipendentemente dal tempo. Questa attività piacevole e rivitalizzante tende a generare un certo grado di dipendenza per le sensazioni che sprigiona, e in molti casi è possibile che dopo la pratica sessuale si sperimenti uno stato mentale di ottimismo, apertura e vitalità. Per questo motivo si può capire che nei giovani la cui attività principale dovrebbe essere quella accademica, sociale, familiare e così via. Cioè, attività ordinarie che possono controllare e dominare, ma non le attività sessuali, la cui pratica provoca reazioni più profonde e intense, e quindi richiede un grande sforzo mentale per controllare le sensazioni.

Questo è essenzialmente uno dei motivi per cui "Carlos" ha iniziato a deteriorarsi mentalmente, poiché l'attività sessuale è diventata gradualmente la sua occupazione principale e, di conseguenza, ha iniziato a relegare in secondo piano altre attività che richiedevano la stessa quantità di attenzione. Questa sovrasaturazione dell'attenzione su un'unica area dello sviluppo umano porta a una sorta di deviazione, cioè i compiti o gli incarichi che in precedenza erano già stati assegnati in termini di tempo e presenza vengono lasciati incustoditi e quindi, non occupandosene nella stessa misura, si produce una deviazione nella direzione dell'attenzione. Questa deviazione occupazionale altera gradualmente lo stile di vita, poiché, come abbiamo spiegato sopra, l'essere umano è un essere di routine, che sono strutturate e ordinate in termini di tempo e presenza, e il fatto di rivolgere l'attenzione solo ad alcune aree di sviluppo (sessuale) e di tralasciarne altre (accademica, sociale, familiare, ecc.), provoca un conflitto interno dato che si crea una situazione di approssimazione-evitazione. Laddove il primo si manifesta nel piacere provocato dall'attività sessuale, che per la sua esecuzione richiede tempo e presenza, compare contemporaneamente un evitamento (non realizzazione e assenza), questo conflitto, che tra l'altro non viene vissuto come tale, ma il soggetto concentra la sua attenzione sul piacere immediato e smette di pensare e di occuparsi di altre cose, senza che questo si rifletta nel suo stato d'animo momentaneo.

Il problema sorge una volta che il compito è stato portato a termine e ci si occupa della realtà, per poi scoprire che i compiti che non erano stati debitamente curati hanno continuato il loro corso, il che provoca un'aggiunta di compiti che richiedono uno sforzo fisico e mentale eccessivo, dato che ciò che non era stato curato in quel momento si integra con ciò che deve essere curato per completare l'esecuzione efficiente. È qui, in questo momento, che compare la sensazione di tensione e pressione, che si riflette in un aumento dell'attività del sistema parasimpatico, che si manifesta con sintomi di instabilità emotiva, sensi di colpa, frustrazione, irritabilità, disperazione, perdita di appetito, apatia, difficoltà di concentrazione e perdita di fiducia in se stessi; in altre parole, sintomi di depressione maggiore, che era esattamente il disturbo presentato da "Carlos".

Questa condizione si è evoluta in questo modo perché il livello di stress ha raggiunto e mantenuto la fase di esaurimento. Secondo la sindrome generale di adattamento (Selye H. 1963), in questa fase non si attiva solo il corpo, ma anche il cognitivo e in questa attivazione cognitiva sorgono distorsioni della realtà, cioè il soggetto presenta alterazioni, tra cui pensieri polarizzati e ricorrenti. Ciò significa che si concentra solo su una parte della situazione, sia essa piacevole o spiacevole. In questo caso, la sua attenzione era orientata verso la sgradevolezza della situazione e questo pensiero si è ripetuto più volte nel corso della giornata. Il pensiero o la distorsione cognitiva presentata da "Carlos" era che si sentiva molto infastidito dal modo in cui era vestita la sua ragazza e immaginava che altri uomini la guardassero con il desiderio di possederla, scatenando così in lui un sentimento di gelosia impossibile da controllare. In teoria, ciò che accade con i pensieri ricorrenti è che questo pensiero è accompagnato da sensazioni, quindi, ogni volta che pensa a qualcosa che non è piacevole, ad esempio: sapere che la sua ragazza sarebbe stata guardata da altri uomini e che probabilmente anche loro l'avrebbero desiderata, scatena una sensazione di rabbia, frustrazione e impotenza, che non può essere dissipata, poiché avviene solo nella mente di "Carlos". Tuttavia, ogni volta che ci penserà, sperimenterà le stesse sensazioni, e quindi il deterioramento si rifletterà sugli aspetti mentali e fisici, a tal punto che sarà necessario medicare il paziente per abbassare i suoi livelli di ansia, che limitano il suo funzionamento in altre aree che richiedono attenzione in egual misura.

"Carlos è venuto in clinica con sua madre, entrambi erano preoccupati, ma decisi a risolvere il problema che lo affliggeva nel miglior modo possibile. All'inizio ho parlato con entrambi, dopo qualche minuto sono rimasta sola con lui, che a sua volta mi ha esposto più dettagliatamente quello che considerava il problema principale; dopo di che gli ho chiesto di permettermi di parlare con sua madre. Alla fine, entrambi hanno un punto di vista comune. Concludo quindi il primo incontro e ne fissiamo un altro, che si svolge tre giorni dopo.

In questa nuova sessione ci siamo concentrati sulla discussione del suo stile di vita e delle cose che gli piacevano di sé, della sua famiglia, delle sue attività e della sua relazione di coppia. Si concentra automaticamente sulla relazione di coppia, dove dice di sentirsi molto a suo agio, ma che ci sono dettagli con la sua ragazza che fa fatica ad accettare. Gli chiedo di essere più specifico e lui trova difficile accettare la dicotomia che prova per la sua ragazza, poiché da un lato gli piace molto stare con lei; dall'altro gli dà molto fastidio che, quando è in sua compagnia, lei si vesta in quel modo e sostiene che, per quanto le dica che non gli piace il suo modo di vestire, lei si limita ad ascoltare senza rispondere, ma senza cambiare stile di abbigliamento.

Questo tipo di antagonismo (mi piace stare con te, ma non mi piace il tuo modo di vestire), di solito provoca una confusione delle percezioni e quindi delle sensazioni tale da generare sensi di colpa, irritazione, difficoltà di concentrazione, ecc. In altre parole, un'alterazione dello stile di vita, dovuta al fatto che l'attenzione è concentrata su una parte dello sviluppo umano. Pertanto, il primo incarico terapeutico è stato orientato all'osservazione delle abitudini di vita. Da questa analisi è emerso che la sua routine di vita era molto orientata verso due aree molto concrete: quella accademica e quella affettiva. Nella prima, la sua routine iniziava alle sette del mattino e terminava verso le sette di sera, il tempo dedicato a mangiare era all'università stessa e il cibo che consumava non era molto nutriente, anzi, copriva il bisogno di mangiare ma non di nutrirsi. La sua prospettiva di realizzazione in questo ambito era molto alta, dal momento che lui stesso aveva stabilito dei parametri molto rigidi di rendimento ed efficienza; vale a dire, il suo standard di autovalutazione era incentrato sul numero di voti di passaggio, che non poteva essere inferiore a nove; il motivo di ciò, secondo lui, era dovuto al suo desiderio di ottenere una borsa di studio per l'eccellenza accademica. Questa stessa esigenza è stata autoimposta e in qualche misura rafforzata dalla madre, dal momento che, come già detto, entrambi concordavano sull'importanza di eccellere a livello accademico per ottenere un lavoro meglio retribuito dopo questo processo. Un altro aspetto che ha influenzato la stessa dinamica è stato proprio il rapporto con la fidanzata, che, pur provocando sentimenti contrastanti, gli ha dato anche un grande piacere a stare con lei.

Come si può vedere in questo piccolo schizzo della dinamica di "Carlos", si conferma la coesistenza di tre pensieri assoluti e rigidi legati al razionale e all'emotivo (Ellis A. 1954). L'autore afferma che esistono tre premesse o approcci rigidi che si presume debbano essere portati avanti a prescindere dalle circostanze, e questo fa sì che si creino le proprie aspettative; in questo caso, l'aspettativa di successo era riposta nell'eccellenza accademica, e non teneva conto del fatto che ora c'erano due situazioni che richiedevano uguale presenza e attenzione. "Carlos" stava dando presenza al suo aspetto accademico, ma non attenzione, poiché la sua richiesta era di pensare alla sua ragazza; in particolare, cercava di indovinare cosa avrebbe indossato la sera, o se qualcuno l'avrebbe vista con desideri malsani. Questi pensieri lo distoglievano dal lavoro accademico e alla fine delle lezioni rimaneva con una sensazione di inutilità, poiché non riusciva a comprendere chiaramente i concetti discussi in classe.

Così, con questo panorama di vita, si sono consolidate le tre premesse postulate da Ellis (1954) e qui presentate:

- ❖ Devo fare le cose per bene
- ❖ Devo essere trattato bene
- ❖ Devo avere condizioni favorevoli

Queste premesse o approcci rigidi causano un senso di vuoto o di inutilità quando non possono essere soddisfatti, poiché si presume di non essere in grado di fallire in qualcosa, e se per qualche motivo le proprie aspettative non possono essere soddisfatte, la persona si svaluta e si disprezza, poiché non valuta le circostanze che circondano le aspettative, ma si concentra solo sui risultati. In questo caso, il risultato era che non stava andando bene dal punto di vista accademico e la sua ragazza non soddisfaceva le sue richieste, quindi ha ipotizzato di essere stato maltrattato, e queste due premesse si sono combinate per formare la terza, poiché le condizioni del rendimento personale non erano quelle che si aspettava, quindi le sue condizioni non erano favorevoli.

Una volta constatato che potevamo risolvere buona parte dei problemi che lo affliggevano dal punto di vista cognitivo, abbiamo deciso di concentrare l'osservazione anche sugli aspetti comportamentali, ma ora con una linea di base per confermare e rendere consapevole il suo stile di vita e stabilire eventuali correzioni alle probabili deviazioni comportamentali. Nella prima settimana dopo questa seconda sessione, non abbiamo notato le sue abitudini di vita e a questo punto abbiamo osservato che potevamo modificare un po' questo ritmo di vita, aggiungendovi un po' di calma; per questo, gli ho chiesto di andare a casa a mangiare e a riposare invece di rimanere all'università. Abbiamo consultato questa possibilità con la madre, poiché sarebbe stata lei a sostenerlo riportandolo all'università nel pomeriggio; il motivo del sostegno della madre era che in questo modo avremmo potuto guadagnare un po' di tempo di riposo nel pomeriggio per "Carlos", il motivo di questo riposo era che in questo modo si riducono gli stimoli che scatenano le reazioni di stress, e da una fase di esaurimento si passa a una fase di allerta. Questa apparente piccola alterazione della routine abituale riduce significativamente i livelli di cortisolo e aumenta quelli di serotonina, il che si manifesta in uno stato di apertura e ottimismo che si riflette nelle attività serali. D'altra parte, è stata avviata anche una discussione sugli approcci rigidi e, per quanto possibile, li abbiamo discussi. In questa fase della discussione, è stato possibile osservare che gran parte del problema aveva origine nella dipendenza dalla fidanzata; pertanto, le ho chiesto di monitorare i pensieri negativi che erano legati a lei. Al termine di questa osservazione, abbiamo potuto constatare che questi pensieri oscillavano tra i trenta e i quaranta al giorno e che si intensificavano maggiormente la sera e nei fine settimana.
Per questo è stato istruito sul modello di arresto del pensiero e gli è stato suggerito di incorporare pensieri che avrebbero contribuito a migliorare il suo umore; All'inizio è stato difficile per lui controllare i propri pensieri, tuttavia, proseguendo con l'osservazione e la registrazione, siamo stati in grado di tracciare il flusso dei pensieri negativi e da una media di trentasette pensieri negativi, dopo nove settimane di trattamento cognitivo-comportamentale è riuscito a modificare sistematicamente le sue abitudini di vita e a controllare i suoi pensieri; ora, con questa nuova prospettiva sulla sua vita, non era più così severo con se stesso e si concedeva qualche piccolo fallimento nella sua vita quotidiana. Una cosa molto importante che ha assimilato è il fatto di aver capito che solo lui può controllare le proprie circostanze, e che quelle che sono legate agli altri, non sarà possibile per lui risolverle, e quindi deve concentrarsi sulle proprie prestazioni. Carlos è infine arrivato a capire che quando si concede più libertà, si ottiene una maggiore connessione con la persona amata.[49]

---

[49]
    Michel S. Chávez R. (*Lo spazio protetto del dialogo* 2009).

Capitolo 3

Dimensioni dell'essere umano (approccio umanistico)

Vi chiedo di concentrarvi su questo preciso momento e supponiamo che abbiate a disposizione una macchina fotografica sufficientemente potente, che vi permetta di fermarvi e di catturare le emozioni di quel momento: cosa sentite, cosa osservate, quali momenti siete riusciti a catturare e quali sensazioni avete riassaporato? Immaginate l'atmosfera della scena. Siete al centro dell'attenzione, tutti sono riuniti per un solo motivo, anche loro, come voi, vogliono festeggiare un risultato, sono in grado di apprezzare lo sforzo e la tenacia che vi hanno permesso di raggiungere ciò che ora state esprimendo con gioia.

Gli esempi possono spaziare dai più complessi ai più semplici, in realtà la situazione non ha molta importanza, ciò che conta è concentrarsi sulla scena top, quella che corona una ricerca, quella che si fissa nella memoria, con un potenziale sufficiente per trasformare l'esperienza in un vissuto. Va precisato che l'esperienza è ciò che si acquisisce giorno per giorno, che tende a diventare routine; l'esperienza, invece, è ciò che si vive, che si sente con maggiore intensità, che si accompagna a sensazioni piacevoli o spiacevoli. Il fatto è che le esperienze vengono registrate con maggiore precisione, poiché non viene salvata solo l'immagine vissuta, ma anche le emozioni che sono scaturite nel momento in cui si è vissuta l'esperienza; quindi, quando vengono ricordate, emergono proprio come sono state salvate, ed è persino possibile che vengano vissute di nuovo in modo identico all'esperienza originale.

Il punto fondamentale di questo esercizio di contemplazione dell'esperienza consiste nell'osservare se stessi mentre si compiono vari atti, trascendenti o di routine. Ciò che è rilevante in questo esercizio è mostrare che il climax o la gioia che si sperimenta dura generalmente pochi secondi; infatti, possiamo osservarlo nel processo orgasmico, poiché il climax dura generalmente pochi secondi, alcuni fortunati saranno in grado di prolungare l'esperienza, ma comunque in termini generali, la sensazione orgasmica è di breve durata, ma di grande sensazione, la sua esperienza è così intensa che non importa quanto tempo si investa nella sua ricerca, ciò che conta veramente è la capacità che si possiede di raggiungere livelli di parossismo.[50]

L'essere umano ha la capacità di perseguire qualcosa pur sapendo che la ricompensa sarà di breve durata; tuttavia, l'esaltazione ottenuta è così grande che vale la pena di indirizzare gli sforzi verso il raggiungimento di esperienze gratificanti che, per le emozioni che generano in quel momento, fanno sì che continuino a essere ricercate in modo persistente e involontario in tutti gli ambiti di sviluppo in cui si aggirano.

Queste esperienze sono spesso classificate come esperienze di picco (Maslow A. 1964), dato che in qualche modo l'esperienza del soggetto viene inquadrata. Ora immaginiamo che alcune persone vi chiedano come ci si sente a essere lì, altre potrebbero essere interessate a sapere quanto tempo avete impiegato per arrivarci e altre ancora alluderanno allo sforzo che avete fatto per consolidare il vostro sogno: cosa rispondereste loro?

Potreste parlare del piacere che provate per aver raggiunto un tale obiettivo, potreste anche aggiungere la quantità di sforzi che vi sono serviti per fare ciò che avete fatto; ma vi pongo una domanda: siete consapevoli degli ostacoli che avete affrontato per arrivare fino a questo punto? In fin dei conti, ciò che conta davvero è vivere e provare l'esperienza di aver raggiunto un fine. In effetti, possiamo constatare che molte persone sopravvivono letteralmente alla loro vita perché si impongono costantemente mete o obiettivi difficili da raggiungere e non conformi alle loro esigenze e risorse;

---

[50] Esaltazione estrema degli affetti e delle passioni (http://buscon.rae.es/draeI/)

questo fa sì che orientino le loro azioni verso le mete che si sono prefissate, stabilendo quindi aspettative di realizzazione molto esigenti o molto concrete. In definitiva, gli obiettivi che si pongono servono a valutare se stessi in termini di risultati personali, accademici, familiari o materiali.

E alla fine di questo processo, una volta che il risultato atteso è stato raggiunto o meno, l'attenzione sarà molto probabilmente concentrata solo su quel momento, non importa se si tratta di un momento di realizzazione o di frustrazione, di conseguenza si emaneranno sensazioni piacevoli e spiacevoli, cioè: l'esperienza di questo momento sarà vissuta molto intensamente, questo stesso limiterà il riconoscimento dello sforzo che è stato fatto e l'attenzione sarà focalizzata sull'istante. È molto difficile riconoscere lo sforzo che comporta il raggiungimento di un obiettivo; infatti, si dà così tanta importanza al risultato che si trascura la realizzazione. Dove l'importanza del processo è enfatizzata in un'attività sistematica il cui scopo è ottenere un risultato concreto, che può essere sposarsi, ottenere un diploma, completare una routine, sviluppare un'abitudine, ecc. Probabilmente non ci si rende conto che questa fase dell'esecuzione è quella in cui si compie il vero sforzo, questa parte del processo è quella in cui si ottiene una crescita reale e concreta; purtroppo questa non è tangibile in prima istanza, quindi non si può sentire o vedere molto chiaramente. Tuttavia, possiamo identificare con maggiore precisione le azioni di realizzazione se le traduciamo sotto forma di atteggiamenti, queste qualità sono volitive, che si riferiscono agli atti e ai fenomeni della volontà.

La volontà consiste nella facoltà di decidere e ordinare la propria condotta, il che implica che si sceglie qualcosa senza alcun precetto o impulso esterno che costringa a farlo, e si manifesta in un'intenzione o risoluzione di fare qualcosa. Pertanto, quando si decide di fare qualcosa per se stessi, sulla base della propria convinzione, si esercita l'**iniziativa**; questa qualità permette alla persona che la esercita di essere proattiva anziché reattiva (Covey S. 1989). Ciò significa che la persona che decide di iniziare qualcosa per convinzione non ha bisogno che gli altri le ordinino cosa fare, il che le dà una certa libertà d'azione. È importante capire che questo può avvenire quando, ad esempio: a casa, si sa già che bisogna occuparsi di tenere pulita la propria stanza, quindi ci si assume la responsabilità di pulire senza che nessuno glielo ordini.

Ora, se consideriamo in questo stesso esempio la responsabilità che comporta studiare per conseguire una laurea, possiamo vedere che per svolgere questa attività in modo efficiente è necessario tenere conto di molti dettagli apparentemente insignificanti, ma che alla fine sono tutti collegati tra loro e contribuiscono in modo significativo al successo o al fallimento. Allo stesso modo, consideriamo che un segmento delle richieste accademiche è incentrato sulla necessità di studiare con un certo grado di attaccamento. Poiché c'è un'inclinazione a conoscere più a fondo certi argomenti, lo studio a questo livello richiede una grande dose di iniziativa, poiché si presume che più conoscenze si hanno, migliore è la comprensione di un campo del sapere, e questo non si traduce necessariamente in un lavoro migliore, ma può riflettersi in migliori prospettive di lavoro. Ciò significa che studiare è molto importante, ma per studiare e ottenere conoscenze non basta leggere, occorre anche essere in condizioni fisiche adeguate, e per questo è necessario sapere quando riposare e quando divertirsi; cioè, nella prospettiva della visione sistemica, è possibile essere uno studente eccellente vivendo con gli altri. Tuttavia, questa interrelazione deve essere equilibrata, poiché è possibile spaziare in tutte le aree di sviluppo e mantenere un livello di efficacia. Il segreto è sapere quanto tempo e quanto spazio dedicare a ciascuna area particolare. Si può partecipare a una festa anche se si ha bisogno di studiare, ma questo richiede dei limiti autoimposti, e questa capacità di decidere quando essere e quando non essere si chiama **determinazione**.

Quando qualcuno osa divertirsi nonostante la necessità di studiare, ma si pone un certo limite e lo rispetta, si può dire che è **coraggioso**; cioè, è laborioso, coraggioso, efficace e attivo fisicamente e moralmente. La persona coraggiosa si concepisce come talmente capace che può dedicare alcuni minuti ad attività diverse dallo studio e può comunque essere un buon studente; deve solo integrare il suo coraggio con la **disciplina** sufficiente per attenersi alle proprie linee guida e sapere a che ora deve tornare e riposare, in modo da poter poi iniziare lo studio corrispondente senza che nessuno gli dica cosa fare o a che ora deve farlo. Questa possibilità gli conferisce **autonomia**. Ciò si riflette nel suo locus of control (Rotter B.J. 1966), perché riesce a controllare i suoi bisogni sociali e accademici, poiché in entrambi riesce a essere efficiente e funzionale. Questa efficienza si traduce nel fatto che il giovane allarga gradualmente il suo panorama di funzionalità e ora non solo utilizza questo locus of control nella sfera accademica, ma lo trascende in altri scenari, e così vediamo che integra la **tenacia** nella sua vita. Diventa fermo e tenace nei suoi propositi perché si rende conto di avere le risorse per far fronte alle diverse esigenze della vita universitaria. Con il passare del tempo, mantenendo questo atteggiamento di attaccamento, efficienza e funzionalità nel perseguimento di un obiettivo, ottiene la qualifica di **perseverante**, che gli permette di esibirsi adeguatamente in vari spazi che richiedono presenza e azione, e in tutti questi riesce a controllare le situazioni a livelli accettabili, il che richiede una maggiore capacità di **resistenza** mentale e fisica, poiché finisce per capire che tutti gli ambiti sono importanti e che per imparare a stare in ognuno di essi è necessario aver consolidato ognuna delle qualità volitive di cui sopra.

Infine, questa combinazione di qualità che si ottengono nel tempo e che richiedono una buona dose di volontà e di fiducia, danno la loro ricompensa alla persona che le mette in atto, e questa ricompensa si presenta sotto forma di **fiducia in se stessi**. La persona che si permette di spaziare in diversi ambiti e si impegna in tutti, riesce alla fine della giornata a sviluppare qualità volitive abbastanza solide da dare molta sicurezza, a sapere e riconoscere che può affrontare le sfide di una carriera universitaria, essere amico di qualcuno, far parte di una famiglia, essere affiliato a un gruppo sociale, godersi una festa e godersi lo sforzo che deriva dall'essere se stessi, e allo stesso tempo sviluppare il proprio potenziale.

Questo sviluppo delle qualità della volontà non sarà utile solo in questa fase, anzi, dal suo consolidamento sarà possibile trascendere questi atteggiamenti in altri ambiti e poi con questa possibilità di crescere e svilupparsi sulla base di obiettivi concreti, permette ora anche di godere della realizzazione di un obiettivo, poiché la stessa esecuzione contribuisce alla crescita e quando ci si rende conto in modo tangibile che si sta crescendo in modo costante e sistematico, si finisce per comprendere che ogni sforzo ha uno scopo; tuttavia, serve anche a dare forma a qualcosa, e questo "qualcosa" sono le qualità volitive. Così, con questa visione di sé, nasce la convinzione che ogni azione, per quanto semplice possa sembrare, è diretta verso un grande risultato, cosicché ora, con questa convinzione di sé, si può godere del processo e del culmine in egual misura, ottenendo così un aumento della possibilità di godere non solo del momento culminante, ma anche del processo diretto.

Questa piramide delle qualità volitive mostra che da una particolare situazione che deve essere affrontata, c'è anche la necessità di una soluzione, che obbliga a intraprendere un'azione concreta per affrontare la situazione; per questo, dallo stesso coping, emerge un'iniziativa per risolvere la situazione, che implica una determinazione, per esempio: partecipare o meno a una riunione, anche se c'è un impegno precedente. Prendere una decisione e portarla a termine implica coraggio, attenersi alle regole autoimposte rafforza la disciplina e allo stesso tempo dà autonomia al soggetto, e la conseguenza di questa disciplina e attaccamento si traduce in perseveranza, e nel tempo si diventa resilienti. E alla fine dell'intero processo si consolida una fiducia in se stessi che permette di trascendere con la stessa efficacia in tutti gli ambiti dello sviluppo umano.

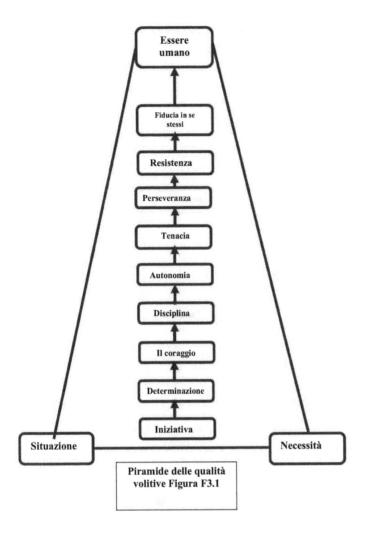

Piramide delle qualità
volitive Figura F3.1

La figura F3.2 mostra in modo più dettagliato la portata e l'impatto degli obiettivi di risultato e di realizzazione sullo sviluppo volitivo, in entrambi i quali si realizzano le qualità, da cui l'importanza di essere consapevoli dell'importanza di entrambi, questa conoscenza permette di prolungare la sensazione di realizzazione e quindi di soddisfazione.

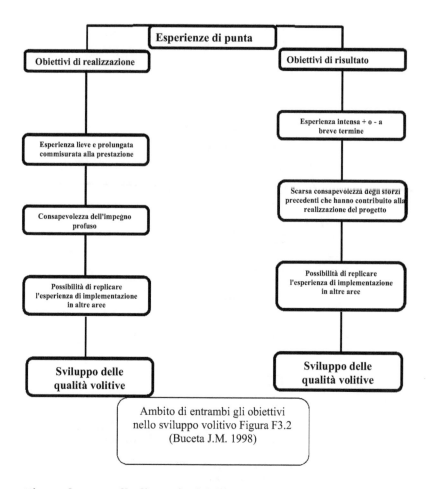

Ambito di entrambi gli obiettivi
nello sviluppo volitivo Figura F3.2
(Buceta J.M. 1998)

Prospettiva endogena sulle dimensioni dell'essere umano

Facciamo ora una piccola raccolta delle proposte che sono state presentate finora in questo libro. Nel primo capitolo, la premessa trascendentale si concentrava sull'analisi del repertorio comportamentale, il cui suggerimento primario consisteva nell'osservare se stessi in termini di comportamenti e di tempo dedicato a realizzarli; l'obiettivo di questo compito consisteva nel prendere coscienza di quanto tempo si dedica a un'attività e di conseguenza se ne trascura un'altra. L'argomento fondamentale di questa sezione consisteva nella possibilità di svolgere e godere di molte attività produttive, si trattava solo di esserne consapevoli e, se il lettore lo desiderava, poteva incorporare nuove attività o estinguerne alcune. A questo scopo, è stata presentata una matrice di osservazione e registrazione dei comportamenti, che può contribuire efficacemente alla decisione di: quali comportamenti aumentare, quali comportamenti estinguere, in quale momento effettuare le modifiche e quanto tempo può essere aggiunto nell'esecuzione dei nuovi comportamenti.

Allo stesso modo, è stata presentata anche una riflessione sul passato - presente - futuro in cui tendiamo a vivere; in questa sezione è stata fatta un'esemplificazione dell'importanza di imparare ad aggiornare le esperienze, poiché in molte occasioni tendiamo a vivere nel presente perché nelle esperienze passate abbiamo ottenuto dei benefici o, al contrario, soffriamo nel presente perché abbiamo vissuto un passato tortuoso. In entrambi i sensi, la riflessione di questa sezione si basa sul fatto che dobbiamo imparare a vivere il presente così com'è, cioè imparare a vedere le cose come sono e non come siamo noi (Anais Min[51]). Ecco perché l'aggiornamento dell'esperienza e l'integrazione dell'apprendimento che si ottiene attraverso la vita, favorisce che i filtri percettivi diventino più cristallini, il che permette di vedere con maggiore chiarezza le diverse sfumature con cui la vita è colorata e con ciò di riconoscere che i colori così come le emozioni fanno parte dell'esistenza umana, e per lo stesso motivo si può imparare a convivere con il piacevole e lo spiacevole, ma in egual misura a decidere quale direzione prenderà la decisione e la responsabilità della propria esistenza.

Un altro aspetto affrontato è stato quello relativo allo stile di vita e alla qualità della vita; in questa sezione è stata presentata anche una matrice di osservazione e registrazione, che permette di osservare da vicino i modelli di vita sani e facilita la misurazione precisa del modo in cui ci si orienta verso la salute, oltre a consentire la possibilità di stabilire linee d'azione concrete volte a ottenere modelli di vita sani. Più avanti in questa sezione vengono presentati i criteri comportamentali per un'adeguata salute mentale, che si ottiene aumentando gli attributi e le qualità personali piuttosto che disponendo di maggiori risorse materiali.

Infine, questo capitolo è tornato sull'importanza di incorporare gli obiettivi nella nostra vita e ha aggiunto i benefici inerenti al processo stesso di perseguimento degli obiettivi che si osservano negli attributi personali, chiamati anche qualità volitive. Queste qualità, una volta sviluppate in se stessi, possono essere visibili in altri scenari dello sviluppo umano e accompagnano l'essere umano in ogni azione che compie.

Tuttavia, è importante prestare attenzione al fatto che finora tutte le azioni sono orientate a occuparsi di ciò che gli altri possono vedere sotto forma di comportamenti e poco è stato fatto sulla natura stessa dell'essere umano, cioè sull'endogeno.[52] Da qui la proposta di questa sezione che sarà orientata a concentrare le azioni volte a svelare l'interiorità dell'essere umano.

In questo senso, è conveniente partire dalla prospettiva antropologico-filosofica proposta da Raúl Gutiérrez Sáenz (1998), dove sostiene, tra l'altro, che la parte più pura dell'uomo è il suo NIP (nucleo dell'identità personale), e per essere in contatto con questo nucleo è necessario non alienarsi. L'obiettivo è evitare di vivere in coincidenza con gli altri, cioè bisogna occuparsi dei propri bisogni prima che di quelli degli altri, e per raggiungere questo compito è necessario osare, e questo osare diventa palpabile attraverso l'essere se stessi. Ciò implica l'accettazione della propria individualità, ma senza arrivare all'individualismo, poiché quest'ultimo, per il suo significato, evidenzia il non attaccamento alle norme generali; tuttavia, nell'individualità, l'uomo pensa e agisce indipendentemente dagli altri e addirittura enfatizza le qualità particolari di qualcuno, il che permette di individuarlo in un modo che non è solo una questione di individuo, ma anche di persona.

singolare.

In breve, l'obiettivo di essere se stessi e di rispettare le regole è quello di promuovere lo sviluppo del pieno potenziale di sviluppo, altrimenti la violazione delle regole altrui può portare alla limitazione del progresso e della convivenza personale. Questo è fondamentale per promuovere le dimensioni dell'essere umano, poiché le competenze sociali, affettive e cognitive vengono utilizzate nella sfera sociale. L'ambiente sociale è una sorta di palestra per le proprie capacità, quindi bisogna imparare a

---

[51] (Scrittore francese, Neuilly, Francia, 21 febbraio 1903 - Los Angeles, 14 gennaio 1977)
[52] Che si origina o nasce dall'interno, come ad esempio una cellula che si forma all'interno di una cellula (http://buscon.rae.es/draeI/)

vivere integrati nella società, privilegiando l'individualità.

Tornando al nucleo dell'identità personale, questa è la parte più pura dell'essere umano. Tuttavia, ci si può contaminare da soli e con il tempo è possibile che la sua essenza diventi così rarefatta da perdere di vista la sua presenza. I fattori che corrompono il "NIP", secondo Gutiérrez Sáenz, sono tra gli altri: nome, cognome, famiglia, relazione, professione, lavoro, stipendio, posizione, ecc. Di conseguenza, si dà così tanta importanza al nome, al cognome o alla parentela che si presume che questo renda la persona migliore o diversa dagli altri, quando in realtà essere o far parte di qualcuno di importante non rende nessuno più trascendente. Anzi, si può dare così tanto peso a questo aspetto che quando per qualche motivo un parente o addirittura se stessi perdono lo status di[53] si può arrivare a pensare che sia la fine, mentre in realtà è la fine, ma solo di un ciclo, non della propria esistenza; o forse può anche succedere che nella nostra società si tenda a dare molta importanza alle professioni, come se queste di per sé degnassero le persone. Personalmente, ritengo che non siano le scuole o le professioni a fare la differenza in termini di prestigio ed efficienza professionale; penso che siano le persone a dare veramente dignità alla professione, il resto sono solo edifici e professioni. Con le azioni quotidiane si esalta la propria professione, ma in generale si tende a dare molto credito a questioni che non sono poi così importanti. Di conseguenza, tali visioni, lontane dal vero valore dell'essere umano, corrompono gradualmente il nucleo dell'identità personale, a tal punto che alla fine le caratteristiche e le potenzialità che ogni essere umano possiede non vengono più considerate.

Iniziare l'analisi da questa prospettiva permetterà di comprendere più facilmente l'esistenza e il valore di se stessi; e in questo senso sarà possibile vedere che, indipendentemente dall'età, arrivano momenti nella vita che permettono di constatare che si è riusciti a crescere nelle dimensioni dell'essere, poiché è possibile ragionare, analizzare e risolvere la propria esistenza, si dà e si riceve affetto dagli altri, e soprattutto si raggiunge la piena consapevolezza che ci sono due costanti nella vita, che sono: la capacità di soffrire e di godere, e che si è ugualmente responsabili di queste sensazioni nella vita.

Dal punto di vista educativo, si può stabilire che la premessa principale nell'essere umano è che impara anche quando non vuole; cioè, il processo di apprendimento si svolge parallelamente alla sua crescita, poiché man mano che gli anni si aggiungono alla vita, si aggiungono anche le conoscenze. Ciò che accade è che non ne siamo pienamente consapevoli e, di conseguenza, si riconosce che l'unica conoscenza formale è quella che si ottiene dalla scuola; tuttavia, buona parte degli apprendimenti raggiunti si ottengono al di fuori della scuola, con questo non vogliamo svalutare l'importanza dell'educazione scolastica, ma solo stabilire un panorama concreto e postulare che è possibile apprendere da tutte le aree di sviluppo, e quindi è impossibile non apprendere, ed è persino impossibile non apprendere. Qualcosa di molto simile accade con la comunicazione, poiché in quest'arte di comunicare è impossibile non comunicare; di conseguenza, l'apprendimento e la comunicazione sono premesse non da negare, ma da confermare, e per questo considereremo che le dimensioni cognitive, affettive e spirituali sono già sviluppate, solo che non sappiamo quanto si siano evolute. Pertanto, concentreremo i nostri sforzi di lettura per saperne di più sulle componenti, sulle basi teoriche e, soprattutto, sull'importanza che hanno per il proprio sviluppo.

---

[53] Posizione che una persona occupa nella società o all'interno di un gruppo sociale (http://buscon.rae.es/draeI/)

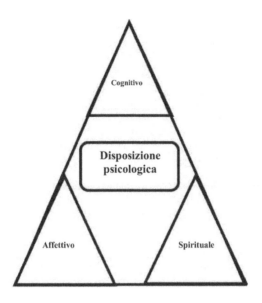

Figura F3.3
Dimensioni dell'essere umano

La Figura F3.3 mostra l'impatto delle dimensioni nell'essere umano sulla disposizione psicologica; tuttavia, poiché questa sezione può contribuire in modo molto importante alla concezione di se stessi, vale la pena di chiarire il significato di "dimensione, cognizione, disposizione affettiva, spirituale e psicologica", poiché quanto più precisa è la conoscenza, tanto migliore è la comprensione della loro rilevanza nella vita quotidiana.

Dimensione cognitiva

Dimensione deriva da: (dal lat. *dimensio, -onis*), che significa aspetto o sfaccettatura di qualcosa. Ciò implica considerare o tenere conto di aspetti che riguardano l'essere umano, in particolare nel modo in cui ragiona, dà e riceve affetto, e nella concezione di se stesso in termini di natura.

La cognizione si riferisce all'azione e all'effetto del conoscere, e quindi include l'uso delle facoltà intellettuali per conoscere la natura e le relazioni delle cose. Questo ci permette di capire che una dimensione cognitiva consiste nel considerare qualcosa, tenendo conto della sua natura e includendo in questo la relazione di quel qualcosa con altre cose. In un primo momento, la spiegazione non sembra molto convincente; tuttavia, se portiamo questa definizione a temi più concreti, possiamo stabilire un esempio dall'ambiente universitario; poniamoci specificamente in un ambiente scolastico, immaginiamo di essere in un'aula universitaria e la scena inizia quando il docente chiede a uno studente qualcosa relativo alla lezione precedente, il quale a sua volta non ha le idee molto chiare su cosa rispondere. In realtà, è possibile che abbia un'approssimazione della risposta, ma non è sicuro che sia quella giusta; dato il dubbio che prova, decide di sottrarsi alla risposta sostenendo di non sapere o di non capire la domanda. Questa risposta probabilmente non piacerà all'insegnante, che potrebbe ritenere che alla domanda che ha posto possano rispondere tutti, poiché la domanda è legata al contenuto tematico che è stato esaminato, e quindi conclude che dovrebbero rispondere tutti gli studenti presenti senza grossi problemi. Tuttavia, la realtà è che l'insegnante non riceve la risposta che si aspetta, e allora lo studente si sveglia, generando a sua volta un turbamento emotivo e molto probabilmente, in futuro, una certa antipatia nei confronti di quel particolare insegnante. Questo astio, che magari si manifesta in un atteggiamento di sfida o di chiusura da parte dello studente a seguito di questo incidente apparentemente insignificante per l'insegnante, ma così significativo per lo studente, potrebbe in futuro alterare un eventuale buon rapporto accademico e soprattutto limitare la possibilità di accrescere alcune conoscenze. Questa situazione si è verificata perché lo studente ha avuto un dubbio in prima istanza e non si è sentito sicuro di cosa dire o di cosa rispondere; invece di presentare o chiarire il suo dubbio, ha preferito mostrare la sua apparente ignoranza e, allo stesso modo, propiziare una possibile squalifica da parte del docente.

Questo tipo di situazione tende a essere molto comune non solo nell'ambiente scolastico, anzi, si verifica in innumerevoli scenari e finisce per generare in chi la vive un fastidioso sentimento di frustrazione e di fastidio, che purtroppo si manifesta in atteggiamenti di autosvalutazione e autosvalutazione.

La squalifica si manifesta attribuendo attributi negativi a persone o cose sulla base dell'incertezza. È molto comune che, di fronte a una certa situazione che deve essere affrontata, si abbia una certa idea di come affrontarla; tuttavia, non avendo la certezza dell'azione e, ancor più, nel momento stesso in cui l'azione è richiesta, si presume che l'azione debba essere accurata, efficiente e appropriata, cioè ci si pone come standard di valutazione e, se questo standard non è soddisfatto, si squalificano gli altri o se stessi.

E poi, quando il risultato non è quello sperato, si prova la spiacevole sensazione di ritenere erroneamente che si è maldestri e limitati, mentre in realtà è successo che ci si è autocensurati, e invece di dare un parere o di chiarire ciò che si è capito dalla domanda, si decide erroneamente di incolpare o colpevolizzarsi; quando in realtà ciò che ha dato il via a questo pasticcio è stato il fatto che non ci si è fidati della propria intuizione, ma al contrario ci si è fidati di più della propria esperienza. Cioè, il fatto di aver sentito, conosciuto o assistito a qualcosa, contribuisce al fatto che la risposta del giovane studente può essere stata dovuta a situazioni molto simili, in cui gli è stato chiesto di dare una risposta adeguata a una certa domanda, e probabilmente la sua risposta non è stata molto convincente; oppure, in realtà, può anche essere successo che in passato l'interrogazione non fosse rivolta a lui in particolare, ma a qualcuno della sua stessa classe, e che lui stesso abbia assistito ad abusi verbali o addirittura fisici da parte dell'insegnante in qualche momento della vita scolastica; Questa situazione spiacevole per lui lo ha portato a qualificare questa esperienza come una situazione indesiderabile, a causa del disagio emotivo che gli ha fatto provare, ed evitabile a causa della natura scomoda dell'esperienza.

Questi due argomenti (disagio ed evitamento) saranno probabilmente immagazzinati nella memoria a lungo termine così come sono stati vissuti. Non solo l'immagine vissuta, ma anche la sensazione spiacevole provata sarà memorizzata e d'ora in poi sarà classificata sotto la voce esperienze spiacevoli. Ciò significa che l'esperienza presente è collegata alla sensazione passata; quindi la risposta emotiva è più legata all'esperienza passata, che è collegata per analogia alle circostanze, che all'esperienza presente dello studente.

Questo tipo di esperienze, purtroppo così comuni, si verificano in un'infinità di contesti in cui gli esseri umani si sviluppano, al punto da essere incorporati negli schemi cognitivi, in modo tale da diventare evidenti attraverso il ragionamento quotidiano. L'atto del ragionamento consiste nel prestare attenzione a un dato stimolo, organizzare l'idea in relazione allo stimolo e giungere a una conclusione. L'aspetto negativo di questi pensieri è che diventano credenze, che a loro volta si trasformano in approcci rigidi, razionali e irrazionali.

Razionalmente, la causa della credenza è di solito logica; per esempio: qualcuno sta aspettando una persona a una certa ora e in un certo luogo, e succede che la persona non arriva, è probabile che sia successo qualcosa che potrebbe aver impedito a quella persona di arrivare, le ragioni del ritardo sono molte e varie; quindi, è legittimo supporre che ci sia un impedimento specifico che causa l'assenza della persona. Tuttavia, invece di aspettare e verificare da soli il motivo del ritardo, si inizia una serie di speculazioni immaginative che potrebbero in un dato momento impedire la comparsa di quella persona, in modo tale da aggiungere quasi sempre drammaticità all'immaginazione e, di conseguenza, scoppiano sensazioni negative, dato che la persona in attesa ipotizza che possa essere successo qualcosa di brutto e questo a sua volta aumenta il suo stato di ansia, poiché immagina che possano essere accaduti eventi straordinari o catastrofici che hanno impedito alla persona che sta aspettando di presentarsi. Quest'ultimo pensiero, quindi, può essere classificato come irrazionale, poiché la sfumatura drammatica della situazione non corrisponde a una realtà concreta, ma a una realtà pensata e non verificata.

Tuttavia, è possibile che sorgano alcune domande relative all'origine di questo tipo di credenze: come vengono costruite le credenze, cos'è che fa sì che una credenza si trasformi da razionale a irrazionale, è possibile evitare l'irrazionalità ed è possibile evitare l'irrazionalità? La possibile risposta a queste domande può essere stabilita a partire dal modello teorico cognitivo di Mahoney (1974), che tenta di descrivere l'"elaborazione delle informazioni".

In questo modello teorico, Mahoney sostiene che il comportamento umano è mediato dall'elaborazione delle informazioni del sistema cognitivo umano. Egli stabilisce inoltre due elementi che contribuiscono all'elaborazione delle informazioni; il primo si riferisce ai processi (operazioni mentali coinvolte nel funzionamento cognitivo) e il secondo alle strutture (caratteristiche permanenti del sistema cognitivo). Lo stesso autore propone che ci siano quattro categorie generali di processi cognitivi, che sono:

Attenzione (selettività assimilativa degli stimoli)
Codifica (rappresentazione simbolica delle informazioni)
Conservazione (conservazione delle informazioni e)
Recupero (utilizzo delle informazioni memorizzate)

Inoltre, evidenzia tre strutture cognitive:
Recettore sensoriale (riceve informazioni interne ed esterne)
Memoria a breve termine (che consente di trattenere a breve termine le informazioni selezionate)
Memoria a lungo termine (che consente di conservare in modo permanente le informazioni)

Infine, sostiene che l'essere umano non è un reattore all'ambiente (comportamentismo) o alle forze biologiche organismiche (modello psicodinamico), ma un costruttore attivo della sua esperienza con un carattere intenzionale o propositivo.

Così, da questo modello referenziale, è possibile osservare che chi ha avuto esperienze specifiche legate all'atto dell'"attesa", la cui esperienza può essere stata spiacevole, molto probabilmente costruirà un'immagine avversa in modo intenzionale e, insieme a questa immagine, si aggiungerà un sentimento di ansia; questo come prodotto dell'illusione stessa, che sarà collegata a pratiche precedenti, ma che in realtà non coincidono con la situazione attuale, bensì obbediscono a condizioni precedenti. Quindi, l'elaborazione delle informazioni (esperienza attuale) risponde maggiormente alla codifica (esperienza precedente), facendo prevalere il passato sensoriale sul presente percettivo.

In concreto, ciò significa che si possono vivere le stesse esperienze, ma non le stesse sensazioni, e che il cervello memorizza le circostanze concrete senza tener conto del tempo; cioè, nel momento in cui l'esperienza percepita viene considerata, indipendentemente dalla temporalità in cui si è svolta, si può dire che l'esperienza vissuta, in quanto tale, viene integrata nella memoria del soggetto in modo atemporale[54] , cioè quando l'essere umano trascende l'esperienza, e nella stessa misura questa esperienza viene introdotta nella memoria in modo categorizzato, ed è in questa parte del processo che vengono date le sfumature emotive all'esperienza vissuta (esperienza buona o cattiva, piacevole o spiacevole); In altre parole, viene memorizzata la sensazione, ma non il momento preciso della sensazione, quindi, di fronte a un evento presente che provoca una certa alterazione emotiva, possono essere evocate sensazioni passate che non corrispondono alle esperienze attuali come prodotto dell'alterazione emotiva.

Componenti della personalità. Filosofica, cognitiva, comportamentale e fisiologica.

La componente filosofica è quella che si struttura attraverso la convivenza in famiglia, che viene vista come il principale generatore di costrutti che permettono un comportamento pro-sociale. La famiglia d'origine, pur fornendo un rifugio affettivo e soprattutto permettendo un senso di appartenenza, serve anche a modellare le credenze in relazione al mondo circostante, qualcosa di simile a premesse dittatoriali[55] che segnano il percorso morale del membro della famiglia; un esempio di ciò può essere il fatto di ritenere che i genitori, siano essi la madre o il padre, per il solo fatto di esercitare il ruolo, debbano conoscere, formare, amare, curare, educare, aiutare, disciplinare e comprendere tutti i figli allo stesso modo e nella misura dei loro bisogni. E si scopre che per qualche circostanza interna o esterna, uno dei capifamiglia non soddisfa nessuna di queste premesse perché, come già detto, le situazioni si presentano al di fuori della famiglia stessa, o possono anche riguardare problemi con un membro della stessa famiglia. Questa situazione può provocare alterazioni emotive sufficientemente forti da ostacolare o limitare una buona interazione tra i membri del nucleo familiare. Questo scenario straordinario può, in un determinato momento, provocare un sentimento di insoddisfazione o di limitazione relazionale in alcuni dei membri dell'asse familiare, perché ritengono che tutti i genitori dovrebbero essere in grado di essere o di agire in modo efficiente in qualsiasi circostanza, indipendentemente dall'origine delle loro azioni.

Questa scena, presa filosoficamente, sarebbe come dire che tutti i genitori dovrebbero essere buoni genitori, ed essere buoni genitori implica essere sempre in una disposizione emotiva a favore dei figli. E per lo stesso motivo dovrebbero essere costanti esempi di comportamento, in modo che qualsiasi errore commesso li renda cattivi genitori. Si percepisce che la componente filosofica dell'essere umano diventa una sorta di ideale di essere o di agire che si attribuisce alle persone o alle cose, e poi quando gli eventi o le circostanze non corrispondono a questo ideale, la persona squalifica e assume erroneamente che gli altri sono cattivi o che sono persone cattive, senza fermarsi a considerare le situazioni che hanno portato o determinato una reazione o un comportamento.

Potremmo dire che questa componente dell'essere umano contribuisce in modo significativo allo sviluppo delle competenze morali che rendono possibile la convivenza sociale; tuttavia, se questa morale non viene resa più flessibile e tutte le famiglie vengono valutate nello stesso modo in cui si valuta la propria, si cade nell'assolutismo morale che, se le premesse auto-poietiche[56] non vengono

---

[54] Che è al di fuori o trascende il tempo (http://buscon.rae.es/draeI/)

[55] Carlos Díaz ricercatore e divulgatore del pensiero personalista comunitario in lingua spagnola. Laurea e dottorato in Filosofia (Univ. Complutense, Madrid), Laurea in Giurisprudenza (UNED, Madrid), Diploma in Sociologia politica (Centro de Estudios Constitucionales, Madrid). È professore ordinario presso l'Università Complutense di Madrid e professore visitatore permanente presso l'Università Pontificia del Messico. Fondatore dell'Istituto Mounier di Spagna, Messico, Argentina e Paraguay. Attualmente è presidente della Fondazione Emmanuel Mounier, membro del comitato editoriale della rivista Acontecimiento e della Collezione "Persona". Autore di oltre 250 libri. È stato traduttore e curatore di molti classici anarchici degli anni Settanta. Egli definisce questo fenomeno come un **imperativo categorico.**

[56] Poietico significa essere produttivo, creativo, ma sempre soggetto a regole

soddisfatte, può provocare sentimenti di vuoto o di insoddisfazione, che a loro volta scatenano comportamenti nevrotici.

Componente cognitiva

La componente cognitiva si attiva ogni volta che l'ideale dei genitori viene alterato, cioè se per qualche motivo i genitori non agiscono secondo le aspettative filosofiche dei figli, la risposta immediata si rifletterà in distorsioni cognitive; cioè, queste deviazioni si manifestano attraverso errori nell'elaborazione di informazioni derivate da schemi cognitivi o assunti personali. Secondo Beck (1967, 1979), una delle distorsioni più comuni e molto frequenti nelle relazioni familiari si riferisce ai "dovrei"; questi costrutti mentali sono così potenti che di solito viene loro attribuito un valore quasi onnipotente; Il "dovrebbe" significa che i genitori dovrebbero essere o agire secondo l'ideale che si è stabilito per se stessi, e se questa premessa non viene soddisfatta, la cognizione della persona che l'ha integrata viene alterata, e questo a sua volta porta a una polarizzazione delle credenze nei confronti dei genitori (buoni genitori, cattivi genitori). Se l'ideale filosofico di avere buoni genitori non è conforme alle aspettative, si verifica un'alterazione cognitiva che provoca l'etichettatura negativa dei genitori, in modo tale che il bambino sperimenti una distorsione cognitiva, abbastanza intensa da alterare la sua percezione della realtà genitoriale.

Componente comportamentale

La componente comportamentale è quella in cui si riflette un'alterazione cognitiva, dovuta al fatto che, poiché le cose vanno al di là di quanto ci si aspetta in relazione al rapporto con i genitori, la conseguente alterazione filosofica e cognitiva si manifesta nel comportamento. Possiamo dire che il comportamento è una rappresentazione di ciò che si pensa, e ciò che si pensa obbedisce a ciò che è stato stabilito nella mente come costrutto di autoregolazione sociale e personale; quindi, se i genitori non agiscono in accordo con ciò che ci si aspetta, è molto probabile che la cognizione sia alterata, e questa alterazione si manifesterà nel comportamento, magari in modo aggressivo, passivo, pusillanime o evitante, non importa come, l'importante è che gli stati d'animo si manifestino invariabilmente sotto forma di comportamento.

Componente fisiologica

Infine, la conseguenza di questa interrelazione di componenti sarà sperimentata attraverso la risposta fisiologica, attraverso alterazioni del funzionamento organico, magari sotto forma di gastrite, colite, ecc. In altre parole, inevitabilmente l'alterazione della prima componente filosofica avrà prima o poi ripercussioni sul fisico, in particolare sotto forma di malattie dell'apparato digerente o di disturbi dell'eliminazione e di occasionali allergie.

Possiamo quindi ritenere che, indipendentemente dal modo in cui si osservano le risposte emotive (elaborazione delle informazioni, componenti della personalità), le esperienze quotidiane sono invariabilmente collegate al passato[57] . E questo significa che in molte occasioni le emozioni che si sprigionano non sono puramente il prodotto dell'esperienza presente, ma piuttosto le sfumature emotive si intrecciano, facendo sì che a volte sfuggano al controllo, o che vengano esternate in modo sproporzionato, o ancora che le emozioni che si sprigionano dalla situazione vissuta sembrino strane a se stessi.

Apparentemente, questa affermazione può sembrare un po' allarmistica, nel senso che per questo motivo si potrebbe dire che gli esseri umani non sono in grado di riconoscere le proprie emozioni, o che non sono in grado di controllarle, e quindi non sono responsabili delle proprie azioni. Alla fine non è così, perché nel corso dello sviluppo umano molti fattori possono contribuire a migliorare il controllo delle emozioni; tuttavia, ci sono anche altre situazioni che possono limitare o addirittura ostacolare questo controllo. Tuttavia, la natura dell'uomo è così precisa che, nonostante gli ostacoli

---

(http://www.boulesis.com/didactica/glosario/?n=64).

[57] Teoria transazionale della percezione, questa teoria ipotizza che la percezione sia legata, oltre che agli stimoli ambientali, all'assunzione dello stesso tipo di stimoli, ambientali. L'assunzione è un aspetto generalmente inconscio e può essere descritta come la misurazione dell'esperienza passata in relazione all'esperienza presente.

che possono sorgere, emerge regolarmente una percezione subliminale[58] , cioè una sorta di intelligenza interiore chiamata intuizione, che faciliterà il collegamento tra ciò che fa parte dell'esperienza e ciò che corrisponde all'esperienza reale.

Percezione[59] è una sensazione soggettiva specifica di un senso, ed è determinata da un'altra sensazione che attacca un senso diverso; questa capacità, chiamata anche sinestesia, permette di assorbire stimoli dall'ambiente. In questo caso, lo stimolo può essere vedere o sentire qualcosa di insolito, o comunque fuori contesto. Esistono alcuni fattori che influenzano la percezione. Uno di questi fattori è legato ai valori delle persone, se per qualche motivo vengono attaccati, ad esempio vedendo o sentendo una lotta fisica o verbale: vedere o sentire una lotta fisica o verbale tra due figure autoritarie, o ricevere un complimento sconcio da qualcuno[60] o osservare scene erotiche contro la propria volontà; gli esempi possono essere molto vari, come vari sono gli schemi morali delle persone, quindi tutto ciò che viene percepito come una minaccia, si rifletterà in qualche modo in un'alterazione del sistema nervoso attraverso varie emozioni, come: rabbia, paura, gioia, sorpresa, avversione o tristezza. Nello stesso senso, le emozioni si manifestano negli atteggiamenti, il che significa che le emozioni sono vissute internamente e si manifestano all'esterno attraverso gli atteggiamenti.

Infine, c'è l'apprendimento, che riguarda il modo in cui i valori vengono appresi. In un buon numero di occasioni l'integrazione dei valori non avviene volontariamente, cioè non si tiene conto della volontà della persona che riceve l'apprendimento dei valori; i valori vengono dati in modo inflessibile per essere obbediti dai membri di una famiglia o di una società, e tutto ciò che va contro questi valori sarà considerato pernicioso.

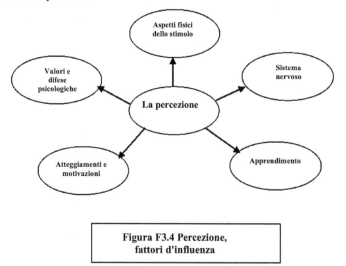

Figura F3.4 Percezione, fattori d'influenza

Fino a questo punto abbiamo già spiegato, tra le altre cose, il modo in cui vengono elaborate le informazioni, seguito dalle componenti della personalità e, dopo questa spiegazione, dai fattori che influenzano la percezione. In questa descrizione abbiamo potuto vedere come si stabiliscono i valori e il loro nome indica la rappresentazione delle qualità che alcune realtà possiedono, che sono considerate beni e quindi stimabili. I valori hanno polarità, in quanto positivi o negativi, e gerarchia,

---

[58] Si tratta del riconoscimento di stimoli che sono al di sotto della soglia di percezione.

[59] Sensazione interiore derivante da un'impressione materiale prodotta dai nostri sensi (http://buscon.rae.es/draeI/).

[60] Basso, rozzo, indegno, vile (http://buscon.rae.es/draeI/)

in quanto superiori o inferiori. Come si può osservare, i valori sono stimabili, quindi viene loro attribuito un valore, ma in egual misura la polarità e la gerarchia che viene loro conferita fanno sì che i valori diventino linee guida per l'osservazione e la regolazione delle prestazioni degli esseri umani in tutti i loro contesti.

L'evocazione delle parole polarità, gerarchia, osservazione e regolazione, isolatamente, non possiedono implicitamente un attributo maggiore, poiché ciascuna di esse separatamente ci permette di capire, ad esempio, che la polarità implica il riconoscimento di ciò che è buono o cattivo, bianco o nero, adeguato o inadeguato per il funzionamento di una famiglia; la gerarchia implica, all'interno di una famiglia, il riconoscimento dell'autorità delle figure paterne o materne, la cui responsabilità è proprio quella di modellare, rispettare e incoraggiare l'incorporazione di questi valori in tutti i membri che fanno parte di una famiglia; l'osservazione avverte di conoscere e agire in accordo con questi valori; e la regolazione comporta l'esecuzione di questi valori all'interno e all'esterno del contesto familiare.

Tuttavia, quando questi significati vengono integrati e portati nell'ambito della morale, cioè di ciò che si riferisce al bene in generale e include in questo bene le azioni delle persone, può accadere che in questa azione ciò che è buono per uno probabilmente non lo è per gli altri. Pertanto, lo scopo di questa sezione è innanzitutto quello di analizzare ciò che accade e perché accade, per poi suggerire risorse di riabilitazione cognitiva che ci permettano di risignificare le esperienze spiacevoli e di riflettere su quelle piacevoli, in modo da poter accettare di coesistere con esperienze buone e cattive come parte di un processo evolutivo o negentropico.[61]

Colloquialmente, l'entropia può essere considerata come il disordine di un sistema, cioè una variazione dell'omogeneità dei messaggi ricevuti. È quindi una misura dell'incertezza che esiste in un insieme di messaggi. In questo caso, l'ordine a cui ci riferiamo è la posizione morale di ritenere che la nudità corporea sia accettata solo a certe condizioni; e quindi, quando per qualche motivo quest'ordine morale viene infranto, si ritiene che ci sia disordine, e la conseguenza è che il sistema di credenze è chiuso e da questo viene negata qualsiasi argomentazione che si opponga alla propria credenza.

Il modo di mostrare l'opposizione si manifesta quando gli stimoli che vengono percepiti attraverso i cinque sensi e sono significativi, e la rilevanza degli stimoli è prevalentemente negativa, questo provoca l'emanazione di emozioni di paura, tristezza o avversione, e quindi ciò che viene percepito è distorto; cioè, l'emozione prevale sulla ragione, e quindi è cognitivamente distorto.

Queste distorsioni portano la persona che le registra ad allontanarsi gradualmente da ciò che la minaccia, a causa dell'effetto emotivo che provoca, e questo allontanamento limita progressivamente le sue azioni con tutto ciò che è simile o che ha una certa analogia[62] con l'origine della sua distorsione; cioè, il soggetto non si rende conto che anche se le persone o le situazioni possono essere simili, ci sono sempre delle particolarità, e quindi ogni persona o situazione deve essere osservata in modo particolare e non generalizzando eventi o individui.

La risorsa proposta per riorientarsi e crescere nella dimensione cognitiva consiste nel riconsiderare l'esperienza originaria, analizzando ciò che è accaduto in assenza di aspettative filosofiche e sfumature emotive. In modo molto concreto, analizzare se l'evento vissuto e che in un dato momento ha causato disagio o addirittura angoscia emotiva, fosse realmente dovuto a situazioni catastrofiche o se le situazioni fossero contrarie ai propri schemi filosofici, e quindi minacciose e difficili da affrontare; in modo tale che il ricorso utilizzato consistesse nello svalutare le persone o nel prendere

---

[61] La neguentropia definisce l'energia come una serie di cause ed effetti disposti armonicamente, in cui la somma degli effetti armonici risulta in un accoppiamento di grandezza superiore a quello originale,

[62] Ragionamento basato sull'esistenza di attributi simili in cose o esseri diversi (http://buscon.rae.es/draeI)

le distanze dalle situazioni che hanno portato alle distorsioni. Un aspetto da considerare e da aggiungere nel riconsiderare le esperienze è quello di riflettere sulle risorse cognitive di coping che si possiedono ora e che mancavano nell'esperienza originaria.

Questo significa che bisogna pensare a tutte le risorse esperienziali ottenute durante il processo di vita. Se consideriamo il primo esempio riportato in questo terzo capitolo, torneremo all'esperienza dello studente universitario che, dopo aver ricevuto una domanda, non risponde perché dubita di se stesso e sceglie di negarsi la possibilità di chiarire la domanda che gli è stata posta. E non si rende conto che ora dispone di maggiori e migliori risorse per far fronte a qualsiasi richiesta cognitiva. Una di queste risorse è proprio la sua esperienza, un'altra risorsa che possiede e può utilizzare è la struttura linguistica. Un'altra risorsa che ha e può utilizzare è la struttura linguistica. Un'altra risorsa molto importante che può essergli molto utile è riconoscere che, sebbene ora abbia molti più attributi, ha anche dei limiti, il che può permettergli di accettarsi per quello che è, invece di disprezzarsi per quello che non è. Ciò significa che, pur essendo in grado di padroneggiare alcune aree della conoscenza umana, non si è affatto obbligati a sapere tutto di tutto, quindi l'ignoranza non rende analfabeti o privi di valore.

Basta accettare la propria realtà ed evitare l'idealità. Quando si vive nell'ideale, si tendono a creare aspettative su se stessi che non corrispondono alla realtà e quindi non si esplora il proprio potenziale di rendimento. Al contrario, si vive e si aspira in base alle potenzialità degli altri, desiderando essere o imitare le azioni degli altri. Questa visione dell'esterno fa sì che si investa molta energia in azioni che non contribuiscono alla propria crescita, ma al contrario provocano molta stanchezza perché l'ideale è solo una percezione errata di sé; invece, affrontare la propria realtà implica lo sviluppo del proprio potenziale e comporta lo stesso dispendio di energia, solo che in questa direzione si ottiene costantemente il beneficio della disposizione psicologica, cioè si gode del processo e si accettano i propri limiti anche a dispetto di possibili fallimenti, poiché ci si riconosce capaci in certi ambiti e limitati in altri.

Riassumendo la proposta terapeutica per ricostruire la dimensione cognitiva, bisogna: fare l'inventario di ciò che si è ora e tenerne conto:

- L'esperienza in sé.
- Crescita cognitiva consolidata.
- La competenza linguistica ottenuta.
- Le capacità e i limiti finora posseduti.
- Vivere basandosi sul reale ed evitando di vivere con l'ideale

Reale = vicinanza e convivenza con se stessi
Ideale = Idealizzare o allontanarsi da se stessi

La figura seguente presenta tutte le argomentazioni di cui sopra, ma ora sotto forma di mappa concettuale:

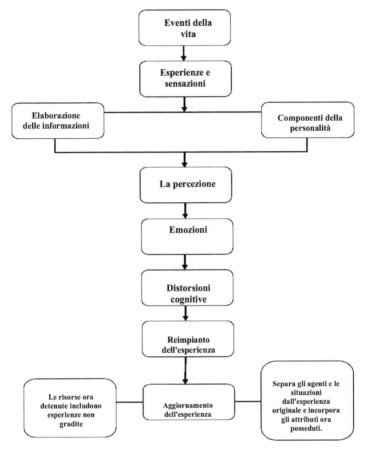

Figura F3.5 Dimensione cognitiva, evoluzione

Dimensione affettiva

Torniamo al concetto di dimensione, che si riferisce alla sfaccettatura di qualcosa. Ciò implica considerare o prendere in considerazione gli aspetti che riguardano l'essere umano, in particolare il modo in cui ragiona, dà e riceve affetto nella concezione di se stesso, secondo la sua natura.

Se osserviamo attentamente questa definizione di dimensione, ci rendiamo conto che il termine pone l'accento su tre diverse azioni in un'unica direzione chiamata "sé". Di queste azioni, la prima si svolge in modo introspettivo[63] che è ciò che implica l'atto di ragionare, mentre nelle altre due azioni l'attività si svolge con gli altri; infatti, per poter dare o concedere qualcosa, bisogna essere in contatto con gli altri, e in contatto con gli altri si potrà ricevere. Ora, la direzione è il sé ed è perché l'essere umano ha bisogno di essere in contatto con gli altri, poiché in questo modo si sviluppano le capacità individuali

---

[63] Osservazione interiore delle proprie azioni o dei propri stati mentali o di coscienza. (http://buscon.rae.es/draeI)

proprie dell'homo sapiens; una di queste capacità è proprio il linguaggio in tutte le sue varianti (verbale, scritto, non verbale ecc.), questa capacità unica dell'uomo accresce l'intelligenza e permette i vari tipi di ragionamento; quindi, la convivenza con gli altri potenzia il ragionamento e dà ugualmente benefici affettivi che si riflettono nell'anima della persona.

Ora, la parola affettivo appartiene all'affetto ed è correlata alla sensibilità, e deriva dal latino *affectus,* che si riferisce a ciascuna delle passioni della mente come l'ira, l'amore, l'odio, ecc. e soprattutto l'amore o l'affetto. Lo spirito considera l'anima o lo spirito in quanto principio dell'attività umana. Pertanto, lo spirito implica coraggio, sforzo, energia, intenzione, volontà e pensiero. Ora che ci è più chiara la profondità significativa della parola dimensione e affetto, possiamo unire queste due concezioni e osservare in modo più efficace l'importanza di dispiegare questa dimensione nella persona.

Tuttavia, ai fini dell'inizio di questo dispiegamento personale, è molto importante riconsiderare il significato di alcune parole che, come le precedenti, abbiamo stabilito in linee preliminari; e in questo caso non ci riferiamo al concetto "conoscere" che deriva dal latino *Cognoscere,* che significa: scoprire mediante l'esercizio delle facoltà intellettuali, la natura, le qualità e le relazioni delle cose.

In questo caso le facoltà intellettuali saranno orientate a conoscere la propria natura e, quindi, si cercherà di conoscere se stessi; il che implica la facoltà intellettuale di riconoscere le proprie qualità e, nella stessa misura, i propri limiti. Analogamente, comporta il rapporto con se stessi e con la propria natura, quindi la propria genetica, e da qui il rapporto con gli altri e con le cose. Vediamo allora che conoscere porta ad avere conoscenza, e con questa si può conoscere di più se stessi, quindi conoscere *se stessi* e la conseguenza di questa conoscenza di sé trascende nelle relazioni umane attraverso la conoscenza degli altri, e porta a poterli conoscere.

Anche in questo caso abbiamo un'azione che propizia una direzione (conoscere), che porta ad acquisire conoscenza in due direzioni, verso se stessi e verso gli altri. Ma per realizzare questa crescita intellettuale è necessario esplorare se stessi, con questo atto introspettivo si possono riconoscere le proprie capacità che possono essere sviluppate, ma che per varie circostanze non vengono scoperte.

Ma prima di interiorizzare questa analisi, occorre notare che l'azione di conoscenza di sé non è un compito facile; si racconta infatti che nell'antica Atene un sofista cercò di confondere Talete di Mileto[64] ponendogli una serie di domande per valutare quanto fosse saggio. Così, alla domanda finale, per sapere quale fosse la più difficile di tutte le cose, Talete di Mileto rispose: la più difficile di tutte le cose è conoscere se stessi.

Si può notare che questa risposta è in qualche modo paradossale perché si presuppone di conoscere se stessi, tuttavia non sempre si riesce a riconoscersi dai propri attributi, anzi, di solito si parte dall'osservazione dei propri difetti, un po' come un imperativo categorico dell'ordine sociale che impone regole non scritte secondo cui parlare bene di se stessi davanti agli altri è vituperio, [65]Per questo motivo, per far parte della società o per convivere con essa, è importante non violare le regole sociali, quindi si adotta una postura di evitamento dell'auto-riconoscimento, a tal punto che si stabilisce un imperativo categorico di negarsi gli attributi quando si vive con gli altri; Non ci si rende conto che questo atto di auto-accettazione porta benefici in termini di umore, che si riflettono in atteggiamenti di: coraggio, sforzo, energia, intenzione, volontà e pensieri ottimistici. Una cosa molto importante che risulta da questa autovalutazione positiva è che può essere fatta costantemente, perché non si vive sempre con gli altri, al contrario, si vive sempre e in ogni momento con se stessi.

Nello schema che segue presenteremo in modo logico e dinamico i requisiti volitivi dell'atto di conoscere e le molteplici conseguenze positive, mentali e psicologiche del conoscere *se stessi.*

Conseguenze positive di natura volitiva, psicologica e relazionale, che favoriscono lo sviluppo della dimensione affettiva.

---

[64] Talete di Mileto. Filosofo e matematico greco. Nacque a Tebe nel 624 a.C. e morì ad Atene nel 548 a.C. all'età di 76 anni. Fu il primo filosofo greco a tentare una spiegazione fisica dell'universo. È considerato il padre della filosofia e della geometria. (http://www.biografiasyvidas.com)

[65] Azione o circostanza che causa affronto o disonore. (http://buscon.rae.es/draeI)

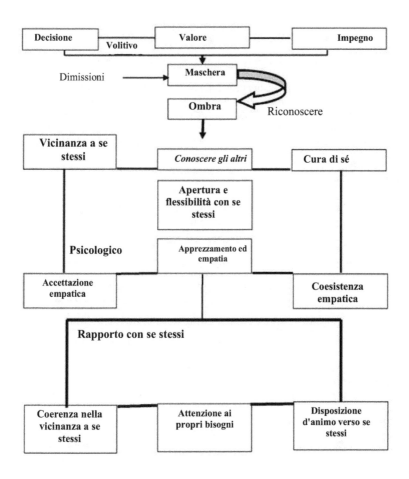

Figura F3.6 Dimensione affettiva, evoluzione

La figura 3.1 si riferisce alla piramide delle qualità volitive, che si sviluppano gradualmente ogni volta che una situazione e un bisogno coesistono, in modo tale che il solo fatto di accettare questo bisogno come proprio, a partire da una determinata situazione, porta alla creazione di risorse volitive di coping che rafforzeranno l'autostima, la fiducia in se stessi e, infine, il concetto di sé.

Anche in questo caso consideriamo il primo esempio che è stato presentato nell'argomentazione della dimensione cognitiva (studente che non ha risposto alla domanda), molto probabilmente il nostro studente, così come è successo a livello cognitivo, può essere alterato anche a livello affettivo. Questo stesso evento può anche provocare un sentimento di fastidio o di rabbia così intenso da causare un'alterazione omeostatica emotiva, che a sua volta porterà a una generazione di energia abbastanza potente da produrre determinate frustrazioni[66], così che quando si verifica l'attivazione fisiologica e

---

La teoria della frustrazione/aggressione di Berkowitz (1989) è un'integrazione degli elementi più rilevanti della teoria originale della frustrazione/aggressione e della teoria dell'apprendimento sociale. Questa teoria propone che un

psichica, si attivano comportamenti aggressivi che, secondo Berkowits (1989), possono essere diretti, indiretti, spostati o autoaggressivi.

È proprio di quest'ultimo che desidero occuparmi in questa sezione. I comportamenti autoaggressivi si manifestano in molti e diversi modi, alcuni dei quali molto subdoli, e si manifestano con il fumo, il consumo di alcolici, l'assunzione impulsiva di dolci o caramelle, l'ingestione di droghe, l'attività fisica vigorosa e prolungata, il comportamento sessuale impulsivo, l'evitamento di compiti prioritari, i pensieri negativi di autosvalutazione, ecc. Come si vede, i comportamenti che evidenziano questa relazione frustrazione/aggressione sono molteplici e molto variegati, e non sempre al manifestarsi della frustrazione si adotta lo stesso comportamento; al contrario, a seconda delle situazioni in cui la persona si trova al momento della situazione frustrante, si avrà la manifestazione dell'autoaggressione, per cui non si sa con certezza che tipo di atteggiamento assumerà il nostro studente in questo caso.

La situazione che ha scatenato il disturbo emotivo nel giovane in questione è stata nello specifico la richiesta di attenzione da parte dell'insegnante, e il bisogno di questo stesso giovane consiste nel trovare un modo per dissipare l'aumento del livello di energia, che si traduce in una manifestazione di frustrazione. Quindi, un modo per dissipare la tensione è una sorta di sublimazione, cioè di derivare questa tensione in un comportamento altruistico[67] o spirituale. Il comportamento spirituale consiste nel trovare il vero significato delle cose e per questo lo studente potrà fare uso della sua decisione, del suo coraggio e del suo impegno per far fronte alla situazione iniziale; questo schema di coping gli permetterà di generare due linee di azione. Da un lato, dissipare la tensione e quindi la frustrazione che a sua volta provoca auto-aggressività; dall'altro, gli permetterà di conoscersi meglio. Così, una situazione che prima era stata risolta in modo disfunzionale, ora, con un ripensamento sistemico della stessa situazione, può essere oggetto di un altro approccio con un senso di scopo e quindi più funzionale, e soprattutto con maggiori benefici a breve e lungo termine. Così, i primi benefici si chiariscono attraverso la necessità di scegliere e, ai fini della scelta, sarà necessario determinare quali azioni intraprendere e, all'interno della gamma di opzioni da considerare, è quindi necessario decidere di scoprire se stessi e, in questo atto di auto-esplorazione, lo studente si avvale della decisione.

La decisione che si adotta obbliga a fare uso dell'introspezione, questa stessa (l'introspezione) richiede coraggio, e consiste a sua volta nell'accettare ciò che si trova, anche a dispetto del fatto di non essere in totale accordo con ciò che è dentro di sé; e l'impegno implica la rinuncia alla maschera[68] e il riconoscimento dell'ombra[69] che, secondo Jung (1964,1965), sono gli attributi e le qualità poco conosciute da se stessi, ma che tuttavia fanno parte dell'Io[70] . Jung riferisce che la maschera è una risorsa per mostrarsi agli altri e che serve a proteggere la propria intimità, si potrebbe dire che la maschera è come la luce che si vuole mostrare agli altri, ma che in realtà è solo un'apparenza che illumina e non permette di vedere la realtà della persona, e serve proprio a nascondere i problemi di

---

facilitatore come la frustrazione provochi un aumento dell'attivazione fisiologica e psicologica (ad esempio, la rabbia) dell'individuo, che potrebbe innescare un comportamento aggressivo solo se attraverso l'apprendimento sociale il soggetto ha interiorizzato codici che indicano che tale comportamento è appropriato in tali circostanze (Mankeliunas V. M. *Psychology of Motivation 2001*).

[67] L'altruismo consiste nel cercare il bene degli altri prima del proprio, quindi ai fini di questa proposta l'altruismo non si applica (*nota dell'autore*).

[68] Jung dice che la Maschera è l'apparenza e "che talvolta accompagna l'individuo per tutta la vita". Dietro la Maschera si nasconde un problema di identità, poiché le circostanze interne ed esterne dell'individuo non coincidono, e diventa evidente un problema di mancanza di autenticità.
La maschera viene usata per nascondere, difendere e proteggere l'intimità, sia consciamente che inconsciamente. Ha il compito di difendere l'individuo come scudo protettivo nella vita sociale (Jung C.G. 1964 *L'uomo e i suoi simboli*).

[69] "L'ombra non è la totalità della personalità inconscia. Rappresenta qualità e attributi dell'*Io* sconosciuti o poco conosciuti; aspetti che, per la maggior parte, appartengono alla sfera personale e che possono anche essere coscienti. Per certi aspetti l'ombra può anche consistere in fattori collettivi che sono collegati al di fuori della vita personale dell'individuo" (Jung C.G. 1964 *L'uomo e i suoi simboli*).

[70] Istanza della persona che è in contatto con la realtà (*Enciclopedia di Pedagogia/Psicologia 1997*).

identità; infatti, questa maschera permette alla persona che utilizza spesso questa risorsa edonica[71] di girovagare e di sentirsi a proprio agio socialmente, allontanandosi paradossalmente a tal punto da diventare insensibile ai propri reali bisogni individuali. Tuttavia, il vero problema sorge quando si adotta questa risorsa in prima persona, in modo permanente, a tal punto da essere posseduti dalla maschera stessa, dimenticando così di essere anche un'ombra.

È qui che le qualità volitive rafforzano la consapevolezza di sé e contribuiscono a rafforzare la decisione di rinunciare alla maschera e di sostituirla con l'ombra, che contiene gli attributi e le qualità del sé, ma che devono essere scoperti per essere riconosciuti. La derivazione psicologica si manifesta nell'atto stesso di conoscere *se stessi*, e le conseguenze si manifesteranno a seconda della consapevolezza di sé.

Sarà ora possibile sapere con maggiore precisione quali aspetti di sé si apprezzano, quali non sono necessari e, soprattutto, si potranno riconoscere gli attributi che si possiedono e che possono essere incrementati per progredire[72].

Questo senso di progresso avrà un impatto emotivo sui comportamenti di apertura e flessibilità. Ciò equivale ad essere più tolleranti verso se stessi e ad accettare che gli errori o le imperfezioni che si commettono non rendono goffi o terribili, ma contribuiscono solo a rafforzare la propria libertà e individualità; questo favorisce due aspetti integranti che rafforzano l'Io, ovvero la vicinanza a se stessi e la cura di sé. Secondo Spinoza[73], la vicinanza si riferisce al fatto che sentiamo il nostro corpo, e non un altro corpo, così che sentendo il corpo riconosciamo i suoi bisogni, che solo allora possono essere soddisfatti; quindi, si realizza la vicinanza, l'effetto diretto di questo atto si manifesta nei comportamenti di cura di sé.

Collegando questo stesso effetto umorale, si può osservare che questa esperienza introspettiva provoca anche una sorta di empatia.[74] Si manifesta un'identificazione mentale e affettiva con se stessi, il che significa che non è più necessario usare la maschera, poiché l'importanza dell'ombra nel proprio sviluppo è ora riconosciuta e accettata incondizionatamente. Questo porta a un atteggiamento di apprezzamento, accettazione e coesistenza empatica. Si impara a divertirsi a presentarsi agli altri come un individuo che è in armonia con se stesso e che mostra una disposizione psicologica. Questa disposizione con se stesso gli permetterà di essere più consapevole dei propri bisogni e sensibile a quelli degli altri, in questo stesso senso imparerà l'importanza del personalismo comunitario in cui i propri attributi possono essere sviluppati a favore di se stesso e degli altri. Ora, in questa dimensione la relazione affettiva viene incrementata perché non solo le richieste fisiche vengono prese in considerazione, ma anche quelle emotive che spesso vengono trascurate.

Lo sviluppo di questa dimensione in se stessi renderà più flessibile la valutazione del proprio comportamento e se, per motivi indipendenti dalla propria volontà, si ripetono errori di ragionamento o imprecisioni di comportamento, non sarà più necessario punirsi emotivamente, ma al contrario capire che si può anche imparare dagli errori e che solo chi non fa davvero nulla non sbaglia; Al contrario, si impara dall'esperienza e si adottano atteggiamenti positivi e l'atteggiamento principale da mantenere è proprio il rispetto di sé, evitando così l'autosvalutazione e trasformandola in autostima, anche a dispetto delle imperfezioni che tutti, in un modo o nell'altro, manifestiamo

---

[71] Ricerca del piacere. (http://buscon.rae.es/draeI)
   "Le persone che realizzano la salute mentale imparano che la definizione della parola progresso è stabilire la differenza tra la somma degli attributi e delle qualità personali e il possesso di più beni materiali. Quindi, se si raggiunge la salute mentale, si fa un progresso, e questo progresso si vede veramente: La capacità che si ottiene, di aumentare gli attributi e le qualità personali" (Ochoa A. 2013, *Visione sistemica, per un migliore stile e qualità di vita*).
[73]Baruch de Spinoza, filosofo del XVI secolo
[74] Empatia; identificazione mentale e affettiva di un soggetto con lo stato d'animo di un altro (http://buscon.rae.es/draeI).

naturalmente.

Dimensione spirituale

Per interiorizzare questa dimensione, sarebbe opportuno riflettere sul percorso fatto finora. Nella dimensione cognitiva potremmo osservare che gran parte di ciò che si percepisce deriva da apprendimenti categorizzati emotivamente, dovuti essenzialmente a precedenti schemi di coping, e molte delle risposte che si manifestano ora nel tempo presente sono preferibilmente causate da esperienze analoghe agli stimoli attuali, Tuttavia, al momento attuale, non ci si concepisce come capaci di possedere maggiori e migliori argomenti cognitivi ed esperienziali che possano, in un dato momento, fornire attributi di coping che permettano di affrontare efficacemente qualsiasi circostanza si presenti, anche se analoga all'esperienza primaria.

D'altra parte, nella dimensione affettiva, è stata sottolineata l'importanza di imparare a conoscersi; e in questo processo è risultato evidente che l'atto di interiorizzazione di sé contribuisce a rinvigorire le qualità volitive al punto da poter fare a meno della maschera e accettare di coesistere con l'ombra, e di conseguenza si è osservato che questa coesistenza rafforza la vicinanza, il contatto, l'empatia e la relazione con se stessi. Questa relazione profonda e stretta permetterà di sviluppare un senso di rispetto, attaccamento e apprezzamento per se stessi, in modo da evitare giudizi severi e inflessibili sul proprio comportamento, proprio perché è stata evidenziata l'importanza della cura di sé.

Questa possibilità di conoscere, sentire, apprezzare se stessi, è concretamente ciò che si suole chiamare spirito; cioè lo spirito è la "sostanza" dell'essere umano, è il segmento di noi stessi che ci rende simili. Elementi come la razza o il contesto in cui viviamo sono i particolari, sono quelli che ci differenziano dagli altri, infatti si dice che lo spirito può vivere indipendentemente dal corpo, ma il corpo non può vivere senza lo spirito. Alcuni definiscono lo spirito come la parte razionale dell'anima di una persona o lo usano come sinonimo di personalità e/o carattere, perché è concepito come una forza motrice dello spirito o essenza ispiratrice, che permette di agire in armonia e fornisce un vigore o una forza naturale che incoraggia ad agire; questo significa che chi si assume come spirituale, è concepito come animato, coraggioso, volenteroso, spiritoso, laborioso, vivace e ingegnoso. Con attributi sufficientemente utili per far fronte a qualsiasi evento si presenti. Questi poteri spirituali sono legati a uno scopo di creazione, che in questo caso è orientato all'essere, al volere e al poter fare ciò che è necessario per sviluppare la capacità di auto-scoperta.

La scoperta di sé permette di fare osservazioni reali e obiettive sulle proprie capacità e sui propri limiti. Questa obiettività consente di capire che gli altri, così come se stessi, sono esseri dotati di certi attributi che sono abbastanza utili per far fronte alle esigenze quotidiane, ma che, nella stessa misura, hanno dei limiti che devono essere accettati come tali per non sentirsi in colpa. Al contrario, la consapevolezza di questi limiti ci spinge a cercare risorse interne o esterne per ridurre il possibile impatto dannoso di questi limiti. Invece di svalutare o disprezzare se stessi per avere certe carenze, questa auto-scoperta favorisce il fatto che, invece di sprecare tempo ed energia in recriminazioni, lo si usi per sviluppare la capacità di riflettere, per vedere non solo l'ostacolo, ma anche la soluzione in termini di proprio potenziale.

Questa possibilità di riflessione sul proprio potenziale di sviluppo personale va oltre la semplice scoperta di sé, poiché anche con questa scoperta di sé si possono raggiungere due concetti fondamentali di consapevolezza: la consapevolezza cognitiva e la consapevolezza morale[75]. Sappiamo già che la consapevolezza cognitiva rafforza l'importanza di aggiornare le esperienze per evitare di vivere incatenati a un passato burrascoso che limita la percezione di un presente promettente; d'altra parte, la consapevolezza morale impara a coesistere con l'ombra, accettandone

---

[75] Roca J. (*Auto-motivazione* 2006)

attributi e limiti.

Questo processo permette di conoscersi, sentirsi, apprezzarsi e affermarsi. Si tratta di ratificarsi per quello che si è, cioè di essere una persona capace di trovare un equilibrio positivo tra due elementi: le sfide che si presume di dover affrontare e le capacità che si possiedono per far fronte alle esigenze quotidiane. In questo ordine di idee, si può a sua volta garantire agli altri lo stesso valore che si rivendica per se stessi, fino a raggiungere una relazione trascendentale Io-Tu[76] , detta anche comunicazione interpersonale, che porterà a un'armonia fisiologica che si rifletterà nell'espletamento delle normali funzioni, e cognitiva nella capacità di esprimere giudizi appropriati.

È proprio questa capacità che renderà possibile la libertà di scelta attiva e responsabile. Quando le persone agiscono liberamente, possono realizzare i propri valori e determinarsi. Se la libertà si accompagna all'azione, allora diventa una scelta esistenziale. D'altra parte, in questa libertà l'uomo riconosce i propri limiti.

Con questa conoscenza dei propri limiti, sarà in grado di comprendere se stesso e gli altri, riconoscendo il proprio bisogno di essere e di appartenere a una società. Potrà aspirare a contribuire e a formare una società sana, in cui tutti gli individui possano raggiungere un alto livello di autosviluppo, senza limitare la libertà dell'altro; la persona guadagna libertà attraverso il ruolo che gli è permesso di svolgere nella sua società. L'uomo è anche *essere-nel-mondo ed essere-nel-mondo,* il che significa fare del mondo un progetto delle possibili azioni e attitudini dell'uomo. In questo modo, sarà possibile promuovere un comportamento rispettoso ed equilibrato nei confronti della natura, l'accettazione delle proprietà della natura umana e una migliore percezione della realtà.

Essendo in grado di percepire la realtà, adattarsi e agire di conseguenza senza bisogno di maschere, manifesterà i segni dell'igiene mentale. Quando gli esseri umani diventano agenti attivi delle proprie scelte, ottengono tra l'altro:

- Consapevolezza del corpo e capacità di rilassamento fisico.

- Consapevolezza dello stato emotivo e capacità di monitorarlo.
- Consapevolezza e accettazione di sé e del senso di identità personale.
- Autonomia, capacità di prendere decisioni per se stessi.
- Percezione diretta della realtà. Comunicazione interpersonale.
- Padronanza dell'ambiente personale, compresa l'attitudine ad amare i sentimenti, a risolvere i problemi e ad agire efficacemente.

Il modo di osservare queste conquiste nell'essere umano si esprime attraverso atteggiamenti e comportamenti di ricettività e apertura verso se stessi e verso gli altri; si manifesta quindi quella che in psicologia viene solitamente chiamata disposizione psicologica. E questo può essere chiarito quando la persona è in grado di:

---

[76] Martin Buber (1878 - 1965) pone il tipo di relazione Io-Tu a livello di superamento del modello trascendentale dell'intenzionalità, con il quale la relazione Io-Tu può essere adeguatamente spiegata. Per Buber, l'ambito o il luogo di questa relazione Io-Tu è il linguaggio, che non si trova nell'uomo, ma è l'uomo che si trova nel linguaggio. Ciò significa che la relazione io-tu è un incontro in cui l'altro è un tu in senso strutturale come qualcosa di diverso da me; e quindi questa relazione non è mai un evento meramente soggettivo, poiché l'io non rappresenta il tu, ma lo incontra. Buber si riferisce a questa relazione come alla sfera della reciprocità, intendendo con ciò l'uguaglianza dell'altro di fronte a me. Laddove il soggetto percepisce l'altro come un oggetto, non c'è incontro, né può esserci reciprocità come base per la responsabilità, nel senso non solo etico del termine.

- Valutare in modo realistico e obiettivo la propria situazione.
- Analizzare le esperienze di successo e di insuccesso in tutti i settori in cui opera.
- Valutare le situazioni vissute in modo particolare.
- Osservare la propria responsabilità per il proprio comportamento.
- Esplorare accuratamente le proprie competenze in tutti i settori
- Indagare adeguatamente i propri limiti in tutte le aree.
- Apprezzare oggettivamente la loro capacità di adattarsi a circostanze diverse da loro.
- Riconoscere un livello di impegno che tenga conto di tutte le loro responsabilità.
- Mostrare interesse per le attività quotidiane.
- Ponetevi sfide vicine e misurabili e, soprattutto, realizzabili.

Come si vede, quando c'è una disposizione psicologica nella persona, è facile che questa si renda conto di quali siano le sue variabili di sviluppo personale e di come possa monitorare atteggiamenti e comportamenti volti a mantenere il suo profilo di efficienza. Tuttavia, anche se si è consapevoli di questa disposizione, è necessario tradurla in azione, cioè è necessario dare energia a questo atteggiamento e indirizzarlo ora in modo tangibile verso specifici traguardi autodeterminati. Pertanto, l'atto stesso dell'operare corporeo fa esplodere una serie di stati mentali detti "variabili", proprio perché instabili dal punto di vista emotivo, che si rifletteranno in comportamenti di attaccamento o distacco verso la stessa attività, anche a dispetto dell'attrazione iniziale che può essersi manifestata.

Queste stesse variabili possono essere osservate da alcuni comportamenti e possono anche essere registrate e quantificate, al fine di misurare l'impatto degli stessi sullo stato d'animo della persona; le variabili più significative sono: motivazione, attenzione, stress, livello di attivazione e fiducia in se stessi.
In psicologia dello sport, il dottor José María Buceta (1998), specialista in questo campo di conoscenza, è solito utilizzare come modello didattico un diagramma delle variabili psicologiche che influenzano le prestazioni sportive; tuttavia, nel corso del tempo in cui è stato utilizzato in ambienti diversi dallo sport, ci siamo resi conto che questo stesso schema può essere utile in qualsiasi area dello sviluppo umano ed è altrettanto utile per illustrare le variabili che influenzano lo sviluppo umano.

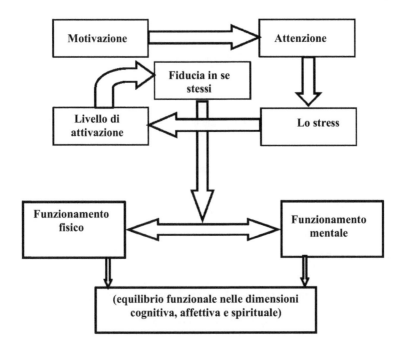

Figura F3.7 Dimensioni e disposizioni psicologiche

Come spiegato all'inizio del terzo capitolo, una volta amalgamato lo sviluppo personale nelle tre dimensioni (cognitiva, affettiva e spirituale), sarà possibile concepire se stessi con uno spirito ispiratore, che permetterà di agire in armonia e di ottenere un vigore naturale o una sensazione di forza che incoraggerà ad agire, quindi si sarà ottenuta una motivazione sufficiente per affrontare le richieste quotidiane, considerando così le risorse che si possiedono e orientando le azioni e gli obiettivi a fini concreti. Questa possibilità di chiarire gli obiettivi dell'azione, permetterà di conseguenza di prestare attenzione a quelle situazioni specifiche che richiedono attenzione, questa integrazione di mente e corpo in un unico luogo e una particolare intenzione, favorirà il flusso armonioso ed efficiente delle risorse di coping, nello stesso momento in cui fluiranno le autres (stress positivo), il sistema parasimpatico sarà in grado di ottimizzare il suo funzionamento attraverso una maggiore produzione di serotonina, a tal punto che la persona sarà in grado di godere della propria attività e con questa capacità di godere e saper riconoscere di avere le competenze e le risorse cognitive per risolvere efficacemente le richieste quotidiane dell'esistenza, sarà quindi riuscita a bilanciare il proprio funzionamento fisico e mentale. E in questo preciso momento, avrà ottenuto una disposizione psicologica sufficiente per affrontare le sfide esistenziali in modo brioso, coraggioso, volenteroso, spiritoso, laborioso, vivace e pieno di risorse.

Ancora una volta, e per concludere questo terzo capitolo, presenteremo un caso clinico strettamente legato alla proposta di questo capitolo; attraverso la stessa storia sarà possibile osservare situazioni quotidiane che apparentemente non causano conseguenze successive, ma che tuttavia, nel caso presentato, provocano alterazioni comportamentali sufficientemente intense da disturbare la dimensione cognitiva, affettiva e spirituale.

Studio di caso n. 3

Molte volte "Dalia" si è chiesta cosa ne sarebbe stato della sua vita se fosse nata prima o dopo il giorno in cui è nata, o cosa ha segnato la sua presenza sul pianeta terra, se avrebbe dovuto essere Dalia. Sì, quella che è nata all'alba degli anni '80, si è anche chiesta se esiste davvero ora e sotto quali parametri vive.

Di tanto in tanto, sua madre gli raccontava, tra un sussulto di lacrime e l'altro, che quando era in travaglio, perché a quanto pare il suo corpicino non passava per il canale vaginale, un abile degente le aveva afferrato la testa con forza e l'aveva praticamente tirata e strattonata per farla arrivare qui, nel nostro mondo terreno; condizioni che continuano ancora oggi e che si sono ripetute molte volte nel corso della sua vita.

Il padre di lei partecipa a questa stessa storia post parto, poiché si racconta che quando la bambina era nell'incubatrice, lui la cercava con ansia, ma proprio nel momento esatto in cui chiedeva all'infermiera chi fosse sua figlia, lei alzò gentilmente un braccio mentre sbadigliava, così si presentò al padre e da quel momento si stabilì un forte legame di amore/odio tra i due.

Spesso, quando la madre raccontava questa storia, Dalia sentiva il bisogno di trattenere le lacrime, fingeva a sua volta di essere forte, decisa, fingendo con questo atteggiamento di non essere protagonista della propria storia, e lasciava che la madre, che raccontava l'esperienza, assumesse il ruolo di protagonista, perché si tratta più di un ricordo della madre che di un'esperienza propria.

Uno dei momenti più belli che Dalia ricorda è stato quando uno dei suoi zii è venuto a casa sua con un regalo molto grande, un servizio da tè, e il significato di quell'occasione era che solo lei aveva ricevuto un regalo. Per qualche motivo, questo ricordo le ha dato nel tempo un senso di pace, apprezzamento e protezione.

Fin dall'infanzia, Dalia racconta di essere stata timida e paurosa, e quindi di ricordarsi costantemente dietro la gonna della madre; tuttavia, in altri contesti si ricorda anche come coraggiosa. I momenti di paura e di coraggio sono spesso molto chiari per lei. Uno di questi passaggi che ricorda molto chiaramente si svolge all'asilo, anche se nel riferirlo mi dice che le piace riferirsi all'asilo più come a una scuola (questo fatto attira la mia attenzione, ma decido di non chiederle il motivo e di lasciarla continuare con il suo racconto), riferisce che lei e la sua vicina di casa frequentavano insieme la stessa classe; il luogo, secondo Dalia, era molto verde, luminoso e un po' strano. Una volta che si trovò in questo spazio, notò che la sua vicina stava piangendo; nonostante questo fatto, Dalia non provò alcuna paura, tanto meno il desiderio di piangere, ma quando vide che la sua vicina stava piangendo, pensò che anche lei dovesse piangere e da quel momento si ricordò di aver pianto. In seguito smise di piangere, fino a quando il mezzo di trasporto la riportò a casa, fu l'ultima ad arrivare, e quando arrivò a casa ricorda di aver cercato sua madre.

Dalia ricorda molto chiaramente il suo periodo intorno ai 4 o 5 anni, quando ancora frequentava l'asilo; ancora una volta mi colpisce il fatto che si riferisca al luogo in modo un po' dispregiativo, e racconta di ricordare ancora alcuni dei suoi amici e di avere persino contatti con loro oggi o almeno di sapere cosa fanno per vivere, se sono sposati o se mantengono una figura romboidale, circolare o cilindrica.

Mi dice che di recente ha letto un libro di Robert Green e l'ha colpita il fatto che il libro sottolinei il fatto che le persone sopravvalutano la loro infanzia; presume che non tutte le persone lo facciano. Tuttavia, sostiene che hanno ragione a sopravvalutare perché l'infanzia è piena di pace, tranquillità, e soprattutto se si ha il rifugio di genitori che amano, abbracciano, curano e proteggono i loro figli, e l'unica cosa che conta è sentirsi amati, in quel momento i voti scolastici non contano, quindi l'infanzia è sopravvalutata.

A poco a poco compaiono momenti importanti della sua vita e la scrittrice inserisce nella sua narrazione aneddoti e amici, così si capisce subito che Dalia è molto socievole e che le piace essere una parte importante della vita dei suoi amici e della sorella.

Allo stesso modo, spiega che passava molto tempo con sua sorella, sottolinea il piacere che entrambi provavano nel giocare ai giochi da viaggio e sostiene che non mancava mai nulla e che avevano sempre il necessario per sopravvivere. Dei suoi amici vicini, ricorda che giocavano molto e passavano molto tempo a giocare tra loro.

Secondo Dalia, fin da bambina aveva una mente molto inquieta e le piaceva sapere tutto, secondo lei le piaceva studiare lo spagnolo e la matematica, ricorda di essere stata in grado di imparare presto, tanto che a sei anni aveva imparato a leggere, a scrivere, ad abbottonarsi i lacci delle scarpe, a colorare all'interno della riga e ad entusiasmare costantemente i genitori con le sue numerose conquiste. Dice che le piaceva ridere, quindi questa è una caratteristica che ha avuto fin dai suoi primi ricordi, le piaceva essere indipendente e imparare tutto a modo suo, infatti dice che non le piaceva essere aiutata in nulla. Spiega che è ancora così, al punto che ha completato la sua tesi senza molti aiuti esterni. E sottolinea che gli piace imparare a modo suo e al suo ritmo.

Questa predisposizione a non essere dipendente dall'esterno la porta ad apprezzarsi in modo diverso dagli altri; anche questa differenza a volte la porta a tal punto da arrivare a sentirsi brutta, piccola, strana e questo le provoca paura, che la fa sentire nervosa e le fa desiderare di crescere più velocemente per non sentirsi più così.

Secondo la scrittrice, non potendo accelerare la sua crescita, decise di creare un suo mondo in cui conservava sempre delle carte. Le piaceva immaginare di aver creato una bolla e di averci messo dentro un dispositivo a pedali per sollevarsi e scoprire altri mondi, il mondo delle sue storie, dove c'erano rane, giganti e volpi.

Un altro aspetto che risalta di lei è che le piaceva riparare gli elettrodomestici, dai videoregistratori agli stereo. Dice di non sapere come facesse, ma di solito riusciva a ripararli.

Una caratteristica che continua a colpirla di se stessa è che rispetto alle ragazze e a molti ragazzi della sua età era molto forte, e lo è ancora, ma era anche molto resistente a tutto, non si ammalava mai e le sembrava che non importava cosa succedesse al suo corpo, lei resisteva a tutto, ma ora sa che non è così.

Ora sa che il corpo non sopporta la tristezza e che il dolore sotto forma di sentimenti gli fa pensare che tutto il corpo sia rotto. Il dolore fisico non fa male come quello emotivo. Al dolore fisico si resiste e si impara anche a resistere, Dalia lo ha fatto.

Secondo Dalia, intorno al quinto anno di scuola primaria, per qualche ragione sconosciuta, è stata trasferita in un'altra scuola. Lo ricorda molto chiaramente perché ha cambiato anche zaino e materiale scolastico; ricorda che tutto era nuovo, tranne gli amici, e che per lei era molto difficile parlare con gli altri, perché diceva di non avere abilità sociali.

Ha anche commentato il suo disagio per i cambiamenti, anche se in fondo dice di essere contenta di tutti i cambiamenti che ha vissuto. Inoltre, sostiene che i bambini che conosceva nella sua vecchia scuola la stancavano, perché non si sentiva mai valorizzata e sapeva che la sua presenza nella vecchia scuola non impressionava nessuno.

Le relazioni sentimentali che ha avuto vanno da alcune molto innocenti, ad altre più formali e con molti contatti; in alcune gli incontri erano molto innocenti e in altre l'intensità aumentava. Tutti i fidanzati che ha avuto erano diversi, alcuni alti, altri bassi, alcuni biondi e altri scuri; alcuni li ha amati con la vagina, altri con il cuore e molti altri con la ragione e il portafoglio.

Non sa chi verrà in futuro, ma quello che sa è che chi l'ha amata con il pene l'ha fatta sentire più donna, chi l'ha amata con il cuore l'ha fatta soffrire e vibrare. Nessuno di loro è stato il migliore o il peggiore, perché Dalia ha vissuto quei momenti con passione, con follia e con quella dedizione di cui parlano i suoi romanzi d'amore preferiti e le eroine che tanto ammira.

La migliore amica di Dalia era sua sorella, la distanza di età tra loro era di soli tre anni, e si raccontavano tutto quello che era successo durante il giorno quando tornavano a casa. Questo legame si è rafforzato con il cambio di scuola, ora frequentano entrambe la stessa scuola. Dalia si sentiva molto a suo agio a parlare con la sorella, perché l'aveva sempre ammirata in segreto e ora che avevano la possibilità di essere amiche, pensava che fosse meraviglioso.

Nel periodo della scuola secondaria, i grandi cambiamenti iniziarono nel suo corpo, continuarono nelle sue abitudini e si manifestarono nelle sue relazioni. Acquisì i modi di fare di una donna, adottò l'abitudine di fumare e bere, e gradualmente sfidò le regole della sua casa e per questo motivo tornava spesso a casa in ritardo. La madre non le aveva mai detto che questa azione era proibita, ma lei aveva bisogno di saperlo. Secondo Dalia, sono state queste omissioni nell'esercizio dell'autorità da parte della madre a far sì che Dalia si allontanasse gradualmente. Inoltre, la sorella maggiore iniziò a portare a casa il fidanzato.

Lei e la sorella condividevano le loro esperienze ed emozioni, cioè tutto ciò che accadeva loro, il fidanzato della sorella la attraeva, così anche Dalia era entusiasta, credeva che il ragazzo fosse molto bello e perfetto per lei, a quanto pare anche la madre la pensava così; Sebbene tutte e tre fossero d'accordo nell'apprezzare lo sposo, la madre non voleva che Dalia sapesse cosa succedeva nella relazione della sorella, e in un'occasione, quando la madre scoprì che le figlie parlavano tra loro della loro relazione, le rimproverò duramente e disse a Dalia che non avrebbe potuto dire alla madre della sorella cosa stava succedendo, La madre rimproverò duramente la sorella, sostenendo che Dalia era troppo giovane per sapere certe cose e le disse che non avrebbe dovuto parlare di certe cose alla sorella, che erano questioni da adulti e che in futuro avrebbe dovuto dirlo alla madre, cioè a sua madre.

Questa intrusione da parte della madre provocò in Dalia un senso di spiazzamento e di dolore, poiché sentiva anche che le era stata tolta l'amica, la sorella e la confidente, la persona con cui si identificava e che amava di più; da quel momento la sorella cambiò confidente e amica, e da quel momento rimase sola e si sentì spiazzata. Si rivolge alla madre. Col tempo le due diventarono amiche inseparabili.

Quel giorno perse il rapporto con la madre e con la sorella. Tutto è cambiato, anche Dalia ha sentito che qualcosa dentro di lei si è rotto e la sua percezione del mondo è cambiata di conseguenza. Non sa ancora esattamente se ha perso o guadagnato da questo allontanamento, ma sa solo che dopo questa esperienza ha iniziato a sentirsi arrabbiata, triste e sola.

Questa solitudine si manifestava come ribellione e allo stesso tempo si intensificava. Voleva attirare l'attenzione della madre e della sorella, usciva da scuola, arrivava in ritardo, si metteva in situazioni pericolose, che via via diventavano sempre più pericolose, ma loro non se ne accorgevano, erano troppo impegnate a parlare del fidanzato.

Ricordare quella scena in particolare la rende triste; pensa solo che se quella scena non fosse mai esistita, sarebbe stata più felice, avrebbe sentito meno la mancanza di sua madre e avrebbe avuto la possibilità di amare intensamente sua sorella.

Non ricorda il padre in quelle scene, immagino che stesse lavorando, che la portasse a scuola e che le dicesse ogni mattina, prima di salutarla: "lo studio è la base del successo", lo studio è la base del successo, lo studio è la base del successo, lo studio è la base del successo, lo studio è la base del successo, lo studio è la base del successo, lo studio è la base del successo; non ha mai saputo di quale successo stesse parlando o a quale tipo di studio si riferisse.

Durante gli alti e bassi emotivi caratteristici di tutta l'adolescenza, ingrassava e perdeva continuamente peso; notò che quando dimagriva riceveva molte attenzioni non solo dall'altro sesso, ma dalle persone in generale; il contrario le accadeva quando ingrassava.

Le oscillazioni emotive e l'invariabile ribellione sono una costante nella vita di Dalia, che provoca frequenti scontri con l'autorità; non importa chi la eserciti, l'importante è sfidarla. Le punizioni che riceveva non erano corporali, ma piuttosto lavorative, e in molte occasioni le venivano fatte fare planas e planas di esercizi scolastici; lei era felice di farli, perdendo così le lezioni e incontrando altri studenti dell'istituto. Tanti episodi disciplinari hanno avuto conseguenze e, dopo un po', le è stata cambiata di nuovo la scuola. Ora è passata da una scuola pubblica a una scuola pubblica, le cui abitudini erano molto diverse e lei non ha mai capito bene il motivo di questa differenza.

Così tornò nella scuola dove aveva frequentato il primo anno di liceo, e a poco a poco cominciò ad adattarsi, a incontrare persone diverse, ragazze ribelli e problematiche come lei.

L'assenza di autorità genitoriale comincia a riflettersi in Dalia, e questo vuoto di supervisione parentale le permette di coprirlo con sigarette, alcol, sesso e avventure selvagge.

Dalia è consapevole che tutto ciò che è accaduto l'ha portata a essere la persona che è ora, ci sono molte cose che le piacciono di sé e che non cambierebbe, ma ce ne sono anche altre che avrebbe voluto cambiare e che le hanno causato dolore, questo dolore è ancora presente, è un dolore che non passa.

L'abilità creativa e l'intelligenza di Dalia sono state spesso messe in mostra, permettendole talvolta di organizzare finte raccolte di fondi per raccogliere denaro, il cui ricavato veniva utilizzato per mantenere la festa. Tuttavia, questa intelligenza e questo slancio non erano mai rivolti alla scuola; al contrario, era sempre sfidante nei confronti dell'autorità. Un altro esempio della sua intelligenza è avvenuto in una lezione di storia in cui l'insegnante di turno amava dettare, cosa che lei trovava noiosa, così decise di uscire da questo tran tran modificando la storia originale e alla fine, invece di trascrivere ciò che l'insegnante dettava, si dedicò a immaginare tutti gli eroi nazionali come se fossero cantanti rock, e alla fine ne risultò una narrazione ironica della nostra storia nazionale. Tuttavia, l'insegnante di turno ebbe l'idea di rivedere i dettati, e per sua sfortuna dovette essere rivista, nonostante il suo distacco dal dettato precedente, presentò ciò che aveva scritto all'insegnante; l'insegnante lesse ciò che aveva scritto, lei si aspettava di essere punita, ma ciò che ricevette fu un sorriso da parte dell'insegnante, e senza ulteriore clamore le indicò l'importanza di conoscere l'origine della nostra società; quindi, le chiese di attenersi alla storia così com'era, poiché era importante per il motivo per cui si trovava in quella classe.

Queste continue scene di ribellione la portarono a farsi visitare da uno specialista della salute mentale, che a sua volta le suggerì di prendersi una pausa accademica, cosa che fece, e passò il suo tempo a scuola dando lezioni di inglese; questa attività le piaceva molto e soprattutto era felice di sapere che stava guadagnando un reddito, perché le permetteva di aumentare il suo senso di indipendenza. Col tempo, si rese conto dell'importanza dello studio e riprese l'istruzione, iscrivendosi a una scuola superiore di tipo semi-scolastico; in questa scuola, frequentava solo due ore, le prime due ore di studio al mattino, i suoi compagni di scuola condividevano molte caratteristiche, tra cui la ribellione. Nonostante questa obiezione, alla fine formarono un buon gruppo, molti modificarono i modelli di vita precedenti e si impegnarono; questo alla fine gli permise di aumentare la sua media accademica e riuscì a superare l'otto. Mentre per altri poteva essere nella media, per Dalia fu in realtà un grande risultato. Ha amalgamato lavoro e studio, in entrambe le attività ha lavorato e in entrambe è cresciuta; quindi, questa esperienza di vita le ha permesso di ottenere i benefici dello sforzo e dell'attaccamento, ma la cosa più importante che questa fase della sua vita le ha dato è che ha imparato a riconoscere che il progresso non è sempre verso la parte anteriore, a volte è anche possibile avanzare lateralmente.

Alla fine di questo ciclo trovò una vocazione professionale orientata al comportamento umano e al funzionamento della psiche; in questa fase della sua vita aveva già molto da analizzare, soprattutto su se stessa. I primi giorni all'università la rendono molto nervosa, ma con il tempo si adatta e riesce a farsi coinvolgere in discussioni filosofiche, leggendo libri formali di formazione professionale, che divora fino a mezzanotte. Questo percorso di conoscenza professionale le ha permesso di introspezionare e rivedere il suo percorso di vita, e questo sguardo su se stessa le ha suscitato ricordi, addolcito il suo presente e terrorizzato il suo futuro.

Questo periodo di vita le porta una tranquillità emotiva che le permette di ampliare il suo orizzonte affettivo, ed è in questo momento che inizia una nuova relazione; ora non con ragazzi della sua età, ma al contrario, la relazione che inizia è con la sorella minore, e in questo periodo di vita ritorna alla convivenza come sorella e alla sensazione di benessere. Le situazioni che Dalia attraversa sono ora orientate alla sua crescita personale e quando termina la sua carriera professionale, decide anche di iniziare delle relazioni, ma ora in modo più formale, si mette in gioco con persone impegnate e con giovani senza ideali, si trasferisce in un'altra città e decide di iniziare il suo percorso professionale; riesce a sviluppare competenze lavorative e si rende conto delle sue capacità personali. Tuttavia, le relazioni non prosperano e decide di tornare; dopo il suo ritorno, si rende conto che le condizioni a casa sono cambiate drasticamente, trova una famiglia disgregata e decide di vivere con il padre, che si prende cura dei suoi due fratelli, compresa la sorella, quella che qualche tempo fa gli ha restituito la sensazione di essere una sorella e un senso di benessere.

Quando è tornata a casa, non solo ha accumulato esperienza, ma è anche diventata sovrappeso, il che l'ha fatta sentire molto a disagio. Con il passare del tempo, questa sensazione è aumentata e ora soffre di depressione e ansia a causa della sua condizione e della stessa situazione familiare. Un modo per risolvere questa condizione è stato quello di iscriversi a un corso post-laurea, che ha portato a termine in modo efficiente, e le è bastato compiere i passi necessari per ottenere una laurea formale.

Una grande tragedia si verificò nella vita di Dalia, quando morì sua madre; fu una sorpresa per lei, poiché non aveva mai conosciuto la realtà della malattia di sua madre. Probabilmente per la mancanza di vicinanza fraterna, o forse perché la madre non voleva farlo, fatto sta che morì all'improvviso, e tutti furono sorpresi dalla notizia, che fu di tale impatto che ancora oggi non crede che se ne sia andata e non le è ben chiaro dove sia andata, sembra che sia scomparsa da un giorno all'altro, come se non fosse mai esistita, sembra che fosse solo nei suoi pensieri.

Dalia sente ancora molto la sua mancanza, vorrebbe abbracciarla forte e sentire il suo odore, quei caldi abbracci che solo lei poteva darle; la sua presenza, la sua follia e il modo in cui le piaceva sistemarsi i capelli in un modo molto particolare.

Si chiede cosa debba fare con i suoi vestiti e perché le persone debbano comprare così tanti vestiti se, quando arriva il momento di partire, nessuno saprà cosa farne e nessuno li indosserà.

Si sente molto vuota e triste, ricordando tutto ciò che sua madre le ha fatto; il suo viso, i suoi lineamenti, ora sa quanto fa male l'assenza. Fino a poco tempo fa, Dalia aveva finito di perdonare sua madre e di perdonare se stessa. Dalia l'ha perdonata per averle portato via la sorella, per non essere stata con lei durante l'adolescenza, per essere stata instabile, dura e leggera in amore e affetto.

Dalia non vuole che se ne vada, perché fa male, è un dolore come quello che si prova da bambini quando si gioca e ci si taglia, un dolore che sembra troppo forte da sopportare per qualsiasi corpo.

Dalia ha sopportato fino a questo punto, ma arrivano giorni in cui sembra impossibile andare avanti. Non sa cosa accadrà in futuro, ma vuole essere felice e superare ciò che la affligge. Superare se stessa, superare la morte di sua madre, superare le sue barriere mentali di corpo, mente e spirito.

Come si può notare in questa storia, tra madre e figlia si è instaurato un legame di amore e sofferenza; nel caso della madre, la sua premessa principale è che ha sofferto per averla e Dalia l'ha fatta soffrire per nascere, e quindi è grata di essere nata.

In altre parole, si stabilisce tacitamente una relazione di amore/sofferenza/ dolore[77] , che porta entrambi ad agire inconsciamente su questi sentimenti.

Un altro fatto che emerge in questa narrazione è che la madre separa un rapporto di sorellanza e per qualche motivo sconosciuto vi include se stessa. Questa azione esclude Dalia dal rapporto di sorellanza, provocando una sorta di isolamento relazionale e affettivo, e allo stesso tempo provoca un sentimento di fastidio che si manifesta a livello comportamentale in un atteggiamento di sfida nei confronti dell'autorità della madre, una sorta di modo per attirare la sua attenzione attraverso comportamenti disadattivi. Quando Dalia non ottiene i risultati sperati, aumenta gradualmente i suoi comportamenti disadattivi, fino ad essere coinvolta in situazioni sempre più rischiose per se stessa.

Il mio incontro con questa storia di vita avviene dopo la morte della madre di Dalia, cioè circa tre mesi dopo la sua morte. In quel periodo Dalia si trovava nella fase della rabbia,[78] caratterizzata da "negazione, che viene sostituita da rabbia, invidia e risentimento; emergono tutti i perché e i percome. È una fase difficile da gestire per i genitori e per tutti coloro che li circondano, perché la rabbia si riversa in tutte le direzioni, anche ingiustamente. Spesso si lamentano di tutto, tutto è sbagliato e criticabile. Poi possono rispondere con dolore e lacrime, senso di colpa o vergogna".

Le risposte di dolore, colpa e vergogna si sono manifestate con tutti i membri della sua famiglia, con i quali viveva abitualmente; con la sorella minore la convivenza era pacifica, con il fratello non c'erano contatti importanti e con il padre gli scontri verbali erano molto costanti. Sembra che entrambi si trovassero nella stessa fase di dolore; nonostante questi scontri, il padre di Dalia le ha affidato la responsabilità di madre sostitutiva, pretendendo che si occupasse di far mangiare tutti a casa e di sorvegliare la sorella minore in relazione alla scuola, agli amici e alle uscite del fine settimana.

In qualche modo, per risolvere il proprio dolore, Dalia accetta il ruolo che le viene affidato e in cambio ottiene un sostegno finanziario per completare uno stage accademico.

La principale lamentela di Dalia era che era molto ferita dalla partenza della madre e che avrebbe voluto risolvere le sue divergenze con lei; ma d'altra parte, si sentiva molto infastidita da lei perché non le permetteva di avvicinarsi a lei. Per risolvere questo processo, abbiamo utilizzato una tecnica della psicoterapia costruttivista di Michel Mahoney[79] che consiste nello scrivere una lettera che non arriverà mai e che nessuno leggerà, solo la persona che la scrive; l'utilità di questa risorsa terapeutica è solo catartica.[80] Dopo alcune sedute, Dalia riesce a mitigare il suo dolore e ora mostra una leggera depressione e comincia ad accettare la morte della madre.

Una fonte di depressione era il fatto che il padre si affidasse a lei ogni giorno di più per risolvere le questioni in una famiglia con quattro membri; questo compito, secondo Dalia, è qualcosa che le piace fare, perché si sente utile e le piace poter decidere su queste questioni. Tuttavia, ciò che non le piace

---

[77] Ciò che non è formalmente compreso, percepito, udito o detto, ma è supposto e dedotto (http://buscon.rae.es/draeI).
[78] Kübler-Ross E. (1969) *Sulla morte e sul morire*
[79] Mahoney, M. (2003) *Psicoterapia costruttiva.*
[80] Eliminazione dei ricordi che disturbano la coscienza o l'equilibrio nervoso (http://buscon.rae.es/draeI).

di più è che il padre non assuma il suo ruolo di genitore in relazione alla tutela dei fratelli e che sia lei a prendere le decisioni sui permessi della sorella e sulla partecipazione alle riunioni dei genitori. In un certo senso, Dalia può trovare questo ruolo piacevole, ma ciò che la infastidisce davvero è che il padre mette continuamente in discussione le sue decisioni e questo porta a un aumento delle discussioni tra i due.

Abbiamo analizzato questo problema durante le sedute e abbiamo scoperto che, sebbene le piaccia avere l'autorità che il padre le dà, lui a sua volta non si assume la responsabilità del suo esercizio paterno e decide invece di metterla in discussione. A questo punto, lei stessa si rende conto di agire come il padre, cioè di non assumersi nemmeno lei la responsabilità di se stessa, perché invece di cercare un lavoro, trova più comodo rimanere a casa e rimanda così l'obbligo di provvedere a se stessa, perché ha già le risorse e le competenze per farlo.

Decide di affrontarlo e si assume la responsabilità di non assumere il ruolo di madre sostitutiva. Porta a termine la sua decisione e dopo una settimana ci incontriamo di nuovo; in questo incontro mi racconta di aver affrontato il padre in modo assertivo e di avergli spiegato che lei poteva essere solo una sorella, non la madre dei suoi fratelli, quindi ha chiesto al padre di occuparsi del resto, che accetta a malincuore la decisione di Dalia; Tuttavia, la punisce dicendole che d'ora in poi dovrà cavarsela da sola per coprire i costi dei suoi studi post-laurea, e che lui la sostiene con questo denaro affinché possa fare tutto questo lavoro. La risposta del padre destabilizza Dalia dal punto di vista emotivo, ma lei non perde la calma e nella seduta terapeutica ci concentriamo sull'analisi di questo problema; da un lato, ha paura di non riuscire ad andare avanti, ma dall'altro si sente liberata e felice di sapere che è riuscita a gestire efficacemente un inconveniente e che, sebbene il risultato non sia stato quello che si aspettava, lui stesso ora la obbliga a prendere il controllo della sua vita. A questo punto interrompo quanto appena detto, sottolineo l'importanza della responsabilità quando viene assunta e quando viene negata, commento che entrambe le cose hanno delle polarità; cioè, quando ci si assume la responsabilità delle proprie azioni non sempre si avrà la simpatia di chi ci circonda, anzi, gli altri mostreranno comportamenti di opposizione alla propria decisione, perché ora non sarà più possibile esercitare la dipendenza da uno, e allora in molte occasioni le risposte di opposizione saranno quelle di punire in un modo o nell'altro colui che vuole liberarsi.

Allo stesso modo, se non si fa nulla per assumersi le proprie responsabilità, si rischia di vivere in condizioni di dipendenza, sia finanziaria che emotiva, e nel tempo questa tendenza può portare a una continua depressione a causa del bisogno che gli altri siano o agiscano, e quindi a una perdita di autonomia.

Allo stesso modo, concentro la mia analisi terapeutica sull'importanza dell'auto-osservazione delle esperienze passate e di come esse stiano in qualche modo cercando di essere risolte ora, nel tempo presente; gli dico che vale la pena analizzare quelle esperienze per ripensarle e analizzarle da una prospettiva dialettica, cioè per dare un valore di utilità all'esperienza e non un valore di dolore e sofferenza ad essa. A questo punto, si rende conto che molto di ciò che ha fatto nella sua vita per dimenticare, allontanare o punire la madre, gli ha permesso di compiere azioni coraggiose e persino paurose, e che queste azioni lo hanno portato a rendersi conto di ciò che era in grado di fare; accetta che tutto ciò che deve fare è trarre il positivo dall'esperienza, e di conseguenza cambia il modo in cui si percepisce. Accetta che non tutte le azioni intraprese per il proprio bene saranno accolte con favore dagli altri, ma nonostante ciò vale la pena di attenersi al piano, perché si è obbligati a essere indipendenti e si richiede responsabilità per assumere questa indipendenza.

Capitolo 4

Sviluppi sistemici

Recentemente ho ricevuto una riflessione sui paradossi che spesso si vivono in quest'epoca di apparente modernità, in cui è possibile avere informazioni su letteralmente qualsiasi argomento semplicemente collegandosi a una rete cibernetica attraverso un computer; le possibilità di approfondire qualsiasi argomento aumentano esponenzialmente. Questo significa che le persone conoscono di più il loro ambiente, ma comunicano meno con i loro pari; d'altra parte, abbiamo case più grandi, ma famiglie più piccole, possiamo avere più comodità, ma meno tempo per goderne, abbiamo più benefici accademici e meno buon senso, ci sono più esperti di salute, ma abbiamo più malattie, i beni si sono moltiplicati e i valori si sono ridotti, parliamo molto, ma amiamo poco e mentiamo troppo, abbiamo imparato a guadagnarci da vivere, ma non sappiamo come viverlo, abbiamo conquistato lo spazio esterno e non conosciamo l'interno, in breve, siamo più in quantità e meno in qualità.

La domanda è: come si è arrivati a questo punto? La risposta a questa domanda ha molte risposte e sarebbe molto complicato cercare di spiegare nel dettaglio i fattori che hanno innescato un simile paradosso. Tuttavia, esso riguarda gran parte della popolazione generale. Pensiamo allora alla popolazione universitaria, in particolare a quella di età compresa tra i diciotto e i venticinque anni, e vorrei affermare che, in un modo o nell'altro, è immersa nell'era della comunicazione cibernetica, che oggi è facilmente accessibile attraverso le molteplici offerte che esistono per vagare nell'era virtuale[81] , e che, come indica il suo nome, ha il pregio di produrre un effetto su chi accede alla comunicazione cibernetica. La particolarità di questo effetto è che è molto attraente per il fatto che vengono presentati tutti gli argomenti che coinvolgono gli esseri umani, anche quelli che all'epoca potevano essere considerati proibiti. L'attrazione sta proprio nel fatto che è possibile scoprire di tutto, da argomenti molto profondi e illuminanti ad altri molto contorti e osceni, ed è essenzialmente questa condizione che rende le risorse presentate così attraenti che molti giovani ne diventano preda permanente.

Il problema di questa tendenza generazionale è che i giovani sviluppano una dipendenza elettronica così forte da ritenere che socializzare equivalga a stabilire contatti nelle reti sociali così diffuse nello spazio virtuale. Ma dai! Oggi è molto comune vedere nelle aule universitarie giovani con computer portatili e persino con telefoni portatili molto sofisticati con innumerevoli applicazioni, alcune delle quali troppo complicate. La cosa curiosa di questo fenomeno umano è che, sebbene il computer portatile consenta un'efficiente ricerca di informazioni, offre anche, in egual misura, alternative ricreative che incoraggiano le persone a rimanere letteralmente incollate a questi dispositivi per molto tempo. Concretamente, ciò si riflette in classe, quando lo studente che frequenta le lezioni dovrebbe ascoltare le lezioni dell'insegnante e dei compagni; tuttavia, invece di farlo, è assorto nel suo computer e ignora tutto il resto. Questa situazione sta diventando così comune che molte università hanno ritenuto necessario regolamentare l'uso di questi dispositivi, a causa del tempo eccessivo dedicato al loro utilizzo e del fattore di distrazione che generano.

Personalmente, considero questi strumenti molto utili, a patto che vengano utilizzati con la dovuta prudenza; tuttavia, nel caso di gran parte della popolazione giovanile, questo non accade. La sanità mentale non pervade, anzi, prevale l'euforia per la modernità, e allora gli strumenti che sono stati creati per rendere la vita più efficiente e confortevole per gli esseri umani, finiscono per renderli schiavi, causando dipendenze occupazionali ed economiche.

Tuttavia, questa dipendenza non si riflette solo in questi due aspetti, ma anche nel fatto che provoca

---

[81] (dal lat. *virtus*, forza, virtù).che ha la virtù di produrre un effetto, anche se non lo produce nel presente, spesso in opposizione a *efficace* o *reale*. (http://buscon.rae.es/draeI)

una diminuzione significativa di altri aspetti altrettanto importanti per lo sviluppo personale, poiché i giovani passano così tanto tempo sui social network da trascurare altre esigenze altrettanto importanti. La loro dipendenza è tale che probabilmente lasciano incompiuti la scuola, la famiglia, gli appuntamenti, il riposo, l'attività fisica, ecc. Gradualmente e senza nemmeno rendersene conto, quando smettono di occuparsi di altre occupazioni che fanno già parte della loro pratica quotidiana, le incombenze legate a queste routine si accumulano, così che dopo un po' si accumulano lavoro, obblighi, sovrappeso, ansia, depressione, ecc.

La tecnologia è qui per restare ed è stata creata per rendere più facile la vita dell'uomo e credo che queste risorse non debbano essere demonizzate; tuttavia, il loro uso deve essere razionale e deve essere utilizzato per rendere la vita più piacevole. Ma il fatto è che in molte occasioni sarà conveniente essere consapevoli di rimanere in un costante equilibrio tra l'utilità e la dipendenza che queste risorse possono causare.

Il telefono portatile è stato creato per facilitare la comunicazione, ma a volte funziona al contrario. Il suo uso limita la capacità di realizzare una vera interlocuzione. Si dà così tanta importanza a questa forma di comunicazione che si dimentica che la migliore comunicazione è quella che avviene tra persone, e in questo dialogo discorsivo si combinano molti elementi che rafforzano i legami relazionali, familiari, coniugali, fraterni e sociali.

Comunicazione umana

L'obiettivo di questo articolo non è quello di scrivere un trattato sulla comunicazione, infatti sul mercato librario esistono una grande varietà di testi che descrivono e spiegano questo compito in modo dettagliato; l'obiettivo principale di inserire alcune righe sulla comunicazione è quello di evidenziare i benefici che si ottengono a livello cognitivo, affettivo e comportamentale attraverso la comunicazione.

Paul Watzlawick[82] afferma che "la comunicazione è una condizione *sine qua non*[83] della vita umana e dell'ordine sociale". Pertanto, è necessario esaminare da vicino le implicazioni, i benefici e la trascendenza di una sua corretta gestione.

Funzione di base della comunicazione.

L'Accademia Reale della Lingua Spagnola definisce la parola simbolo come: "una rappresentazione sensorialmente percepibile di una realtà, in virtù di caratteristiche che sono associate ad essa da una convenzione socialmente accettata"; quindi le parole sono simboli fonetici e scritti che insieme formano un sistema di comunicazione contenente un vocabolario o lessico di parole. Tuttavia, questi elementi di base richiedono una grammatica (sintassi) o un insieme di regole per combinare le parole in frasi ben formate.

La semiotica è la scienza che studia proprio questi simboli. La semantica studia le relazioni tra le parole e i loro significati. La sintassi stabilisce le linee guida per la costruzione di frasi ben formate.

In modo molto semplicistico, si può dire che il linguaggio è composto da segni che formano una rappresentazione acustica, chiamata parola, che a sua volta dà origine a un'immagine, che si chiarisce in un oggetto. L'uso frequente e adeguato del linguaggio attiva lo sviluppo cognitivo degli esseri umani e permette loro di aumentare la capacità di ragionamento in tutti i tipi di ragionamento (logico, quotidiano, scientifico, sillogistico, ecc.); pertanto, le parole sono codici sistematici di rappresentazione specificati da un insieme di regole (codifica), tra un insieme di simboli

---

[82] Watzlawick P. Beavin Bavelas J, Jackson D.D. (1991) *Teoria della comunicazione umana*.
[83] La cui esecuzione è necessaria per l'efficacia dell'atto a cui si riferisce.
(http://buscon.rae.es/drael)

(rappresentanti) e un insieme di entità (rappresentate). Un codice è un qualsiasi sistema costituito da un insieme di segni e regole combinatorie con cui è possibile comporre messaggi.

Codificare significa produrre un messaggio secondo le regole di un codice. Il significato di un simbolo è l'entità che rappresenta. Interpretare o tradurre un simbolo o un messaggio significa decodificarlo, trovarne il significato. Un codice implica una convenzione, un'interpretazione comune e definisce un linguaggio. Un codice è convenzionale se le sue regole o criteri sono tacitamente accettati, per consuetudine o tradizione. La rappresentazione delle cose e delle azioni nel linguaggio umano è solo approssimativa e imperfetta. Il linguaggio si affina e si perfeziona con il progredire delle capacità cognitive degli esseri intelligenti, per cui la funzione principale del linguaggio è quella di consentire la comunicazione tra gli esseri umani, poiché con il suo uso è possibile avere sensazioni, percezioni, appercezioni, stimolare l'attenzione e rafforzare la memoria.

Tipi di dialogo e assiomi della comunicazione.

Se è noto quali siano le risorse necessarie per ottenere una buona comunicazione, è altrettanto noto come il loro utilizzo permetta di aumentare lo sviluppo cognitivo, perché la loro esecuzione stimola l'attenzione e rafforza la memoria; Questo permette di integrare le informazioni attraverso le dovute categorizzazioni, per cui in un semplice dialogo si possono generare una serie di operazioni mentali che agiscono come una ginnastica cerebrale per chi le usa, perché stimolano molte rappresentazioni e immagini mentali, che a loro volta innescano un numero uguale di sensazioni e percezioni. Questa possibilità si riflette a livello corticoide e quindi emana molta attività cerebrale.

Il dialogo implica una conversazione tra due o più persone, che esprimono alternativamente le loro idee o i loro affetti; e se si aggiunge alla definizione di dialogo, il concetto discorsivo implica l'uso di concetti argomentativi che dimostrano o persuadono gli ascoltatori o i lettori, stimolando così il ragionamento.

Possiamo quindi osservare che possono esistere diversi tipi di dialogo, come quello discorsivo, telefonico o cibernetico. Questi stimolano la creazione di sensazioni e percezioni; tuttavia, si può dire che il primo è più completo in termini di risposte propriocettive ed esterocettive che genera, soprattutto perché tutti i sensi sono coinvolti nella sua esecuzione, a differenza appunto del dialogo telefonico e cibernetico dove le capacità esterocettive sono ridotte. In questo senso, è coinvolto anche il dialogo interiore, cioè quella che altri potrebbero chiamare comunicazione interna, la cui caratteristica principale è che nella sua esecuzione non è necessario verbalizzare ciò che si pensa, ma in compenso si ragiona, il che si traduce nell'instaurazione di un dialogo con tutte le sfumature del discorso.

C'è un assioma della comunicazione umana che stabilisce la premessa che è *impossibile non comunicare*, il che è vero perché non partecipare attivamente a una discussione permette di comunicare in modo corporeo il non desiderio di comunicare. Ora, in questa stessa sezione degli assiomi, si stabilisce che, affinché la comunicazione abbia luogo, deve esserci un senso di contenuto relazionale. Affinché una conversazione possa coesistere, è necessario che ci siano contenuti e relazioni tra coloro che dialogano. Questo porta alla creazione di una *metacomunicazione* implicita ed esplicita, che si traduce nella coincidenza di un gran numero di elementi che arricchiscono il dialogo. Infine, la comunicazione dialogica porta a una sequenza di fatti che vengono costantemente richiamati e che, quindi, danno energia ai processi cognitivi. Questo fa sì che la comunicazione operi come un sistema che, quando è aperto, permette a tutti gli elementi organici dell'individuo di fluire in modo armonico, ma che, quando è chiuso, deprime la sua funzione e quindi incide organicamente su questo scoraggiamento.

Quindi, la comunicazione nelle sue varie forme ha effetti terapeutici, poiché il suo utilizzo stimola ed energizza la capacità di sentire, percepire, metacomunicare, concentrarsi, ragionare, percepire e rafforzare la memoria. Non importa quale sia il tipo di comunicazione esercitata; tuttavia, quella che stimola maggiormente questi fattori è quella tra due esseri umani, poiché la sua stessa vicinanza permette di cogliere meglio le sfumature emotive di una conversazione, a differenza della conversazione telefonica o cibernetica, che per le sue stesse caratteristiche non offre maggiori prerogative.

Concetto di sistema, sottosistema e supersistema nell'essere umano

Il primo afferma che un sistema è: un insieme di parti coordinate e interagenti per raggiungere un insieme di obiettivi. Quindi, l'essere umano è questo insieme di parti coordinate. I diversi sistemi organici che permettono un funzionamento armonioso, ad esempio: l'apparato respiratorio che permette un'adeguata ventilazione dell'essere umano, l'apparato digerente che è responsabile dell'elaborazione, della distribuzione dei nutrienti e dell'espulsione dei rifiuti; e il sistema circolatorio, responsabile della distribuzione delle quantità di sangue necessarie a tutto l'organismo, che lavora in coordinamento con altri apparati, purificando costantemente il fluido sanguigno. Quindi, l'organismo è il super-sistema, le funzioni dell'organismo sono i sistemi e gli organi sono i sottosistemi. Tuttavia, per ampliare questa prospettiva e sostenere questa proposta in termini di miglioramento dell'essere umano in modo sistemico, che è in definitiva l'obiettivo di questo quarto e ultimo capitolo. Il sistema sarebbe quindi l'essere umano, il sottosistema le aree di sviluppo dell'essere umano e il super-sistema l'ambiente familiare in cui l'essere umano vive.

Da qui si evince che le parti coordinate sono i sistemi organici, il cui obiettivo principale è quello di mantenere un funzionamento ottimale affinché l'essere umano possa svolgere tutti quei compiti per i quali è potenzialmente dotato, e che proprio per raggiungere questa efficienza è necessaria una sincronia di funzionamento che è in definitiva l'obiettivo principale dei diversi sistemi.

Una volta che l'essere umano è in grado di funzionare in modo sincrono ed efficiente, sarà in grado di svolgere diversi compiti, siano essi accademici, spirituali, ludici, lavorativi, individuali, affettivi, sessuali, sociali, familiari e di attività fisica. In altre parole, è questa possibilità di funzionamento ottimale che, a sua volta, consente all'essere umano di svolgere vari compiti, che insieme gli permettono di esplorare e sviluppare il proprio potenziale. Alcune di queste aree saranno più frequentate, altre molto probabilmente non riceveranno altrettanta attenzione, nonostante questa trascuratezza; lo scopo di questo capitolo è mostrare l'importanza di occuparsi di ognuna delle varie aree e dimostrare i benefici insiti nel loro sviluppo.

Pertanto, il sottosistema è composto dalle sfere o aree di sviluppo, che sono parte attiva, proprio come indica il loro nome, dello sviluppo e dell'evoluzione dell'essere umano. Se l'essere umano vi si aggira, si sviluppa e favorisce la crescita e l'evoluzione del proprio potenziale; se non vi si assiste, si rischia il contrario, cioè l'involuzione[84] .

Ora, sappiamo già che il sistema è l'essere umano e il sottosistema sono le aree di sviluppo, quindi potremmo dire che il super sistema è composto dall'ambiente familiare in cui vive l'essere umano, il super sistema è la famiglia stessa, dove tutti i membri funzionano in base alle linee guida e ai bisogni della famiglia; per questo è importante che tutti i partecipanti alla famiglia abbiano chiaro il loro potenziale di sviluppo e quale sia la loro funzione all'interno di questo universo.

In questo senso, possiamo osservare che nelle tre categorie di sistemi è presente la stessa caratteristica; cioè, sono tutti ricorsivi e condividono la somiglianza delle loro proprietà generali, il che significa che le esigenze particolari dei sistemi possono essere ripetute ininterrottamente senza perdere le loro caratteristiche originali. Ciò significa che tutti i membri di una famiglia hanno gli

---

[84] Arrestare e invertire l'evoluzione biologica, politica, culturale, economica, ecc.

stessi bisogni e gli stessi obblighi; cioè, l'efficienza nel funzionamento di una famiglia ordinaria si misura in termini di attività che ognuno deve svolgere per il bene della famiglia, alcuni con compiti maggiori e altri con responsabilità minori, e persino dipendenti da altri, come i neonati. Tuttavia, anche a dispetto della loro dipendenza, i bambini possono essere una fonte di gratificazione e di motivazione per il resto dei membri della famiglia e contribuire con la loro presenza allo stato d'animo degli altri.

Il concetto di sistemi aperti e sistemi chiusi nelle relazioni umane

I primi sono caratterizzati dal fatto che non hanno alcuno scambio con l'ambiente circostante, essendo ermetici a qualsiasi influenza. I sistemi chiusi, quindi, non ricevono alcuna influenza dall'ambiente e, d'altra parte, non influenzano nemmeno l'ambiente. Non ricevono risorse esterne e non producono nulla.

Ciò significa che in un sistema chiuso non c'è interazione con l'ambiente esterno e quindi non si producono, e questo può manifestarsi a livello comportamentale nelle persone che non interagiscono con gli altri. Il comportamento umano offre molte e varie versioni, sarebbe molto complicato stabilire gli stimoli antecedenti e i comportamenti conseguenti di tutti i comportamenti; tuttavia, ci sono alcuni modelli comportamentali che tendono a diventare modelli comportamentali. Ad esempio, è molto comune osservare che nell'ambiente universitario, all'interno dei diversi gruppi, esistono dei sottogruppi che si formano in modo naturale, per affinità di studio, scherzi, gusti, aspetto, ecc. Curiosamente, essi creano i propri sistemi di comportamento aperti tra le affinità e chiusi nelle non-affinità; ci saranno casi in cui possono esistere combinazioni, ma in larga misura la coesistenza dei sottogruppi non si mescola tra loro, dando luogo quindi a sistemi chiusi che presentano scambi con l'ambiente che li circonda.

I sistemi aperti sono quelli che hanno relazioni di scambio con l'ambiente, attraverso ingressi e uscite. I sistemi aperti scambiano regolarmente materia ed energia con l'ambiente. Sono eminentemente adattivi, cioè per sopravvivere devono costantemente riadattarsi alle condizioni ambientali.

Come si vede, in questo tipo di sistema si scambiano materia ed energia; la materia è costituita dalle relazioni sociali e l'energia è lo stato d'animo prodotto da queste relazioni. Questo scambio costante favorisce lo sviluppo adattivo perché richiede un costante riadattamento alle condizioni dell'ambiente, in modo che esse siano in grado di "concepire se stessi in uno stato d'animo ispiratore che permetta loro di agire in armonia e di ottenere un vigore naturale o un senso di forza che li incoraggi a produrre". Pertanto, saranno riusciti a ottenere una motivazione sufficiente per far fronte alle richieste quotidiane, considerando le risorse che possiedono per orientare le azioni e gli obiettivi a fini concreti, questa possibilità di chiarire gli obiettivi dell'azione permetterà loro di prestare attenzione a quelle situazioni specifiche che richiedono attenzione; quindi questa integrazione di mente e corpo in un unico luogo e una particolare intenzione, favorirà il flusso armonioso ed efficiente delle risorse di coping, comunemente chiamate abilità sociali.

Entropia e neguentropia come conseguenza dello sviluppo umano

L'entropia si riferisce alla fine di un particolare sistema, che si spiega con la perdita di un'organizzazione, in particolare nei sistemi isolati (senza scambio di energia con l'ambiente), che culminano in una degenerazione totale. Pertanto, si conclude che tali sistemi sono destinati a una fine caotica e distruttiva, anche se cercano di stabilizzarsi, cadranno nel caos e nel disordine. Se è vero che riguarda i sistemi chiusi, ha ripercussioni anche sui sistemi aperti quando si cerca di combattere l'entropia, generando la cosiddetta neguentropia.

La negligenza è il concetto opposto all'entropia: tende all'ordine e alla stabilità nei sistemi aperti. Si riferisce in particolare all'energia importata e risparmiata dal sistema (energia estratta dall'ambiente esterno) per la sua sopravvivenza, la stabilità e il miglioramento della sua organizzazione interna, quindi è un meccanismo di autoregolazione, capace di sostenersi e mantenere l'equilibrio.

Come si vede, la convivenza tra gli esseri umani genera un costante scambio di energia che favorisce la stabilità e il miglioramento dell'organizzazione interna. Ora, per quanto riguarda l'equilibrio emotivo, esso non si ottiene sicuramente solo con la convivenza sociale; ci sono altre fonti esterne che permettono di ottenere l'equilibrio, tuttavia lo sviluppo sociale implica anche la comunicazione, e anche questa è incorporata in tutti gli ambiti dello sviluppo umano.

Vediamo quindi che da un lato l'essere umano ha la possibilità di autoregolarsi attraverso lo sviluppo di tutte le sue aree, e questo gli permette di vivere neguentropicamente con ordine e armonia, a patto che mantenga i suoi sistemi aperti, cioè che si muova indistintamente in tutte le aree possibili, altrimenti se evita di muoversi in qualche area, chiuderà i suoi sistemi, e questo causerà un possibile caos che avrà ripercussioni sistemiche.

Questo transito attraverso le diverse aree, oltre a contribuire all'ordine e alla stabilità, si rifletterà anche negli schemi di comunicazione, dove potranno evolvere cognitivamente ed emotivamente. Quest'ultima si rifletterà nel fatto che più lo studente interagisce con un maggior numero di coetanei, più alto sarà il livello di efficienza delle abilità sociali e comunicative; quindi, maggiori saranno le competenze e le capacità di affrontare le sfide che ordinariamente si presentano.

Tuttavia, non sono solo questi due aspetti della conoscenza umana (comunicazione umana, teoria generale dei sistemi) a contribuire in modo significativo allo sviluppo. Possiamo anche notare che da un punto di vista fisiologico si riflette un funzionamento più efficiente e una maggiore presenza di serotonina. La serotonina è un neurotrasmettitore che si trova in varie regioni del sistema nervoso centrale e ha molto a che fare con l'umore. Tra gli altri effetti, favoriscono anche sentimenti di serenità, saggezza, migliore percezione dei sapori e sono persino riconosciuti come molto efficaci nell'indurre il sonno; favoriscono inoltre una maggiore efficienza nella risposta sessuale, che può irradiarsi in maggiori e migliori sorrisi. Quindi, da un punto di vista sociale, cognitivo, comportamentale e umanistico, l'individuo sviluppa maggiori competenze e abilità, che contribuiscono a rafforzare il potenziale dell'uomo e quindi la sua evoluzione.

Evoluzione e sviluppo sistemico

Infine, arriviamo al punto culminante di questa proposta, dove sarà possibile collegare i capitoli precedenti dal punto di vista comportamentale; in questo capitolo la proposta principale si concentra sulle diverse aree dello sviluppo umano. In questo capitolo la proposta principale si concentra sulle diverse aree dello sviluppo umano. Ciò significa che ci saranno alcuni aspetti che si desidera modificare, ma tuttavia si dovranno considerare solo quelle circostanze che l'individuo può controllare e che dipendono dalle sue stesse prestazioni, cioè le variabili interne, soprattutto perché in queste variabili si può ottenere la piena consapevolezza della propria responsabilità che deriva dalla costruzione di se stessi. Si tratta concretamente di generare un'autopoiesi.

Per arrivare a questa possibile costruzione del sé, è necessario innanzitutto prendere coscienza dello stile di vita che si conduce e, come abbiamo visto nel corso di questo percorso tematico, ciò può avvenire attraverso l'osservazione di sé, che si ottiene analizzando le attività quotidiane in cui si trascorre il proprio tempo. Lo scopo principale di questo compito è quello di diventare più consapevoli delle attività che si svolgono e di quanto tempo si dedica a una determinata attività.

Un'altra possibilità che si apre con questo tipo di analisi del proprio comportamento è che sarà possibile visualizzare, nel caso si voglia incorporare una nuova attività, quando e quanto tempo si può dedicare a questa nuova azione. È a questo punto che inizia l'autopoiesi. Innanzitutto, bisogna sapere cosa si fa per poter decidere cosa si vuole fare.

In seguito, presentiamo i modelli comportamentali che favoriscono una buona salute mentale. A questo punto, si vuole stabilire una sorta di direzione, cioè dove orientarsi se si vuole raggiungere questa salute, ovviamente sulla base dei benefici che essa comporta. Successivamente, è stata stabilita l'importanza di crescere nelle dimensioni dell'essere, in questa sezione è stato spiegato come sviluppare quella cognitiva, quella affettiva e quella spirituale. Infine, in questa parte del libro, l'obiettivo è quello di svilupparsi nelle diverse aree in cui si tende a muoversi. Tuttavia, nonostante i benefici che si possono ottenere, ci possono essere delle resistenze emotive che in un determinato momento possono ostacolare l'auto-osservazione; per questo motivo si può incorporare un'altra risorsa che può contribuire a rendere questo processo più dinamico.

Alcune esperienze possono essere state molto piacevoli e significative, altre possono non essere state così piacevoli, ma sono state comunque esperienze di apprendimento; altre esperienze sono state probabilmente più drammatiche e hanno lasciato un segno nella memoria anche a causa delle sensazioni spiacevoli provate in origine. Le esperienze acquisite nel corso della vita vengono classificate come spiegato nella sezione sull'elaborazione delle informazioni, che suggerisce, tra l'altro, che man mano che le esperienze si presentano, le si classifica in buone, cattive, piacevoli, spiacevoli, esperienze da ricordare o da dimenticare.

Questo tipo di classificazione delle esperienze è ciò che Mahoney chiama categorizzazione, cioè gli esseri umani non solo vivono le esperienze, ma le classificano anche, cioè le categorizzano. E questa tendenza a classificare è funzione della sfumatura emotiva che ha generato l'esperienza (dolore, gioia, tristezza, sorpresa, ecc.). Vale la pena ricordare che alcuni autori suggeriscono che il dolore è inevitabile, ma la sofferenza non lo è; il dolore provocato da un'esperienza può avere un impatto tale da far provare un grande disagio; le cause che lo provocano sono molteplici e molto varie, e vanno dalla perdita di una persona cara, l'amputazione di un arto corporeo, la perdita di una persona cara, la morte di una persona cara, ecc, l'amputazione di un arto, l'aver vissuto o osservato un incidente mortale, l'essere stati vittime di un evento violento, l'essere stati oggetto di scherno o di offesa da parte di qualcuno in particolare, l'essere stati protagonisti di un evento imbarazzante, l'aver subito un attacco al proprio pudore e persino la perdita fisica o lo smarrimento di un animale domestico. Questi eventi possono essere fonte di grande dolore; tuttavia, anche a dispetto di questa intensa esperienza, si può decidere di rimanere con essa nel tempo, e allora il dolore diventa sofferenza, cioè la sensazione di dolore si prolunga fino a diventare una compagna di vita, oppure si accetta la sgradevolezza dell'esperienza, si comprendono le circostanze in cui gli eventi si sono verificati e si valutano le proprie azioni. Si analizza fino a che punto si è responsabili delle proprie azioni e fino a che punto sono state le circostanze o gli eventi esterni a causare le esperienze. Una volta osservati gli aspetti interni ed esterni degli eventi, si possono formulare giudizi di conseguenza, fino a rendersi responsabili degli aspetti interni o delle proprie azioni e ad accettare quelli esterni come qualcosa che non si può controllare, ma che si può assimilare.

Quest'ultima è ciò che Edith Henderson Grotherg (2006) chiama resilienza[85] , nella sua introduzione presenta in modo eloquente l'importanza e i benefici di questa risorsa. "Oggi più che mai (e certamente più che mai), abbiamo bisogno di sviluppare e utilizzare la resilienza nella nostra vita quotidiana, nel nostro lavoro, nella nostra vita personale, sociale e politica, e nella nostra vita familiare..... Perché è possibile sviluppare la resilienza in qualsiasi situazione di stress o in qualsiasi esperienza vissuta come avversità. Non stiamo dicendo che la resilienza ci protegge o ci mette al riparo da pericoli, rischi o situazioni di stress. Non è questo il suo compito. Abbiamo bisogno di

---

[85] Henderson G.E. 2006 (La *resilienza nel mondo di oggi*)

protezione, sì, ma resilienza non significa solo sostegno, forza e capacità, ma anche azioni per affrontare le avversità che la vita ci presenta quotidianamente.

Con la prospettiva presentata da questo autore, possiamo vedere che gli eventi o le situazioni drammatiche sono suscettibili di essere assimilati, e in questo stesso senso possiamo acquisire forza e capacità per affrontare le circostanze avverse che possono presentarsi quotidianamente.

Qualcosa di molto simile all'analisi dialettica dell'esperienza, che promuove una visione positiva degli eventi negativi, più colloquialmente si riferisce al fatto che gli eventi negativi causano crisi; tuttavia, sono queste crisi che possono spingere l'essere umano ad uscirne, e poi questo tentativo di rimedio porta allo sviluppo di un'altra curva di crescita. Questo è molto simile al guardare a una situazione negativa con uno sguardo ottimista, in termini di modello di salute mentale che consiste nel cercare la soluzione, non nel concentrarsi sul problema. Oppure stabilire una domanda interiore in relazione a "ciò che mi è successo mi rende ciò che sono ora" o "ciò che i miei genitori non mi hanno dato, mi rende ciò che sono ora"; come possiamo vedere, queste due domande promuovono la ricerca di soluzioni a una data situazione, e anche dalla stessa domanda si intende trovare qualcosa di positivo dal negativo degli eventi, quindi questa visione di sé verso la forza e la crescita è chiamata resilienza, ed è proprio ciò che si intende con questo tipo di approccio.

Ora, quindi, ritengo pertinente amalgamare la resilienza con due proposte teoriche strettamente correlate, la prima fa riferimento al modello trascendentale di Bernard Lonergan[86] . Questo modello si avvicina all'analisi dell'essere umano e la divide in tre visioni: esperienza, comprensione e giudizio. Lonergan pone l'accento sull'osservazione del giudizio, cioè sviluppa una visione tomistica[87] dell'Essere come obiettivo dell'apertura dinamica dello spirito umano. In secondo luogo, enfatizza il valore delle esperienze di punta secondo la prospettiva di Abraham Maslow (1964), esaminata in precedenza.

Nel caso dell'esperienza, secondo Lonergan, questo autore suggerisce che si tratta di quelle esperienze che facciamo in modo ordinario e la cui somma consolida la sostanza dell'essere. Questo è ciò che rende possibile l'emergere della potenza dell'essere umano, che richiede una comprensione delle circostanze in cui l'esperienza ha luogo, qualcosa come un'analisi dialettica della propria esperienza, per poi stabilire un giudizio rispetto alla propria vita.

Esiste una risorsa molto grafica che permette questo tipo di analisi del proprio vissuto e che provoca un'adeguata introspezione; infatti, in alcune occasioni si è rivelata molto utile per individuare situazioni o momenti drammatici. Questa risorsa è una curva proiettiva che permette di individuare prima le esperienze positive e negative e, in egual misura, facilita l'identificazione dei periodi in cui le esperienze si sono verificate.
Il modo in cui viene presentato rende possibile, a chi vuole elaborarlo, un'introspezione molto precisa del tempo e delle situazioni positive e negative della propria esistenza.

Si chiama curva dell'esperienza di picco perché la sua piattaforma si basa fondamentalmente sulla visione dell'auto-realizzazione della teoria dei bisogni umani di Abraham Maslow; tuttavia, l'esame dell'esperienza stessa viene condotto al riparo dell'analisi dialettica.

---

[86] Lonergan B. 1957 ("*Insight A study of human Understanding*")
[87]

San Tommaso d'Aquino (1225-1274) *La teoria dell'atto e della potenza*

Condivide con Aristotele anche la distinzione tra essere in atto ed essere in potenza. Per essere in atto intende, con Aristotele, la sostanza come ci appare in un dato momento e come la conosciamo; per essere in potenza intende l'insieme delle capacità o possibilità della sostanza di diventare qualcosa di diverso da ciò che è attualmente. Un bambino ha la capacità di essere un uomo: è quindi un bambino in atto, ma un uomo in potenza. Cioè, non è un uomo, ma può diventarlo.

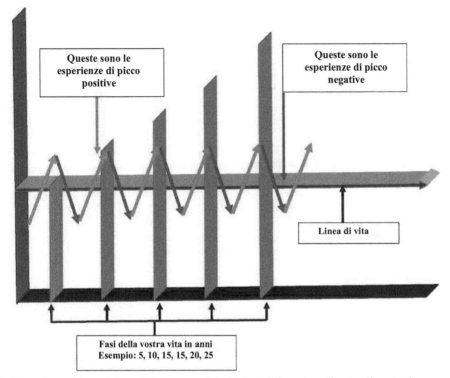

Analisi delle esperienze di vertice

Figura F4.1

Se fate questo esercizio, sarete in grado di osservare voi stessi in termini di esperienze di punta nella vostra vita, non importa se positive o negative.

Può permettervi di ricordare gli eventi che un tempo davano un senso alla vostra esistenza, e potreste trovare più facile svolgere la vostra auto-osservazione.

Dovreste anche porvi questa domanda:

> **Che cosa di ciò che i miei genitori non mi hanno dato, mi ha reso ciò che sono ora?**

> **Che cosa mi rende ciò che sono?**

La linea che attraversa questa curva è chiamata linea della vita e rappresenta il percorso di vita che si è svolto. Le linee verticali rappresentano gli anni divisi cinque per cinque lungo la linea della vita; lo scopo principale di questa divisione è quello di identificare più rapidamente gli eventi significativi che possono essere analizzati.

L'effetto terapeutico di questo esercizio è dovuto al fatto che in questo modo si può vedere chiaramente quali fasi della propria esistenza sono state benefiche dal punto di vista che hanno lasciato sentimenti positivi; allo stesso modo, si può vedere quali situazioni hanno provocato il contrario.

Un altro aspetto da sottolineare di questa risorsa è che è possibile distinguere in quale momento della vita sono accadute le cose, indipendentemente da quanto siano positive o negative. Tuttavia, un elemento che si aggiunge ai benefici di questa risorsa è legato alla visione ottenuta dagli eventi vissuti. Si ottiene cioè un cambiamento nella prospettiva cognitiva di autovalutazione della propria esistenza, si raggiunge una visione resiliente di se stessi.

Di conseguenza, gli eventi dannosi possono essere capitalizzati e la percezione degli eventi negativi può essere spostata verso una percezione positiva che favorisce la crescita personale. Iniziare questo esercizio con le domande: cosa non mi hanno dato i miei genitori che mi ha reso quello che sono ora e cosa mi hanno dato che mi rende quello che sono? Questo porta a porsi al presente e a non pensare più al passato, arrivando così alla conclusione che l'unica cosa a cui si può rimediare è il presente, perché il passato è passato e non si può rimediare. Quindi, rievocare gli eventi passati contribuisce solo a creare sentimenti di frustrazione e fastidio; al contrario, se la persona si concentra sul proprio presente, diventa responsabile delle proprie azioni e quindi assume la possibilità di controllare le proprie circostanze e di indirizzare le proprie azioni verso un futuro più promettente.

L'obiettivo è che il lettore non si senta minacciato dall'emozione provata all'inizio, ma si limiti a descrivere ciò che è caratteristico della fase e a osservare che il dramma della sua esperienza non è stato tutta la sua vita, ma che ci sono stati momenti della sua esistenza in cui le esperienze sono state piacevoli, e che quindi la sua esistenza è stata equilibrata. Vale anche la pena di guardare alle esperienze positive, non solo a quelle negative, che hanno avuto anche aspetti positivi, come il desiderio di non rivivere la stessa esperienza.

Vediamo ora la profondità dell'analisi che si può ottenere quando questo esercizio viene intrapreso volontariamente e onestamente, con l'unica intenzione di assumersi la piena responsabilità degli eventi vissuti.

Questa analisi delle esperienze di picco corrisponde a una studentessa universitaria. Si permette di modificare il formato originale, ma rimane fedele all'intenzione originaria dell'esercizio introspettivo.

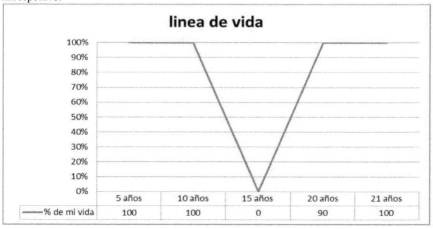

Quando ho elaborato la mia linea di vita, pensando e dovendo tornare al passato per rendermi conto di ciò che mi ha segnato negli eventi felici e spiacevoli, ho potuto rendermi conto che ho avuto un'infanzia molto bella e stabile con la mia famiglia, i miei genitori e mio fratello. Ho molti ricordi molto piacevoli della mia infanzia, tutti i miei compleanni venivano festeggiati, così come quelli di mio fratello, andavamo in vacanza, mi piaceva passare il Natale in un altro Stato perché tutta la famiglia si riuniva, andavamo con alcuni zii e zie che vivevano lì.

Da qui gli altri miei zii e i nonni partivano in carovana, la maggior parte di noi cugini andava con alcuni zii in un pick-up, rilassandoci fino a quando non ci stancavamo di vedere la strada e ci addormentavamo; quando arrivavamo dicevamo che eravamo molto vicini, perché dormivamo tutti e non sentivamo nemmeno il viaggio.

Ci sono molti eventi ed esperienze bellissime che ho vissuto con la mia famiglia. Ricordo anche che quando ero in vacanza stavo con mio fratello e guardavo i film finché non ci addormentavamo in salotto, andavamo tutti a mangiare fuori, al cinema, e i miei genitori, mio fratello e io facevamo tante attività.

Questa felicità è durata fino a 15 anni, perché ho vissuto un evento che mi ha colpito emotivamente, ho avuto discussioni tra i miei genitori fino a quando, a 16 anni, hanno deciso di separarsi. Io sono andata con mia madre e mio fratello è rimasto con mio padre, è stato l'accordo più assurdo e difficile che ho dovuto affrontare quando mi sono separata da mio fratello e da mio padre; pensavo di aver capito la situazione tra i miei genitori, perché pensavo che sarebbe stata la cosa migliore separarsi perché non volevo vederli litigare, ma i loro figli non ci hanno mai chiesto se volevamo separarci. Ho avuto mio fratello per quattro anni, all'epoca aveva undici anni, non eravamo così giovani. Ma mi ha fatto molto male dovermi separare da lui, facevamo tutto insieme, giocavamo, uscivamo, litigavamo, era il mio bambino, sentivo la responsabilità di prendermi sempre cura di lui. Quell'evento, ora so che mi ha fatto maturare sotto molti aspetti, apprezzo quello che ho ora, non mi confronto con gli altri, ma mi rendo conto delle persone, delle cose e delle situazioni che apprezzo molto, perché per me quelle esperienze dolorose non mi rendono una persona migliore o peggiore, tutto quello che è successo fa parte di quello che sono ora, sono stata forte perché ho sempre cercato il lato positivo della vita.

Vendettero la casa dove vivevamo tutti e quattro, ognuno dei miei genitori ricomprò la propria casa, io andavo a trovare mio fratello e mio padre, ma per tutti noi era una depressione così grande che mio padre sembrava essersi dimenticato di me, perché se io non lo cercavo, non lo faceva neanche lui, si concentrava sul lavoro puro, sulla lettura, sui suoi hobby. E mio fratello, non una parola, anche se passava i fine settimana con mia madre o a volte rimaneva con noi a dormire, ma non era la stessa cosa, è cresciuto e ci ha cambiato per i videogiochi, se uscivamo, ricattava mia madre che doveva comprarle qualcosa, è diventato materialista e se mia madre non gli comprava quello che voleva, minacciava di non vederci la settimana successiva e lui si adeguava.

Sono stati tempi difficili, perché mia madre si era stancata di dovergli comprare tutto quello che voleva perché doveva vederlo. Siamo stati quasi sei mesi senza vederci, a causa dell'orgoglio, fino a quando mio fratello è andato alla festa di compleanno di mia nonna e lì ci siamo visti; abbiamo parlato, ma è stato allora che ho capito che il rapporto non sarebbe più stato lo stesso, c'è stato un forte allontanamento, mia madre è caduta in una profonda depressione, che l'ha portata a concentrarsi solo sul suo lavoro. È un'insegnante di scuola media e tutti i pomeriggi li passava a pianificare e correggere compiti, mentre il sabato si iscriveva a giurisprudenza, carriera che ha terminato e che non ha mai praticato.

Mi trascurava molto, non volevo disturbarla, le ho dato spazio per molto tempo perché non le ho mai detto nulla, a volte le parlavo ma era sempre motivo di discussione; così ho deciso di non affrontare più l'argomento, è molto difficile parlare con qualcuno che non ascolta. Sembravo la madre, perché facevo le pulizie di casa, per un po' si dimenticò che ero al suo fianco, ma non parlammo più, a quel tempo frequentavo il liceo, facevo i compiti e come figlia. Quando siamo arrivate entrambe in casa e mi sembrava di vivere con una persona completamente estranea, eravamo sempre sulla difensiva, io ero sempre arrabbiata con lei, non riuscivo a tollerarla, cercavo le mie evasioni, che consistevano nell'uscire di casa, e quando lei era a casa durante la settimana andavo al cinema, nei fine settimana uscivo con le mie amiche, arrivavo la domenica e dormivo tutto il giorno perché avevo i postumi della sbornia e dell'insonnia del giorno precedente. Oltre ai disturbi di mia madre, preferivo stare in camera mia tutto il giorno la domenica, anche il pomeriggio andavo con i miei nonni a mangiare fino a tardi; i miei amici mi venivano a prendere e andavamo a mangiare una michelada e mi riportavano a casa, io andavo a dormire perché fosse lunedì e continuassi con la routine della mia vita.

Ora so che mi stavo ubriacando, perché dal giovedì uscivo a bere con i miei amici, non mi ubriacavo, ma sentivo un vuoto, mi mancava qualcosa e anche se ero circondata da persone che mi davano il loro sostegno in amicizia, o i miei nonni e i miei zii mi parlavano, sentivo che mancava qualcosa nella mia vita, perché non ero felice; e questa è stata la mia vita dai sedici anni fino ai diciannove, perduta, e dico perduta perché ora so che ho solo sprecato il mio tempo in sciocchezze, nel fare solo del male a me stessa. Una volta, ricordo che accettai di andare a un ritiro spirituale con un gruppo di amici, ed era tanto il mio bisogno di incontrare Dio, di trovare quell'amore di cui avevo bisogno, perché dicevo di credere in Dio ma solo tra i denti, perché non lo sentivo e non avevo mai avuto un incontro con lui, o per l'idealizzazione che mi aveva fatto mia nonna di credere che Dio mi amasse ma che io non lo conoscevo, non sapevo nemmeno chi fosse. E da quel fine settimana in cui sono andata al ritiro, la mia vita è cambiata, ho trovato quello che avevo sempre cercato, quella pace e quell'armonia che nessuno psicologo poteva aiutarmi a trovare. Tutto era un processo che stavo scoprendo, ci incontravamo ogni sabato nel gruppo dei giovani.

Ricordo che prima ho mandato mio padre a quel ritiro, poi mia madre con gli adulti e infine mio fratello con i giovani; non riesco a trovare una spiegazione per i piani perfetti di Dio, e molti dicono che sono pazza, ma non importa, perché sono pazza e felice con Dio. Perché so cosa ha fatto nella mia famiglia, la mia famiglia è una testimonianza vivente dell'amore di Dio, perché tutto è stato una parte perfetta della sua opera nel farci tornare insieme, perché i miei genitori hanno fallito in mezzo alle prove del loro matrimonio e si sono arresi nella battaglia, e lo dico perché so che in realtà non hanno mai smesso di amarsi, mi ricordo che ho detto loro di risposarsi e di cercare un partner ma nessuno dei due voleva, mio padre diceva che non poteva dimenticare mia madre e lei a sua volta non poteva.

Dopo quel ritiro, i miei genitori cominciarono a parlare e dopo alcuni mesi noi quattro andammo in terapia per i danni subiti, ma nessuna delle terapie era paragonabile agli esercizi fatti in quel ritiro. Non dico che le terapie fossero cattive, ma avevamo già concluso tutto il dolore che aveva coinvolto la mia adolescenza.

I miei genitori continuarono ad andare insieme ai colloqui matrimoniali, dopo un anno, una sera ricordo che fecero sedere me e mio fratello per parlare, quando ci parlarono dei preparativi per il matrimonio. Mio fratello si girò a guardarmi, io lo abbracciai e piangemmo come non avevamo mai pianto insieme da tanti anni, fu uno dei momenti più belli che ricordo di aver visto l'amore di Dio nella mia famiglia.

Quell'esperienza ci ha aiutato a essere più uniti che mai, non finirei di scrivere tutte le benedizioni che ho ora in questo preciso momento, sono molto felice, e soprattutto ora posso dire di avere una stabilità spirituale, emotivamente mi piace molto.

Portata e benefici sistemici

Sistema personale

La personalità, secondo i teorici, è concepita come quelle caratteristiche che distinguono una persona, cioè le sue qualità specifiche. Il personale si riferisce a ciò che è particolare, proprio e caratteristico di qualcuno, in questo senso entrambe le concezioni coincidono nelle caratteristiche e nelle qualità che si possiedono; tuttavia, può essere possibile che ci siano alcune condizioni che si hanno dall'origine, altre che si stanno sviluppando, quindi ha un rapporto molto intimo con il progresso di se stessi, e in questo stesso senso, questa evoluzione comporta le dimensioni della crescita fisica, fisiologica, cognitiva, morale, sociale, ecc.

Per consolidare la personalità è necessario vivere, e per vivere bisogna esistere, il che implica avere vita, essere reali e veri. Questa concezione dell'esistere come reale e vero per erigere l'individualità e quindi fondare la personalità è molto difficile da realizzare, fondamentalmente perché, secondo

Albert Bandura[88] , i modelli di comportamento familiare e sociale si ottengono per imitazione. Secondo questa tesi, molti dei comportamenti vengono appresi attraverso l'osservazione, per cui il soggetto prima assiste all'osservazione, poi conserva in memoria ciò che ha osservato, quindi lo riproduce, e quando ottiene un rinforzo esterno è motivato, e con questo si stabiliscono i modelli o i comportamenti. Bandura suggerisce che l'ambiente causa il comportamento, il che è vero, ma anche il comportamento causa l'ambiente. Questa bilateralità di influenze è stata definita determinismo reciproco: perché il mondo e il comportamento di una persona si completano a vicenda.

Il determinismo reciproco è noto anche come comportamentismo radicale, perché riduce l'essere umano a un mero riproduttore di comportamenti, senza considerare la sua capacità cognitiva; tuttavia, in seguito, lo stesso autore intraprese alcuni studi e iniziò a considerare la personalità del soggetto come un'interazione tra tre elementi fondamentali, ossia l'ambiente, il comportamento e i processi psicologici della persona. Questi processi consistono nella capacità di ospitare immagini nella mente e nel linguaggio. Dal momento in cui si considera l'immaginazione. Cessa di essere un comportamentismo radicale e inizia a considerare la cognizione dell'essere umano.

Questo è l'aspetto centrale[89] di questa particolare sezione. Sebbene buona parte dei comportamenti che vengono emessi provengano dall'ambiente, arriva un momento in cui il soggetto è proprio in cammino verso l'individualità e adotta gradualmente atteggiamenti più in linea con la sua essenza, e in questo stesso percorso abbandona gradualmente i comportamenti che non corrispondono alla sua personalità. Quindi, il compito principale per sviluppare l'area personale consiste nell'essere e agire secondo la propria natura e non secondo l'ambiente, che pur facendo parte dell'ambiente, non è dinamico come l'essere umano che è davvero molto impegnato, quindi questa condizione gli conferisce molte responsabilità perché sarà sicuramente immerso in molteplici attività che lo fanno sentire utile e produttivo; Tuttavia, a volte queste stesse routine quotidiane lo coinvolgono in un tale livello di dinamismo, che finiscono per allontanarlo dalle sue esigenze personali; tuttavia, è necessario per la sua crescita e il suo sviluppo ottimali, dedicare del tempo a se stesso, questo atto più che un segno di irresponsabilità è un segno di amore per se stesso, e non c'è modo migliore per dimostrare questo apprezzamento che prendersi cura di se stesso. Questa cura di sé implica l'equilibrio di tre aspetti molto specifici, che sono: quello fisico, quello mentale e quello ludico. Per quanto riguarda l'aspetto fisico, occorre considerare due abitudini complementari: la prima si riferisce all'alimentazione quotidiana e la seconda all'attività fisica.

L'alimentazione, a sua volta, implica la qualità e la quantità di ciò che si mangia e il momento in cui lo si fa. In parole povere, ciò significa: cosa e quanto si mangia, e a che ora lo si mangia. Spesso si pone molta enfasi sulla qualità e sulla quantità del cibo che si mangia, pensando che questo sia sufficiente per avere buone abitudini alimentari; Da un punto di vista fisiologico, invece, l'assenza di cibo nell'organismo fa sì che il sistema digestivo basale operi in assenza di cibo e questo provoca un aumento del pH gastrico, Ciò comporta un'alterazione del livello di acidità della mucosa gastrica e, di conseguenza, la comparsa di una gastrite, cioè di un'infiammazione della mucosa gastrica, la cui permanenza può causare alterazioni più gravi che si riflettono su tutto il tratto digestivo, causando di conseguenza un disagio sistemico.

Quindi, mangiare la cosa giusta al momento giusto e nella qualità giusta è proprio la premessa da raggiungere per dimostrare la cura di sé e quindi l'autostima. Ora, una volta raggiunta una maggiore consapevolezza delle abitudini alimentari, si dovrà prendere in considerazione l'attività fisica. Il concetto di attività fisica implica l'attività motoria, quindi un compito motorio è un insieme di azioni che portano una persona a compiere un particolare movimento e che è anche manifesto, cioè osservabile. Il compito motorio comporta un'interrelazione di elementi, quali: percezione, decisione,

---

[88] Bandura A. 1963(Idem)
[89] Principale o che ha più forza e vigore in qualsiasi concetto (http://buscon.rae.es/draeI)

esecuzione e feedback.

Questo significa che dipende in gran parte dalla percezione che il soggetto ha dell'attività fisica per svolgerla, non basta che voglia svolgere l'attività, bisogna anche considerare come si concepisce in relazione all'attività da scegliere, questo punto è strettamente legato alla decisione se la persona decide di iniziare un'attività fisica a partire dalle proprie competenze; cioè, valutando le proprie capacità motorie sarà più facile decidere la frequenza di esecuzione e questo avrà anche un effetto positivo sul suo stato d'animo.

I fattori intrinseci che influenzano l'acquisizione di compiti motori sono, tra gli altri, gli attributi cognitivi, verbali, motori e percettivi legati all'attività fisica. L'obiettivo è quindi la prestazione fisica, e più in profondità la padronanza di determinati compiti, e questi comportamenti diventano evidenti perché soddisfano i seguenti criteri:

- L'esercizio produce un risultato evidente
- È possibile valutare l'effetto in base alla sua qualità o quantità.
- I requisiti dell'esercizio possono essere molto difficili o molto facili.
- Deve esistere uno standard di confronto e un valore normativo.

- L'azione del soggetto deve essere intenzionale

Come si può notare, la conseguenza dell'attività fisica non è solo sul corpo, ma anche sull'umore, perché il rilascio di endorfine aumenterà a sua volta i livelli di serotonina, e con questo l'umore sarà più ricettivo e ottimista.

Infine, la giocosità è legata alla capacità di dare un senso di giocosità all'attività fisica stessa; cioè, l'attività in sé sarà solo un mezzo per mostrare apprezzamento per se stessi, non sarà mai il fine in sé. Ciò implica l'instaurazione di una relazione triangolare tra ciò che si esercita, si mangia e ci si diverte, in funzione dell'apprezzamento di sé, al fine di sviluppare la cura di sé e quindi lo sviluppo personale.

Sistema familiare

L'Accademia Reale della lingua spagnola definisce la parola "famiglia" come un gruppo di persone imparentate tra loro e che vivono insieme. Le persone condividono lo stesso spazio e allo stesso tempo hanno la caratteristica di condividere tratti consanguinei, il che dà loro la possibilità di essere legati. Affinché si crei una famiglia, è necessario che due persone di sesso diverso decidano di unire le loro vite, e quindi di celebrare una cerimonia religiosa chiamata matrimonio o un contratto legale chiamato matrimonio civile. In entrambi i casi, ci sono persone che fungono da testimoni di questo legame e persone che hanno la capacità di concedere validità all'unione, il primo si chiama presbitero e il secondo si chiama giudice. Questa unione si chiama matrimonio ed è da questa figura che nasce la famiglia. La famiglia è la principale forma di organizzazione degli esseri umani e gran parte dell'apprendimento di valori, modelli e atteggiamenti viene acquisito all'interno della famiglia. Successivamente vengono sviluppati a livello sociale.

Si può dire che all'interno della famiglia ci sono tre processi sociali che facilitano lo sviluppo personale, legati alla prossimità, all'esposizione e alla familiarità. Nel primo, chiamato prossimità, si apprendono le quattro zone dello spazio personale di Hall (1959), che descrivono il carattere prosemico delle relazioni interpersonali, costituite dalla zona intima, personale, sociale e pubblica.

Il primo ambito in cui avviene il contatto interpersonale intimo è quello della coppia sposata, cioè la coppia condivide lo spazio intimo in cui i figli non hanno accesso, ma è loro consentito interagire nello spazio personale, in questo stesso spazio si realizzano abbracci, baci e qualsiasi altra forma di manifestazione di apprezzamento o anche di fastidio, in questo stesso ambito è possibile che tutti i membri della famiglia adottino questo stesso tipo di interazione; in realtà, ci possono essere famiglie in cui questo tipo di contatto non viene attuato a causa di alcune credenze religiose o anche di precedenti modelli parentali; tuttavia, una buona parte della popolazione presume che all'interno della famiglia sia possibile manifestare apprezzamento attraverso il contatto corporeo nella zona personale. Nella zona sociale, come indica il nome, c'è meno contatto fisico e predomina il contatto relazionale, il che significa che in questo tipo di relazione la distanza tra le persone è compresa tra 120 e 360 centimetri. Ciò significa che c'è vicinanza nell'interazione con meno contatto, e infine nella zona pubblica le relazioni sono più distanti dalla corporeità e vengono eseguite con persone che non hanno molti rapporti con se stessi.

Tuttavia, un altro fattore che facilita lo sviluppo sociale è strettamente legato al contatto nell'area personale, cioè il contatto costante con i membri della famiglia si traduce in un'esposizione costante, che porta all'esperienza della familiarità.

Questi tipi di manifestazioni umane non solo soddisfano il bisogno di contatto, ma forniscono anche benefici psicologici, che si manifestano in sentimenti di sicurezza, affetto e accettazione; di conseguenza, questi sentimenti possono favorire lo sviluppo di un adeguato concetto di sé e probabilmente di un'adeguata autostima.

Il principale beneficio fornito dalla famiglia sono i valori, che sono una sorta di qualità che conferiscono dignità agli esseri umani e ci permettono di sviluppare attività specifiche. I valori sono principi che ci permettono di guidare il nostro comportamento per realizzarci come persone. "Sono convinzioni fondamentali che ci aiutano a preferire, apprezzare e scegliere alcune cose rispetto ad altre, o un comportamento rispetto ad un altro. Sono anche una fonte di soddisfazione e di appagamento".

Responsabilità, puntualità, bontà, verità, bellezza, felicità e virtù sono alcune delle manifestazioni di questi valori; tuttavia, i criteri per assegnare loro valori precisi sono variati nel tempo. I valori tendono ad avere delle polarità, si può essere responsabili e irresponsabili allo stesso tempo, vediamo: un giovane può essere molto responsabile con i compiti, ma irresponsabile nel trattare i membri della propria famiglia, oppure essere molto puntuale nel frequentare le lezioni e poco puntuale per gli eventi sociali, e a volte i valori possono anche essere confusi, come nel caso della solidarietà tra compagni di classe nello svolgimento di un esame, uno studente che si è preparato adeguatamente per un esame, decide di sostenere solidalmente un compagno di classe che non ha studiato e risponde all'esame, con questa azione la propria responsabilità rafforza l'irresponsabilità del compagno di classe.

Un aspetto molto importante dei valori è che vengono preferibilmente modellati. Sono i genitori stessi, con il loro comportamento, a mostrare ai figli l'importanza dei valori. Si dice infatti che i valori non si insegnano, ma si mostrano, quindi i genitori li inculcano già solo rispettando l'individualità dei figli. In questo modo, la famiglia sarà in grado di fornire ai suoi membri una sicurezza emotiva sufficiente per sviluppare la propria individualità. Per raggiungere questo obiettivo, però, è molto importante che tutti i membri di una famiglia si organizzino e distribuiscano le responsabilità in modo equo e in base all'età dei membri, poiché i benefici di questa azione si rifletteranno gradualmente in altre aree dello sviluppo umano.

La responsabilità non si riferisce solo alla capacità di assumere o intraprendere azioni fisiche verso compiti specifici e di svolgerli correttamente. Si riferisce anche all'impegno nei confronti di se stessi, in termini di riconoscimento dei propri bisogni e di risposta tempestiva ad essi. Un esempio di ciò accade molto spesso nell'ambiente universitario ed è legato al cibo che si consuma. Non mi riferisco alla quantità, ma piuttosto alla qualità e ai tempi di assunzione del cibo. Spesso, infatti, molti studenti non rispettano i tempi fisiologici di ingestione del cibo e questo li porta a subire alterazioni gastriche che prima o poi portano a problemi maggiori. Il motivo di questi comportamenti è che sono responsabili dal punto di vista accademico, ma irresponsabili nei confronti della propria persona. Un altro valore che si acquisisce in famiglia e che si osserva a livello sociale è quello della tolleranza.

La tolleranza implica il rispetto per le persone, le idee, le credenze o le pratiche degli altri quando sono diverse o contrarie alle proprie. È comune che in una famiglia ci siano differenze di idee o di credenze tra i suoi membri, in alcuni ci saranno preferenze per certi temi, sapori, squadre, partiti politici o gusti per certi programmi televisivi, cioè, in una stessa famiglia ci può essere molta diversità tra i suoi membri, il che permette alla famiglia stessa di funzionare come un laboratorio di prove ed errori per mettere in atto la tolleranza. Nello stesso senso, la tolleranza si espande e il rispetto si manifesta proprio come prodotto della tolleranza. Il rispetto è caratterizzato dall'accettazione dell'altro, quindi quando un membro della famiglia aderisce alle norme stabilite, manifesta una sorta di venerazione o di conformità ai modelli di comportamento stabiliti all'interno della famiglia.

Con il solo fatto di rispettare le regole che lo governano, manifesta accettazione, apprezzamento, attaccamento, affetto, responsabilità e tolleranza, cioè si proclama un essere umano sensibile agli altri e a se stesso. Questa formazione di valori aumenterà gradualmente e sarà in grado di trascendere in tutti gli ambiti in cui gli esseri umani coesistono; ora, agire ed essere un individuo con dei valori non solo gli permette di muoversi armoniosamente e di relazionarsi con le persone, ma lo dignifica e gli permette di sentirsi orgoglioso e sicuro di sé.

Il modo migliore per avviare un processo di crescita in questo ambito è conoscere e riconoscere i valori che prevalgono all'interno della propria famiglia, per cui è necessario che ci si assuma le proprie responsabilità all'interno di questa organizzazione, e con questo mostrare responsabilità, apprezzamento, attaccamento, rispetto e tolleranza verso se stessi e verso gli altri.

Sistema affettivo

Questa parte dell'essere umano è legata alle passioni della mente, e quest'ultima si riferisce al principio dell'attività umana che implica il coraggio e l'impegno per qualcosa o qualcuno, implica anche un'intenzione e si manifesta nella decisione di occuparsi o pensare a qualcosa in particolare. Si riferisce anche a ciascuna delle passioni della mente come la rabbia, l'amore, l'odio, ecc. e soprattutto l'amore o l'affetto. Dan Millman[90] sostiene tra l'altro che: "Non importa quanto si possa essere intelligenti, attraenti o talentuosi, ma il grado di dubbio sui propri meriti tende a sabotare i propri sforzi e a minare le relazioni con gli altri. La vita è piena di doni e opportunità; basta aprirsi per riceverli e goderne, e così nella misura in cui si comincia ad apprezzare il proprio valore innato e ad offrire a se stessi la stessa compassione e lo stesso rispetto che si darebbero agli altri. Questa scoperta dell'autostima si manifesterà probabilmente in uno spirito libero, senza paura della libertà". Lo stesso autore distingue tra autostima e autovalore: la prima la collega alla fiducia in se stessi, mentre l'autostima la collega al rispetto di sé. Ciò implica l'accettazione e il rispetto di ciò che si è, cosa spesso difficile da conciliare, soprattutto nei giovani, perché tendono a idealizzare gli altri piuttosto che se stessi. È importante non confondere l'apprezzamento per se stessi con l'egolatria: nel primo caso prevale una visione di sé aderente alla realtà e consapevole delle proprie qualità, sapendo che in questa stessa proporzione si hanno anche dei difetti, che invece di far vergognare la persona che li possiede, funzionano come catapulte che spingono a migliorarsi. D'altra parte, l'egolatria si manifesta con comportamenti di culto, adorazione ed eccessivo amor proprio; questa stessa sopravvalutazione impedisce agli egomaniaci di osservarsi negativamente.

In molte occasioni ho assistito a momenti in cui gli studenti universitari soffrono letteralmente quando viene chiesto loro di presentare al gruppo, è davvero sorprendente come si trasformino da studenti notevoli a studenti deboli di cuore[91] ; il motivo di questo cambiamento improvviso è che tendono a dubitare di se stessi molto facilmente. Da un lato, dubitano della loro capacità di assimilazione; dall'altro, non hanno fiducia nelle loro prestazioni e, dopo una presentazione fallita, si sentono spesso

---

[90] Millman D. 1998 (L'*illuminazione quotidiana: le dodici vie della crescita personale*).
[91] Manca il coraggio di tollerare le disgrazie o di tentare grandi cose. (http://buscon.rae.es/draeI)

delusi da se stessi a causa della loro scarsa presentazione. In genere, dopo questo evento, il giovane si svaluta e non tiene conto del fatto che le sue risorse cognitive sono perfettamente funzionanti e che ciò che è realmente accaduto è dovuto al fatto che non ha sviluppato risorse espositive che non hanno nulla a che vedere con le capacità intellettuali; tuttavia, probabilmente non se ne renderà conto, d'altra parte, può cadere in eccessi che includono una possibile autosvalutazione, provocando un disagio con se stesso, fino ad arrivare all'autoironia. È quindi importante apprezzare il proprio valore innato e offrire a se stessi la stessa compassione e lo stesso rispetto che si darebbero agli altri. Essere compassionevoli e rispettosi con se stessi è il modo migliore per avviare lo sviluppo dell'area affettiva, per cui è necessario imparare a differenziare le capacità che si possiedono e a riconoscere quelle limitanti, che sono appunto tali, cioè capacità che non si hanno ma che si possono sviluppare, L'importante è sapere quali sono questi limiti e in questo modo avviare azioni per costruire o sviluppare risorse per far fronte alle esigenze quotidiane. Non conoscere qualcosa o avere dei limiti in qualche materia non fa di uno sciocco, si tratta solo di riconoscere l'incompetenza e se possibile affrontarla, sapendo che ogni incompetenza può essere terreno fertile per sviluppare efficienze e non per propiziare autosvalutazioni. Queste semplici azioni di conoscenza di ciò che si è e di riconoscimento dei propri limiti sono il modo migliore per imparare a essere compassionevoli e rispettosi di se stessi. Un'altra risorsa che può essere inclusa in questa sezione riguarda la capacità di esprimere e desiderare affetto. Nell'area della famiglia abbiamo commentato l'importanza della famiglia nello sviluppo dell'essere umano, soprattutto quello legato ai valori; ebbene, esprimere e desiderare l'affetto fa parte di questi valori e quindi deve essere tenuto in considerazione per evolvere correttamente in questo processo fenomenologico chiamato vita.

Sebbene la famiglia sia una parte importante dell'organizzazione sociale degli esseri umani, non è esente da alcune imperfezioni. Le relazioni tra padre, madre, fratelli e sorelle sono di solito la costante della famiglia, quindi tra i membri della famiglia possono esserci alleanze o alterazioni che favoriscono o limitano le manifestazioni d'affetto tra i suoi membri, a causa del contatto relazionale permanente possono esserci differenze tra i suoi membri, quindi possono verificarsi discrepanze nel modo di vivere insieme; di conseguenza, alterando il modo di esprimere l'affetto, in alcuni casi i conflitti familiari possono diventare così gravi da causare l'assenza di manifestazioni d'affetto, fino al punto di non parlarsi nemmeno tra fratelli o addirittura tra genitori. La conseguenza di ciò si irradia nell'atmosfera familiare, che sarà spiacevole e tesa per tutti i membri del nucleo familiare, e questo può causare uno stato d'animo poco amichevole da parte dei consanguinei, riducendo così le manifestazioni d'affetto. La conseguenza finale di questa atmosfera familiare si rifletterà sul resto delle aree di sviluppo e quindi sarà difficile ottenere l'incoraggiamento e la motivazione necessari per far fronte alle esigenze quotidiane. Per questo motivo, vorrei mettere a disposizione del lettore la seguente risorsa, che ha lo scopo di aiutare a identificare il tipo di affinità che si ha con i membri della famiglia e di stabilire una sorta di scala di crescita a livello affettivo.

Questa scala è composta da quattro livelli di affinità, che partono dal modo in cui si è in grado di identificarsi con gli altri, e in questa stessa direzione si possono condividere sentimenti o sensazioni, da quelli più intimi e vicini, fino a non condividere nemmeno gli spazi, per non parlare del dialogo.

Descrizione delle affinità

H.A. = Alta Affinità	Questa affinità è caratterizzata dal bisogno di condividere eventi personali e persino intimi che sono rilevanti e importanti per se stessi.
A.M. = Affinità media	Questa affinità è caratterizzata dalla necessità di condividere eventi personali.
A.B. = Bassa affinità	Questa affinità è caratterizzata dalla condivisione del solo spazio della casa e può essere caratterizzata da conversazioni insignificanti senza un profondo dialogo personale.
N.A. = Affinità nulla	Questa affinità è caratterizzata dall'assenza di relazioni tra i suoi membri, che non condividono né lo spazio né il dialogo.

Una volta che la descrizione delle affinità è stata fatta e si è pienamente consapevoli che la scala delle affinità è misurata in base al modo in cui si sente l'affinità con gli altri, cioè si fa in questo modo perché solo si può conoscere la vera affinità che si sperimenta con tutti i membri della propria famiglia.

Scala di crescita e misurazione affettiva

Livello di affinità	Il Papa	Mamma	Fratello	Paziente	Sorella	Sorella
A.A						
A.M.						
A.B.						
A.N						

Scala di crescita e misurazione affettiva Figura F4.2

La regione colorata si riferisce a chi sta eseguendo l'esercizio, e in questo caso si può notare che la paziente è la seconda figlia in ordine decrescente, è la maggiore delle sorelle e condivide lo spazio familiare con entrambi i genitori, un fratello e due sorelle.

Il passo successivo è quello di iniziare con una valutazione individuale, misurando il proprio livello di affinità con i diversi membri della famiglia. Una volta completata la valutazione con tutti i membri della famiglia, la scala viene analizzata e quindi è possibile vedere con chi si ha una buona affinità e con chi si dovrebbero intraprendere azioni per aumentare l'efficienza relazionale tra i membri di una famiglia.

In seguito, vengono mostrati i risultati e la portata che si possono ottenere attraverso l'uso di questa scala. La scala è stata utilizzata da una giovane studentessa universitaria e si può osservare che include azioni molto specifiche per aumentare il livello di affinità tra i membri della famiglia, trascendendo il suo effetto anche alle relazioni di amicizia e di frequentazione.

Scala di crescita e misurazione affettiva

Livello di affinità	Mamma	Fratello 1	Fratello2	Fratello 3	Paziente	Fidanzato	Amico
A.A		J				J	J
A.M.	J						
A.B.			J	J			
A.N							

Descrizione delle affinità

H.A. = Alta Affinità	Voglio sempre condividere
A.M. = Affinità media	Ci sono cose con cui sono d'accordo, ma altre cose personali che non condivido.
A.B. = Bassa affinità	Condivido solo lo spazio
N.A. = Affinità nulla	Non sono d'accordo con nulla

Mamma A.M:

Con mia madre vado d'accordo, parliamo di molte cose e ridiamo molto; ma la metto in affinità media

perché, pur fidandomi di lei, non sono in grado di dirle tutto quello che mi succede veramente;

diciamo che il mio rapporto con lei è maggiore quando siamo entrambi felici, ma quando sto male e sono triste per qualsiasi motivo, non ne parlo quasi mai con lei, oltre al fatto che non è molto dimostrativa di affetto, né espressiva di quello che prova; Altre cose di cui non oso parlarle sono i problemi che ho nel rapporto con il mio ragazzo, e molto meno della sessualità nella mia relazione.

Fratello 1 A.A:

Ho 3 fratelli, e questo fratello è l'unico con cui ho una grande affinità, è più giovane di me, ma il nostro rapporto non è "io sono una sorella adulta e tu devi fare quello che dico io", ma la nostra dinamica è alla pari, abbiamo entrambi molta fiducia e ci raccontiamo cose di cui non osiamo parlare con altri membri della famiglia. Mi piace molto il rapporto che ho con lui, perché so che qualsiasi decisione io prenda, lui è sempre al mio fianco e io sono sempre lì per lui.

Fratello 2 A.B:

Questo fratello è più grande di me, con lui metto che ho una bassa affinità, perché in realtà anche se viviamo nella stessa casa, condividiamo solo quello, la "casa", io e lui siamo molto diversi, credo totalmente. A volte ho fatto dei tentativi per riuscire a comunicare meglio, ma sento che lui non me lo permette, e nonostante questo ho continuato con i tentativi. Lui assume il ruolo di "sono il più grande dei fratelli che vivono in questa casa, quindi sono il leader e tutti, compresa mia madre, devono obbedire a quello che dico", invece di ispirare fiducia, fa paura, e non ti dà quello spazio libero per poter commentare molte cose perché sento che si arrabbierà e mi sgriderà e litigheremo di nuovo come sempre; per questo a volte smetto di insistere sui comportamenti che faccio per avere più "comunicazione" con lui.

Fratello 3 A.B:

Beh, la mia affinità con questo fratello è bassa, non per un cattivo rapporto tra fratelli, ma per circostanze esterne a noi, lui è andato negli Stati Uniti per lavorare lì, vive con gli zii da parte di mio padre. Mi chiama ogni settimana, ma di solito solo mia madre gli parla, io gli parlo raramente e non perché non voglia, ma perché sto dormendo o sono fuori casa, ma quando gli parlo è un buon rapporto che abbiamo entrambi.

Il fidanzato A.A:

Con il mio partner ho un'ottima comunicazione e molta fiducia, posso raccontargli qualsiasi cosa mi sia successa durante la giornata, senza paura o timore che possa criticarmi, arrabbiarsi o rimproverarmi; con lui sono molto trasparente, esprimo le mie gioie, le mie paure, la rabbia, la tristezza, le frustrazioni, il risentimento e innumerevoli situazioni e sentimenti.

Amico A.A.:

Mi trovo molto bene con lei, abbiamo molte affinità e gusti in comune, a volte mi sento come la sorella maggiore che si prende cura di lei, ed è così che la vedo, come una sorella a cui posso condividere tutto quello che mi succede, e lei mi racconta molte cose, quando sono con lei posso esprimermi così come sono, e parlare per ore di innumerevoli argomenti, condividendo opinioni e naturalmente spesso non siamo d'accordo su certe cose, ma comunque rispettiamo i diversi punti di vista.

L'unica persona con cui vorrei fare un ulteriore tentativo di aumentare l'affinità è mio fratello 2, non con mia madre perché so che non oserei confessarle molte cose intime.

Azioni che faccio con il fratello 1 A.A.	Azioni che faccio con il fratello 2 A.B
Gioco "luchitas	Racconto barzellette
Racconto barzellette	A volte usciamo
Guardo i programmi televisivi che gli piacciono	
Gli chiedo come va a scuola	
Parlo degli amici che ha e di come va d'accordo con loro.	
Facciamo una passeggiata insieme	
Mi accompagna nei luoghi dove voglio andare.	

E in realtà non avevo intenzione di inserire nulla nel fratello 2, ma solo quello che potrei salvare, come ho detto prima, ho già fatto alcuni tentativi per migliorare la relazione con lui, ma ottengo sempre lo stesso risultato. E analizzando ora che faccio la lista delle attività, comincio a credere che sarà lo stesso risultato delle occasioni precedenti, ma farò comunque il tentativo. Ho cercato di essere più aperta con lui, ma lui mi vede sempre come la donna più giovane, la ragazzina di cui dovrei prendermi cura invece di considerarmi solo come sua sorella, ha assunto un ruolo che non ho chiesto io, ma che, a causa delle circostanze, ha deciso di assumere, il ruolo di padre gli calza a pennello perché è molto dominante e manipolatore, ma da quando ho memoria ho avuto problemi con lui, forti litigi che mi hanno portato persino ad uscire di casa; Allora inizio a pensare a cosa sta succedendo perché non riesco ad avere un buon rapporto con lui, perché ci provo e ci riprovo, e sento solo che non è interessato e che forse gli va bene il modo in cui abbiamo il nostro rapporto; ma ora, cosa faccio per calmare questo bisogno di andare d'accordo con lui o come faccio ad accettare questo fatto. Posso dire che mi piacerebbe parlare con lui del suo lavoro, ma cerco di avere più comunicazione e la sua risposta è: "perché ti interessa, non parlare così, non dire quella parola, suona male, siediti, ho sempre ragione io", e perché continuo a parlargli? E perché continuo, è difficile per me avere una conversazione con lui, è molto autoritario, ha sempre ragione e non posso mai metterlo in discussione.

Ma elencherò le cose che potrei fare per farlo funzionare:

- Sforzatevi di parlare del vostro lavoro, della vostra vita privata e di eventuali problemi.
- Essere me stesso nonostante quello che dice.
- Non prendere per buone le cose che mi dice.
- Vedendo la situazione in cui vi trovate, cerco di mettermi nei vostri panni e di immedesimarmi.
- Cercate argomenti in comune o di interesse per entrambi e organizzate la comunicazione su questa base.
- Chiedete come è stato, come si sente e se ha bisogno di qualcosa.

Non so se funzionerà davvero, ma posso fare un ultimo tentativo, perché voglio davvero cambiare questa relazione.

Sistema sociale

Fare riferimento al sociale implica considerare la società, e questa a sua volta implica un tipo di compagnia, di società e di alleanze; il che implica necessariamente che per avviare uno sviluppo sociale è necessario essere accompagnati, cioè allearsi con altri che in qualche modo coincidono negli interessi da raggiungere, il solo fatto di rimanere o di condividere spazi incoraggia le persone a dispiegare la compagnia. La socializzazione è un presupposto intrinseco dell'essere umano, dovuto al fatto che tutti gli esseri umani hanno caratteristiche gregarie, che portano a essere o a far parte di gruppi sociali. Le risorse o competenze primarie si ottengono nella famiglia d'origine, in questo nucleo dello sviluppo umano si plasmano queste forme di interrelazione, in alcuni casi le diverse famiglie forniscono molte risorse affinché il soggetto sia adeguatamente incorporato nel contesto sociale, ma in altri casi le risorse che si ottengono non sono sufficienti o sono inadeguate e questo limita di per sé l'agile incursione nel piano sociale.

Se osserviamo e accettiamo la rilevanza della socializzazione, e soprattutto se attribuiamo a questa attività dei vantaggi personali, possiamo allora constatare che la socializzazione, più che una ricerca, è una necessità da consolidare, perché nell'esercizio stesso della socializzazione si ottengono grandi benefici, che in qualche modo si ripercuotono sugli altri ambiti dello sviluppo personale. Socializzare equivale a relazionarsi con gli altri e per farlo è necessario utilizzare le proprie risorse; una di queste è la capacità di comunicare, che, come si è detto nel paragrafo sulla comunicazione, coinvolge molti aspetti di natura cognitiva e percettiva. Allo stesso modo, è stato stabilito che comunicare implica pensare, strutturare, immaginare, argomentare, cioè la comunicazione con gli altri favorisce lo sviluppo di competenze cognitive e sociali.

Queste competenze si rafforzano con l'aumentare dell'alone relazionale, come quando si getta un sasso in un fiume e si vede che nel punto in cui il sasso cade si forma un cerchio che a sua volta dà origine a un cerchio più grande e così via fino a coprire un'ampia porzione, perché è proprio questo che si chiama alone relazionale, il soggetto inizia un dialogo con qualcuno e questo incontra un'altra persona che viene coinvolta nel dialogo e così via gradualmente fino a inglobare un gran numero di conoscenti. Questo fenomeno relazionale rafforza la capacità del comunicatore di conoscere diversi modi di pensare, discutere, agire, risolvere, amare, ecc. Questo fenomeno aumenta in modo esponenziale e si traduce in competenze sociali che verranno poi utilizzate in altri ambiti, come l'istruzione e il lavoro.

Nonostante la possibilità di ottenere questi benefici personali, molte persone scelgono di non entrare nella sfera sociale, e le ragioni di questa decisione possono essere consapevoli o inconsapevoli. Sono consapevoli quando le persone si sono già avventurate in incontri o gruppi e non sono riuscite a sentirsi a proprio agio e integrate, e quindi decidono di non continuare le relazioni, per cui ricorrono a una miriade di argomentazioni che, più che spiegare le ragioni, funzionano come giustificazioni personali e arrivano persino all'estremo di denigrare situazioni o persone.

Tuttavia, possono essere inconsapevoli quando non sono stati precedentemente coinvolti in una riunione o in un gruppo; tuttavia, decidono di non partecipare a eventi che coinvolgono relazioni personali.

In entrambi i casi (conscio e inconscio), probabilmente è perché le persone non hanno sviluppato le abilità sociali. Ma per approfondire queste abilità, dovremmo prima stabilire una definizione stessa, che secondo Meichenbaum, Butler e Grudson[92] (1981) sostiene che è impossibile stabilire una definizione coerente di competenza sociale, in parte a causa del mutevole ambiente sociale, aggiungendo poi che: "l'abilità sociale deve essere considerata all'interno di un determinato quadro culturale, e i modelli di comunicazione variano ampiamente tra le culture e all'interno della stessa cultura, a seconda di fattori quali l'età, il sesso, la classe sociale e l'istruzione". Come si evince da questa citazione, è necessario considerare diversi fattori che sono direttamente collegati alle abilità sociali; in questo senso, ad esempio, in un'università pubblica converge una grande varietà di studenti provenienti da regioni diverse e, quindi, con abitudini molto varie, per cui stabilire relazioni sociali in questo contesto favorisce davvero una grande crescita personale con le conseguenti abilità sociali.

Tuttavia, una buona parte degli studenti che entrano in questi centri di studio decide di non sfruttare questi benefici naturali, invece di cercare di relazionarsi con tutti i compagni del gruppo o dell'università, sceglie di relazionarsi solo con alcuni, diventando così studenti selettivi che vivono solo con chi coincide negli interessi comuni, e senza nemmeno rendersene conto perdono grandi opportunità di avanzamento sociale, che in seguito saranno molto utili per loro una volta entrati nel mercato del lavoro.

Tuttavia, essere un apprendista selettivo quando si tratta di socializzare può non essere un male, perché questa particolarità può persino aiutare a proteggersi dall'incontro con persone che possono avere interessi molto diversi dai propri; quindi, normalmente si usa il proprio intuito per entrare in contatto con gli altri. Tuttavia, quando si mantengono le stesse amicizie, si rischia di mantenere lo stesso livello di relazioni e di non accrescere le competenze sociali, e può accadere che comportamenti ritenuti appropriati in un contesto non lo siano in un altro, o che lo studente porti nella situazione i propri atteggiamenti, valori, credenze, capacità cognitive, e adotti un unico stile di relazione, dando per scontato che tutti sappiamo cosa sono le competenze sociali e che queste sono state apprese in modo intuitivo. Questo fa sì che molti studenti non si rendano conto dell'importanza della convivenza quotidiana nell'aula universitaria; è in questo contesto naturale che si possono provare molti dei comportamenti pro-sociali, è qualcosa di simile a un laboratorio perfettamente attrezzato con tutti gli elementi necessari perché il soggetto sperimenti atteggiamenti e comportamenti che in un dato momento gli saranno molto utili in tutti gli ambiti in cui si relaziona. Per questo colpisce che la maggior parte degli studenti universitari non si renda conto di questa ricchezza e anzi riduca notevolmente il raggio delle amicizie, e quindi la propria crescita.

Il campo delle relazioni sociali è talmente vasto che vale la pena dedicargli un intero trattato. Farlo ci costringerebbe ad abbandonare il percorso tematico precedentemente delineato per lo sviluppo di questo libro, e non raggiungerebbe l'obiettivo principale, che è solo quello di mostrare alcune ripercussioni positive e negative dello sviluppo dell'area sociale, per questo mi permetterò di esporre alcune dimensioni delle abilità sociali che sono state studiate in entità spagnole proprio da ricercatori

---

[92] E. Caballo V.1991 (*Manuale di tecniche terapeutiche e di modificazione del comportamento*)

spagnoli, (Caballo 1989; Caballo e Buela 1988[a] ; Caballo, Godoy e Buela 1988; Caballo e Ortega 1989). Essi suggeriscono le seguenti dimensioni che mostrano un adeguato sviluppo delle abilità sociali.

- Avviare e mantenere le conversazioni
- Parlare in pubblico
- Espressione di amore, simpatia e affetto
- Difendere i propri diritti
- Chiedere favori
- Rifiutare le richieste
- Fare i complimenti
- Accettare i complimenti
- Espressione di opinioni personali, compreso il disaccordo
- Espressione giustificata di fastidio, disappunto o irritazione
- Chiedere scusa o ammettere l'ignoranza
- Richieste di cambiamenti nel comportamento dell'altro
- Affrontare le critiche

Come si può notare da queste dimensioni del comportamento, è probabile che molti studenti siano molto abili in alcuni comportamenti ma solo in determinati contesti, ad esempio molto estroversi e abili in famiglia, ma in altri contesti potrebbero essere piuttosto introversi e limitati. Quindi, lo sviluppo dell'area sociale focalizza la sua attenzione sul dispiegare la capacità di emettere questi comportamenti nella maggior parte degli scenari in cui uno studente si muove, in alcuni sarà possibile raggiungere molta efficienza personale, ma in altri potrebbe essere in un dato momento molto difficile e complicato raggiungere tali efficienze, l'importante è essere pienamente consapevoli di quali sono queste dimensioni e stabilire se stessi gli obiettivi dello sviluppo radiale per raggiungere l'efficienza sociale nella maggior parte delle aree dell'essere umano.

Sistema accademico

Il sostegno principale di questa sezione è orientato all'aspetto accademico, che si suppone sia già molto evoluto negli studenti universitari, soprattutto a livello cognitivo. A questo punto della loro vita accademica, gli studenti hanno fatto progressi non solo nella sfera cognitiva, ma hanno anche sviluppato competenze etiche e morali, motivo per cui una buona parte della popolazione universitaria si trova negli stadi quattro, cinque e sei dello sviluppo morale secondo la teoria di Lawrence Kohlberg (1968); Questa teoria ipotizza tre livelli di sviluppo morale e sei stadi, i primi tre si raggiungono nei primi anni di vita, gli altri si consolidano con la maturazione dell'essere umano, in questo caso ci interessa il quarto stadio che è caratterizzato dalla capacità dello studente di concepire il sistema sociale e allo stesso tempo di esserne consapevole. Conosce e riconosce cosa sono la legge e l'ordine, e in questa fase è in grado di concepire il sistema sociale che definisce i ruoli individuali e le regole del comportamento sociale.

Le relazioni individuali vengono considerate in base alla loro collocazione nel sistema sociale e sono in grado di differenziare gli accordi e le motivazioni interpersonali dal punto di vista della società o del gruppo sociale di riferimento. La fase successiva parte da una prospettiva precedente a quella della società: quella di una persona razionale con valori e diritti precedenti a qualsiasi patto o legame sociale. Le diverse prospettive individuali vengono integrate attraverso meccanismi formali di accordo, contratto, equità e procedura legale.

Nel sesto stadio si raggiunge una prospettiva propriamente morale da cui derivano gli accordi sociali. È il punto di vista della razionalità, secondo il quale ogni individuo razionale riconosce l'imperativo categorico di trattare le persone come sono. Secondo questa teoria della morale, lo studente è già in grado di riconoscere la portata dei suoi rapporti con gli altri ed è consapevole delle implicazioni positive e negative del rispetto delle leggi e dell'importanza degli accordi che vengono presi in tutti gli ambiti della sua esistenza. Questo lo porta a sviluppare livelli di coscienza che, secondo Bernard Lonergan (1957), ha chiamato "metodo trascendentale", che parla di quattro livelli di coscienza. Ogni livello è determinato dal tipo di relazione che il soggetto intende stabilire, e di fatto stabilisce attraverso una serie di operazioni coscienti, con l'oggetto. In questo caso, ci si riferisce allo studio, per il quale, al primo livello, compare l'intenzione, che consiste nel prestare attenzione solo agli argomenti presentati in classe. Al secondo livello, oltre a prestare attenzione alla lezione, cerca anche di capire ciò che viene presentato. Al terzo livello, oltre ai livelli precedenti, aggiunge un'organizzazione degli argomenti che ha compreso e stabilisce categorie di ciò che ha assimilato. Infine, al quarto livello, si assume la completa responsabilità di ciò che ha seguito, compreso e organizzato degli argomenti visti.

In questa parte dell'evoluzione dell'essere umano c'è già una piena consapevolezza di ciò che rappresenta l'astratto e il concreto, in astratto è in grado di riconoscere la bontà e la cattiveria, l'onestà e la disonestà negli esseri umani, sa interpretare gli atteggiamenti e le intenzioni degli altri. E a livello concreto, è in grado di collegare ciò che impara a scuola con la realtà in cui vive quotidianamente.

Ciò significa che è possibile assimilare la parte strumentale (contenuti tematici) e quella integrativa (problemi reali), e questo si riflette nello schema di apprendimento, dove predomina il modello deduttivo, perché i concetti, le definizioni, le formule o le leggi e i principi sono già ben assimilati dallo studente, poiché le deduzioni sono generate da questo metodo. Ciò è più attraente e vantaggioso per lo studente, in quanto evita un maggior lavoro e risparmia più tempo. A questo punto della vita dello studente, l'insegnante non è più concepito dallo studente come fonte di conoscenza, lo studente è ora in grado di mettere in discussione le "verità assolute" dell'insegnante; gli è permesso di dubitare di ciò che sente, può anche accadere che ciò che lo studente sa non corrisponda a ciò che sapeva in precedenza su un argomento, quindi molti studenti universitari ristrutturano inconsciamente la loro posizione in relazione al concetto di dubbio.

Vale la pena di approfondire questo punto. In passato, molti pensavano che dubitare fosse sinonimo di ignoranza e questo, nel contesto dell'educazione, significava che se qualcosa che si sentiva o si leggeva non corrispondeva alle proprie conoscenze precedenti, si dubitava o non si credeva. E quindi veniva negato, generando in lui sentimenti di disagio che oscillavano tra la vergogna e la paura.

Ora, con la ristrutturazione sapienziale e con un maggiore sviluppo cognitivo, lo studente è in grado di integrare il piano astratto e quello concreto, di conseguenza può capire e dedurre che la parola dubbio significa solo una distanza tra ciò che si conosce dell'argomento e ciò che qualcun altro sostiene di sapere su di esso, quindi si stabilisce un confine. Questo confine (ciò che si sa su qualcosa e ciò che qualcun altro sostiene di sapere su di esso) si chiama dubbio. Quindi, con questa ri-significazione semantica della parola, si adotta un nuovo paradigma del concetto di "dubbio", ora è possibile sapere e riconoscere che una persona che dubita è una persona intelligente; d'altra parte, una persona che accetta come verità assoluta tutte le informazioni che sente o legge è una persona ignorante.

Dal mio punto di vista, il modo migliore per sviluppare quest'area è quello di fare delle trasduzioni della materia strumentale ottenuta in classe e portarla ad applicazioni concrete nella vita reale e persino nel contesto stesso; per questo è necessario utilizzare altre risorse o strategie di apprendimento che permettano proprio questa integrazione, le strategie *metacognitive* sono un modo eccellente per realizzare questo compito, con queste risorse si possono stabilire analogie contestuali, situazionali, spaziali, attitudinali, ecc.

Un'altra risorsa spesso molto utile quando si cerca di stabilire relazioni tra nozioni specifiche sono le mappe concettuali, che hanno la particolarità di presentare solo l'idea principale ed è lo studente che, nel fare la spiegazione della mappa, approfondisce le particolarità dell'argomento. Anche le strategie mnemoniche, come le parole chiave, sono ottime soluzioni per condensare frasi complete che hanno un certo grado di complessità.

Si vede che in questa parte del percorso accademico lo studente affronta le richieste accademiche, studiando in modo tradizionale; e in effetti, queste risorse sono adeguate e soprattutto funzionali, tuttavia in molte occasioni alcuni studenti non hanno ben sviluppato l'abitudine alla lettura, e per lo stesso motivo è difficile per loro mantenere l'attenzione sull'argomento che si sta leggendo, facendo sì che lo studente sperimenti la sensazione di stare perdendo tempo; il che fa sì che emotivamente non sia disposto a continuare il contatto con la lettura, ed è per questo che ci sono nel livello educativo una buona quantità di questo tipo di risorse. Spetta agli studenti stessi cercare le risorse che meglio si adattano alle loro esigenze di conoscenza, sapendo che nel mondo della conoscenza formale non tutti gli strumenti *metacognitivi* avranno la stessa utilità, per cui devono prima sapere che tipo di risorse esistono e poi scegliere quella che meglio si adatta alle loro esigenze. Tutte le risorse hanno i loro ambiti e limiti, ma tutte, in un modo o nell'altro, possono contribuire ad aumentare il potenziale cognitivo, si tratta solo di investire un po' di tempo nella loro ricerca.

Infine, vale la pena di menzionare l'importanza del luogo che si sceglie per studiare, personalmente sconsiglio di studiare nella stanza da letto perché c'è una relazione del luogo con l'abitudine di dormire; tuttavia, ci sono casi in cui lo spazio che si ha a disposizione è nella stessa camera da letto, ebbene in questo senso, si raccomanda di non accendere la televisione se ne avete una, e si consiglia invece di ascoltare musica soft, appositamente studiata per aumentare le prestazioni di lettura.

Purtroppo, nella maggior parte delle case di oggi, sono stati progettati spazi abitativi, camere da letto, bagni, soggiorni e sale da pranzo, ecc. Questo significa che in molte case non c'è uno spazio adeguato per gli studenti per svolgere il loro lavoro, quindi bisogna considerare anche il momento migliore per studiare e, in questo, il modo di prepararsi allo studio, il che implica che se si ha sonno e allo stesso tempo si ha la necessità di studiare, è preferibile prima riposare qualche istante e poi assumersi la responsabilità di studiare con uno stato d'animo più rilassato; Personalmente, il momento migliore per studiare è la mattina presto, poiché ho già fatto un sonno ristoratore e a quell'ora del giorno tutti dormono e non ci sono interferenze o distrazioni; questo mi permette di combinare il riposo e lo stato d'animo rilassato, e lo spazio calmo, questa congiunzione mi permette di sviluppare una migliore efficienza di lettura e comprensione dei testi che vengono rivisti, oltre al fatto che il tempo investito in questo processo è minore rispetto a quello che si avrebbe se la necessità di studiare fosse affrontata in condizioni inadeguate.

Sistema di gioco

L'essere umano, dal punto di vista genetico, è dotato di molte capacità e risorse per far fronte alle esigenze della vita durante tutto il processo dell'esistenza, ha la forza fisica per trasportare, spingere, tenere, ha la forza mentale per mantenere il ritmo del lavoro anche quando è sconvolto, ha la forza volitiva per andare avanti anche a dispetto di possibili crisi, ha la capacità di pensare, decidere, agire, rivalutare e perseverare, può provare paura, rabbia, avversione, sorpresa, tristezza, ma soprattutto può e deve provare gioia. Può provare paura, rabbia, avversione, sorpresa, tristezza, ma soprattutto può e deve provare gioia. Ma perché deve provare gioia? Il motivo dell'imperativo "deve" è dovuto essenzialmente agli stati d'animo che provoca nell'organismo e alla sua conseguenza riflessa a livello ormonale. Perché la gioia è uno stato che provoca divertimento, euforia, gratificazione, fornisce un senso di benessere e sicurezza. Se teniamo conto che le emozioni hanno una funzione adattativa, possiamo vedere che essere felici ci induce a riprodurci, cioè vogliamo riprodurre l'evento che ci fa stare bene.

Gli esseri umani possiedono circa 42 muscoli diversi a livello facciale. Quindi, quando si vive una situazione piacevole, questa viene espressa a livello facciale, ed è per questo che tutti i muscoli del viso si attivano; il modo in cui questi muscoli si muovono è legato al modo in cui viene espressa una certa emozione, ogni persona ha sorrisi diversi, che a loro volta esprimono gradi diversi di gioia.

A volte può essere difficile spiegare i sentimenti a parole. E poi il sorriso è un altro modo socialmente accettato di comunicare e di sentirsi integrati in un gruppo sociale. È importante ricordare l'esigenza gregaria degli esseri umani, per cui comunicare ed essere integrati è qualcosa di rilevante per l'essere umano. Sigmund Freud (1856-1939) sosteneva che gli esseri umani hanno una tendenza naturale a evitare il dolore, motivo per cui sono motivati da tutto ciò che procura loro piacere e li allontana dalla sofferenza; secondo questo autore, siamo una specie con tendenze edonistiche, il che significa che il piacere è l'obiettivo supremo della vita negli esseri umani.

Personalmente, ritengo che ci siano altri fattori che motivano le persone, non solo il piacere, tuttavia possiamo renderci conto che in una parte della popolazione questo è ciò che prevale. L'area accademica favorisce lo sviluppo della cognizione, e questo si riflette nei tipi di ragionamento che vengono emessi, per cui si può osservare la crescita del piano mentale, ma non sempre è necessario dedicare tanto tempo all'area cognitiva, perché può verificarsi una saturazione e quindi una sorta di ostacolo mentale che impedisce un migliore rendimento scolastico; Questa situazione provoca la necessità di svolgere un'altra attività che non implichi un maggiore sforzo fisico e mentale, ma che invece permetta di distogliere l'attenzione e provochi un riposo mentale, inoltre il gioco può contribuire a dissipare questa tensione e a generare un'altra atmosfera che favorisca l'igiene mentale.

L'attività ludica può essere svolta attraverso un'attività fisica vigorosa, come la pratica di uno sport di squadra o individuale, una passeggiata di fondo, una nuotata in un laghetto o in una piscina, oppure nella comodità della propria casa, giocando a giochi di società con qualcuno della famiglia, o ancora leggendo un buon romanzo di fantascienza o poliziesco, o magari disegnando schizzi pittorici, probabilmente creando poesie o canzoni e suonando uno strumento musicale, o magari facendo giardinaggio, ecc. Come si vede, le possibilità di occupazione ludica sono molteplici; l'importante, in questa parte della vita, è innanzitutto rendersi conto dell'importanza di sviluppare quest'area che, lungi dall'essere una distrazione nella vita, è un'importantissima fonte di catarsi personale e di igiene mentale.

La televisione è stata creata per vari scopi, uno dei quali è che la sua funzione principale è proprio quella di distrarre gli spettatori offrendo programmi attraenti che cercano di intrattenerli con un'infinità di risorse. La verità di questa distrazione è più che perversa, il vero intento di questi programmi è quello di indurre il soggetto ad acquistare prodotti di cui non ha bisogno, ma in cambio gli promettono di godersi la vita consumando i prodotti che vengono promossi e che gli presentano piccole storie di conquiste personali o familiari, attraverso l'uso di questo o quel sapone aromatico, o che la madre sarà più amata dal marito e dai figli, perché i suoi asciugamani da bagno sono più morbidi e profumati perché li lava con un certo prodotto.

La perversione a cui mi riferisco è che anche i produttori televisivi conoscono l'importanza del gioco negli esseri umani e riconoscono questa stessa esigenza, solo che ne approfittano per incorporare la loro visione commerciale e di conseguenza si avvalgono del principio di Premack (1965) che recita: "Di una qualsiasi coppia di risposte o attività in cui un individuo si impegna, quella più frequente rinforzerà quella meno frequente"; questo, detto in parole più semplici, propone che un comportamento di maggiore probabilità possa rinforzare uno di minore probabilità.
Secondo questo principio, l'essere umano ha bisogno di distrarsi, e per questo può distrarsi senza fare nulla di fisico; può cioè distrarsi semplicemente sedendosi su una comoda poltrona e guardando la televisione, oppure può svolgere qualche attività che implichi dinamismo, sia esso manuale o corporeo, quindi il comportamento più frequente è quello di stare seduti senza fare nulla, e quest'ultimo rafforza erroneamente il concetto di ludicità.

Così, i produttori televisivi utilizzano questo concetto e sfruttano la loro proposta in modo subliminale, cioè al di sotto della soglia di percezione, il che fa sì che l'individuo non si renda conto del vero messaggio, che consiste nel supporre che il consumismo lo renderà felice, mentre in realtà genera più infelicità, perché non avrà abbastanza soldi per comprare tutto ciò che viene promosso e che apparentemente risolve i suoi bisogni umani, mentre in realtà promuovono solo bisogni acquisiti che contribuiscono poco al vero sviluppo umano, anzi, promuovono in misura maggiore sentimenti costanti di insoddisfazione con se stessi e con l'ambiente circostante. Quindi, la perversione consiste nel distogliere l'attenzione che dovrebbe essere data ai propri bisogni e, al loro posto, ci si occupa di bisogni acquisiti che non hanno nulla a che fare con la vera essenza dell'essere umano.

Una risorsa che può essere utilizzata per risolvere questo problema attuale è la creatività, cioè si possono creare le proprie risorse per svilupparsi in modo ludico. Ad esempio, si può inserire l'attività di giardinaggio, che permette di attivare il corpo e allo stesso tempo di imparare a coltivare fiori e piante da utilizzare per decorare il proprio ambiente; oppure si può imparare a suonare uno strumento musicale, o imparare un'altra lingua, scrivere un diario, imparare nuove parole, comporre puzzle, giocare a giochi da tavolo, leggere libri su argomenti diversi, ecc. Qualunque sia l'attività, l'importante è ottenere una sensazione di gioia, proprio perché, come abbiamo detto sopra, la gioia, oltre a stimolare i muscoli facciali, contribuisce a far sì che l'essere umano si diverta, provi euforia, si senta gratificato con se stesso e con la vita, e gli dia una sensazione di benessere, che si traduce in una migliore disposizione psicologica, che si rifletterà in una visione più ottimistica del mondo in cui vive, e questo di per sé può dargli più sicurezza per fidarsi di se stesso.

Ora, supponiamo che non vogliate fare nessuna delle possibili attività menzionate sopra e decidiate invece di guardare la televisione, quello che potete ottenere allora è guardare e mettere in discussione, come abbiamo espresso nello sviluppo dell'area accademica, cioè dubitare di tutto ciò che vedete e sentite, stabilire una distanza tra ciò che supponete essere la verità e la verità che la televisione promuove. Ricordate che questo

I media sono stati creati per scopi di marketing, non tanto per contribuire al pieno sviluppo dell'essere umano, e molto di ciò che viene presentato non è realmente frutto della realtà. Infatti, il potere mediatico della televisione è così grande che oggi si dà molta credibilità a ciò che viene mostrato. Pertanto, il dubbio è di per sé una risorsa creativa che attiva il proprio intelletto e permette di utilizzare la propria lateralità mentale, che *di per sé* contribuisce allo sviluppo dell'essere umano.

Sistema sessuale

"La fame e l'appetito per il cibo sono così naturali che non ci rendiamo conto di quanta energia viene rilasciata nel soddisfarli. Lo stesso vale per il rilascio di energia sessuale. È naturale come le nuvole nel cielo o le onde nel mare. Se questi impulsi vengono repressi, l'energia naturale verrà indirizzata verso la creazione di ossessioni, compulsioni e questo può portare a sensi di colpa. Non si tratta di negare o assecondare l'energia della vita. Si tratta invece di osservare e accettare l'intensità di questa energia per poterla incanalare in modo saggio. È possibile celebrare l'umanità abbracciando la sessualità. Questa è la visione della sessualità assunta da Dan Millman (1998), nel suo libro "Everyday Enlightenment". In questa sezione si riferisce alla sessualità come a un modo di celebrare la vita, il che è abbastanza logico, poiché attraverso questa risorsa umana si presenta la genesi della vita.

È molto interessante l'analogia che fa tra l'istinto della fame o anche il piacere per il cibo con la sessualità, entrambi sono presagi dell'umanità, i fiori hanno bisogno della luce del sole per produrre la fotosintesi, gli animali uccidono solo per fame e per perpetuare la loro specie, come nel caso dei grandi felini; Anche nell'uomo la fame è un bisogno, così grande che se per qualche motivo non viene soddisfatto, non è possibile mantenere l'attenzione, e ci sono persino casi in cui l'assenza di cibo provoca malumore e perdita della calma. Lo stesso vale per la sessualità: è un'energia così intensa che deve essere incanalata per sfruttarne la forza.

L'area sessuale non si svolge solo in modo genitale, ma si consolida anche spiritualmente attraverso la sensibilità e il rispetto che si dà a se stessi e agli altri; a questo punto è legata alla parte affettiva, ma qui si orienta nelle sensazioni e nelle azioni che coinvolgono il sessuale, poiché nell'affettivo si può consolidare con amici e sconosciuti e nel sessuale solo con persone che hanno accesso alla prosemica intima. La sessualità si estende oltre i giochi erotici, è la congiunzione di gioia, amore e passione, l'intensità della sua manifestazione è così grande che abbiamo imparato ad essere attenti alla sua manifestazione, quando in realtà la sua presenza rappresenta solo una forma di crescita spirituale che è stata raggiunta. Molte persone concepiscono l'esercizio della sessualità come un atto puramente carnale, ma il suo esercizio comporta e richiede molta spiritualità. Nelle dimensioni dell'essere è stato suggerito che la spiritualità è la possibilità di conoscere, sentire e apprezzare se stessi, quello che spesso viene chiamato spirito, è in realtà la "sostanza" degli esseri umani, è il segmento di noi stessi che ci rende simili gli uni agli altri. Lo spirito può vivere indipendentemente dal corpo, ma il corpo non può vivere senza lo spirito. Il concetto di spirito implica quindi la capacità di conoscere, sentire e apprezzare se stessi, ed è per questo che la sessualità è intimamente legata allo spirituale; accettare l'unione della spiritualità con la sessualità comporta l'accettazione della propria umanità e con essa il senso di piena integrazione.

Per questo è molto importante accettarsi così come si è, cioè amarsi per quello che si è. Forse questo è uno dei problemi nel momento in cui ci si concepisce come sessuali, forse c'è una sensazione di disagio con se stessi, dovuta al fatto che non si accetta la forma del corpo che si possiede, e proprio questa negazione ci porta a limitare la conoscenza di noi stessi; per lo stesso motivo si manifesta un'assenza di sensibilità, e di conseguenza non c'è apprezzamento, anzi prevale un certo disprezzo verso la propria figura e con questo ci si nega la possibilità di esplorare la propria sessualità. Questo significa che il primo ostacolo alla connessione con la propria sessualità è proprio la fallacia del corpo perfetto, che assomiglia a un ideale piuttosto che alla perfezione; è curioso come molti uomini e donne investano molte energie nell'osservare altri uomini e donne cercando di trovare corpi perfetti in questa visione, che fa sentire fisicamente inferiori, che provoca un sentimento di vergogna o di falsa modestia.

In alcune cerchie di amici è molto comune parlare di argomenti personali come la dieta, il denaro, la religione, la politica, lo sport, ecc. e si può notare che le persone si sentono a proprio agio nel discutere di questi argomenti, ma quando si parla di argomenti legati alla sessualità, le persone sono spesso disturbate o si sentono a disagio e preferiscono evitare di parlarne. In molte religioni questi temi non vengono discussi perché la sessualità è vista come un'attività riproduttiva e raramente come un'attività normale e soprattutto necessaria nelle relazioni umane. Tuttavia, è molto importante sottolineare che si tratta di un'attività che richiede una grande maturità per essere svolta; molti giovani tendono a entrare in questa attività senza essere preparati mentalmente, pur avendo già le condizioni fisiche per potersi impegnare pienamente nell'esercizio della sessualità, non hanno la maturità mentale necessaria per affrontare le intense sensazioni che emanano dal suo esercizio. Per questo motivo, alcuni giovani intraprendono queste attività motivati solo dal piacere prodotto dal contatto carnale, senza rendersi conto che dopo un rapporto possono accadere grandi eventi, come la gestazione di un bambino. In questa parte della vita ci sono molte sensazioni che, a causa della loro giovane età, non hanno sperimentato, uno spirito impetuoso prevale su uno spirito riflessivo, l'esercizio dei rapporti sessuali è di solito solo l'inizio di una catena di errori che comincia quando si hanno rapporti sessuali senza essere preparati nei metodi di prevenzione, o quando la relazione di coppia diventa l'unica fonte di gratificazione emotiva e si stabiliscono rapporti condizionati o di dipendenza, o, come è successo in alcune occasioni, si sostengono rapporti sessuali quando entrambi sono alcolizzati o senza la piena consapevolezza di ciò che l'attività implica.

La sessualità, come inizialmente espressa, non implica solo la genitalità, ma anche l'accettazione incondizionata di se stessi, il fare l'amore, cioè un tentativo di fare qualcosa senza molta profondità o dedizione, quindi carezze, baci e abbracci sono le attività principali che favoriscono l'autoesplorazione e, con questa, conoscere e riconoscere quali sensazioni sono piacevoli e quali più intense. Il processo accademico universitario non offre solo la possibilità di crescere intellettualmente, ma anche di svilupparsi socialmente e, in alcuni casi, di stringere amicizie che funzionano come una sorta di rete a livello professionale. Anche le relazioni sentimentali fanno parte delle attività che si possono realizzare in questa fase, compagni di gruppo, compagni di carriera o magari studenti di altre carriere; tutti hanno la possibilità di scegliere o essere scelti, l'importante è osare e in futuro formalizzare una relazione sentimentale che possa contribuire a generare un'atmosfera universitaria migliore.

L'importante è non arrendersi; al contrario, si tratta di perseverare per imparare a vivere insieme un rapporto più profondo che cresce gradualmente, e di approfittare di questo processo per prendere coscienza dell'importanza e dell'intensità delle sensazioni provate da uomini e donne. Una volta assimilata questa intensa esperienza, sarà più facile percepire il calore e la passione dei baci, l'intensità delle carezze, il dare e ricevere carezze. Non è necessario rischiare troppo o agire impulsivamente pensando che non ci saranno più occasioni per impegnarsi pienamente nell'esercizio della sessualità: questa esperienza arriverà, ma nella misura in cui ci si prepara a questo evento, ci si prepara ad abbracciare la sessualità e a sperimentare tutta la sua ricchezza, senza sentirsi in colpa per averla esercitata.

Sistema fisico-sportivo

Il concetto di attività fisica è regolarmente associato alla pratica sportiva; è molto comune che molte persone a cui viene chiesto di parlare di attività fisica rispondano che non amano fare questo o quello sport, a causa della complessità delle regole di funzionamento e della complessità dell'esecuzione. Per questo motivo, in prima istanza, sarà necessario stabilire le differenze tra lo sport e l'attività fisica, che, sebbene condividano entrambe la necessità di dinamismo corporeo, è lo scopo dell'una e dell'altra a fare la differenza.

La pratica sportiva, che si tratti di calcio, pallavolo, basket, baseball, softball, ecc. ha obiettivi molto specifici e richiede un gruppo di persone per il suo sviluppo. Hanno obiettivi molto specifici e richiedono un gruppo di persone per il loro sviluppo. Sebbene esistano anche sport individuali, ognuno di questi sport richiede la padronanza di alcuni aspetti fisici, tecnici e tattici. L'aspetto fisico si riferisce a capacità fisiche quali forza, resistenza e velocità. L'aspetto tecnico è legato ad alcune abilità esecutive, come ad esempio saper calciare una palla, tirare al volo, segnare un canestro o prendere una palla; l'aspetto tattico coinvolge le proprie abilità in combinazione con quelle degli altri compagni di squadra per costruire, attraverso una strategia, risorse offensive e difensive il cui obiettivo principale è segnare il maggior numero di gol, punti, canestri o corse, il tutto sulla base di una serie di regole che servono a disciplinare lo svolgimento delle gare.

Ora, per raggiungere un certo livello agonistico, è necessario che tutti i membri delle diverse squadre e dei diversi sport imparino a eseguire i movimenti specifici di determinati sport e posizioni; per questo è necessaria una certa sistematizzazione delle routine chiamate allenamenti, in cui si stabiliscono orari e routine quotidiane che coprono precisamente lo sviluppo e l'evoluzione degli atleti, che potranno osservare il frutto dei loro sforzi durante le diverse competizioni che vengono svolte. Per lo stesso motivo, il modo in cui si valutano gli sforzi di questa attività si basa di solito sui risultati favorevoli che si ottengono, per cui quando per qualche motivo questi non sono favorevoli, molti atleti tendono a sperimentare un certo grado di frustrazione perché concentrano la loro attenzione sull'obiettivo e smettono di prestare attenzione al processo; cioè, non si rendono conto che, indipendentemente dai risultati ottenuti, sono riusciti a ottenere una forma fisica e uno sviluppo volitivo, qualità che non sono solo inerenti allo sport ma che trascendono in altre attività della vita quotidiana.

D'altra parte, l'attività fisica si manifesta con un aumento dell'intensità dell'attività, detta anche motricità, che nella sua definizione stabilisce che è la capacità dell'uomo di generare da solo un movimento, per il quale deve esistere un adeguato equilibrio tra la capacità di coordinazione e la sincronizzazione delle strutture corporee coinvolte nel movimento, come l'apparato muscolo-scheletrico, il sistema nervoso e gli organi dei sensi. Le abilità motorie hanno due modalità: la motricità fine e quella grossolana. La prima si manifesta, come indica il nome, attraverso i movimenti fini, come i muscoli coinvolti nel linguaggio, il movimento degli occhi, il movimento delle mani, ecc. La motricità grossolana si riferisce in particolare alla capacità di correre, saltare, lanciare, spingere, pedalare, ecc.

Come si può notare, le abilità motorie sono una costante in entrambe le attività, con la differenza che l'attività sportiva richiede un maggiore investimento di tempo e denaro, mentre l'attività fisica può essere svolta con un minore investimento di tempo e denaro. In entrambe, c'è la costante dello sforzo fisico e volitivo. Il primo consiste nell'avviare e mantenere un ritmo sistematico di esecuzione per ottenere risultati, mentre il secondo consiste nel mostrare iniziativa e perseveranza per attenersi alla routine. Una delle possibili ragioni per cui le persone associano lo sport all'attività fisica è che, molto probabilmente, nell'ambiente scolastico, i diversi insegnanti di educazione fisica hanno iniziato questa attività incoraggiando i bambini a praticare uno sport dando loro palle e palloni e formando squadre per competere tra loro, stabilendo così un rapporto di sport-competizione, Questo ha portato molti bambini e bambine a scegliere i compagni più dotati fisicamente, relegando quelli più limitati dal punto di vista motorio, o addirittura questi stessi bambini possono essere stati oggetto di scherno o di abusi verbali, che alla fine hanno portato molti di questi bambini ad avere un rapporto errato tra attività fisica e sport, da un lato, e dall'altro, un'avversione verso l'attività stessa.

Ora che sono chiare le differenze e forse una possibile risposta al perché questa attività non è apprezzata come parte dello sviluppo personale, possiamo stabilire alcuni dei vantaggi dell'attività fisica. Il primo, che di solito è il più significativo, è legato al dispendio calorico che si ottiene, il che la rende uno strumento molto efficace per i programmi di mantenimento del peso corporeo; un altro, anch'esso molto significativo, è legato al rilascio di endorfine che questa attività promuove, il quale conferisce alle persone un maggiore senso di benessere e di pienezza, che fornisce loro un maggiore coraggio per affrontare le esigenze quotidiane dell'esistenza. Se ci rendiamo conto, questi tre fattori non solo ci permetteranno di controllare il nostro peso corporeo, ma si rifletteranno anche sul nostro concetto di sé; vale a dire, la stessa attività può contribuire a un aumento dell'autostima e dell'apprezzamento.

Per incorporare questa attività nella vita quotidiana non è necessario fare grandi azioni o spese, bisogna solo scegliere quella che meglio si adatta allo stile di vita e talvolta al budget; in questo senso vale anche la pena di chiarire che molte persone hanno l'idea che solo nelle palestre si possa svolgere l'attività fisica, il che è completamente sbagliato, dato che qualsiasi luogo è adatto all'attività, è solo questione di un po' di creatività, volontà e tempo per realizzarne lo sviluppo. Le opzioni che attualmente esistono per l'attività fisica sono molte e varie, abbiamo ad esempio: attività all'aperto, giocare a badminton, correre, camminare, oppure in un ambiente chiuso routine di aerobica, ginnastica ritmica, tapis roulant, cyclette o vogatori, ecc.

In questa sezione è importante innanzitutto accettare l'idea dell'importanza di dare energia al proprio corpo, in secondo luogo riconoscere l'importanza di aumentare il dispendio energetico e infine rendersi conto che questa attività aumenta notevolmente l'umore e il concetto di sé, il che porterà a una maggiore cura di sé.

Spiritualità

Lo scopo di questa sezione è quello di mostrare la ricchezza che convive nell'essere umano, ma che per vari motivi non si vede, anzi non si nota nemmeno, nel ritmo di vita così travolgente in cui siamo soliti vivere, che è molto difficile accorgersi della distanza che sperimentiamo con noi stessi; gli esempi che sono stati esposti nel corso di questo libro, ci hanno permesso di mostrare che ci si reifica, cioè ci si vede e ci si sente come cose, invece che come persone. Questa tendenza limita molto lo sviluppo spirituale, per cui quando gli esseri umani riusciranno a inserire nella loro vita quotidiana una maggiore consapevolezza, una maggiore empatia e una migliore sincronia con se stessi, sarà in quel momento che avranno raggiunto una grande evoluzione in ambito spirituale.

È proprio in questo processo che William Gabriel Puga Cobá, un eccellente amico e grande compagno che possiede una grande sensibilità e una vasta esperienza, mi ha gentilmente dato la sua visione della spiritualità. La prospettiva che questa visione ci offre può permetterci di osservare le polarità che esistono nella ricerca della spiritualità, poiché ci saranno alcuni che associano la spiritualità alla religione, ma William la riferisce alle virtù o ai punti di forza dell'essere umano, e queste sono in fondo le premesse principali che hanno motivato la creazione di questo libro. Senza ulteriori indugi, vi invito a leggere insieme la concezione spirituale del mio compagno e amico.

La spiritualità è la dimensione non materiale della vita e ci distingue radicalmente dalle caratteristiche che possiamo condividere con gli animali. La spiritualità è la cosa più umana che abbiamo perché ci dà interiorità, coscienza e ci permette anche di orientarci verso il futuro, di avere speranza e di trascendere la nostra finitudine.

La spiritualità è ciò che la psicologia positiva chiama "virtù o punti di forza trascendentali". L'esercizio dei punti di forza trascendentali o l'esercizio della spiritualità, come lo chiamo io, genera emozioni positive, come ha sottolineato Fredrickson (2001). Le emozioni positive sono elementi essenziali per un funzionamento umano ottimale, in quanto ampliano i repertori di pensiero-azione, riducono le emozioni negative prolungate, stimolano la resilienza e provocano spirali di umore positivo che aumentano il benessere emotivo.

I valori e gli obiettivi di una persona mediano tra gli eventi esterni e il modo in cui viene vissuta l'esperienza, e in questo senso i punti di forza trascendentali o la spiritualità possono promuovere molteplici effetti desiderabili che contribuiscono effettivamente al benessere e a una vita personale più soddisfacente.

- La spiritualità è un bisogno umano intrinseco e quindi profondamente umano.
- La spiritualità è l'espressione più ricca e bella dell'essere umano, che lo distanzia in modo significativo e qualitativo dagli animali.
- La spiritualità permette all'uomo di sperare, cioè di avere speranza e di andare oltre se stesso, cioè di trascendere.
- La spiritualità permette all'uomo di scoprire un fine in se stesso e di non presumere di essere il fine di tutto.
- La spiritualità rende possibile all'uomo progettare, costruire, scegliere e decidere il proprio scopo, il proprio destino, e non solo vivere in risposta agli impulsi della natura.
- La spiritualità orienta, guida e abilita l'uomo a scorgere la
  futuro.
- La spiritualità fa sì che l'uomo, a partire dalla sua finitezza, possa aspirare all'eccellenza.
  infinito.
- La spiritualità rende possibile agli esseri umani di vivere già nell'infinito, a partire dalla loro

finitudine.

- La spiritualità permette all'essere umano di contemplare ciò che non si vede e di affermare ciò che non si conosce, "perché tutto il suo essere grida e cospira per essere così". La cosa più oggettiva è il mistero e ancor più il mistero di noi stessi.
- La spiritualità permette agli esseri umani di amare e di sentirsi amati.
- La spiritualità mette gli esseri umani nella condizione di creare, ricreare e assumere responsabilmente la propria esistenza e di esprimere in ogni azione la bellezza di vivere pienamente nella libertà.

È questa area spirituale profondamente umana che ora mi interessa mettere in luce e restituire, per giustizia, la sua importanza, il suo valore, la sua ricchezza, la sua profondità e la sua centralità nella vita di ogni persona.

La spiritualità ci permette di scoprire che ciò che è essenziale e veramente importante per ogni essere umano è ciò che non passa, non ciò che non finisce, e ciò che non finisce e non passa sono le virtù o le forze trascendentali, che io chiamo spiritualità. Ecco perché possiamo concludere, affermando che voi e io, e ogni essere umano, siamo un essere naturale e profondamente spirituale e, grazie alla spiritualità, profondamente umano.

La riflessione che questa visione della spiritualità ci lascia concludere che con il solo fatto di accettare la nostra umanità, accettiamo la nostra spiritualità nello stesso senso; questa stessa spiritualità ci porta a nutrire la speranza che funziona come una sorta di motore dello sviluppo. Ma per visualizzare un destino, bisogna prima sapere quali sono le virtù e le forze trascendentali che si possiedono, perché queste sono in definitiva gli unici e più preziosi strumenti da utilizzare in questa ricerca della trascendenza. È solo necessario che l'essere umano si assuma la piena responsabilità della propria libertà di azione e di scelta, per poter ripensare sistematicamente la propria presenza, godere e imparare dalla propria esistenza.

Sistema del lavoro

Il lavoro implica, tra l'altro, lo svolgimento di attività produttive che consentono di generare risorse economiche e, in molte occasioni, emotive dopo il loro svolgimento. La parola "lavoro" ha diverse connotazioni, che vanno da un'azione retribuita a una che richiede un grande sforzo per essere svolta, oppure può essere definita come un'azione dello sforzo umano finalizzata alla produzione di ricchezza. Da un lato, le persone che lavorano lo fanno perché in questo modo sanno di poter essere remunerate economicamente e le risorse ottenute possono essere utilizzate per soddisfare alcuni bisogni personali o familiari. Ora, in senso stretto, la parola "lavoro" è associata a quelle azioni che richiedono un grande sforzo fisico e mentale per essere compiute, quindi "costano lavoro", e infine, una permanenza nel lavoro può produrre ricchezza; tuttavia, questa non è solo di natura economica, ma può riflettere ricchezza anche nelle competenze che si sviluppano e nelle conoscenze che si acquisiscono come risultato di questo stesso sviluppo.

Come si può notare, il lavoro riunisce diverse questioni che vale la pena analizzare più a fondo, perché queste tre connotazioni si ottengono contemporaneamente ogni volta che si lavora, mentre in molte occasioni si concentra l'attenzione solo sulla connotazione legata all'economia.

Il primo significato di lavoro è legato alla retribuzione, che di solito è legata al denaro; in realtà la retribuzione può essere ottenuta anche in modo intrinseco, cioè dal fatto che la persona si sente soddisfatta di ciò che fa, per quanto è riuscita a essere elaborata, efficiente o precisa nello svolgimento del lavoro. Ma non tutto è legato alla prestazione, ci sono anche le relazioni interpersonali, supponiamo che il contesto in cui si svolge il lavoro sia in un'azienda che comprende diversi dipendenti, in quanto è molto probabile che si possano instaurare legami relazionali che possono trascendere in grandi amicizie o addirittura in relazioni formali, che siano frequentazioni o matrimoni. Quindi, la retribuzione non sarà solo economica, ma si potrà ottenere anche una soddisfazione personale.

Per quanto riguarda il concetto di lavoro come sinonimo di sforzo, si può riconoscere che quando si inizia una nuova attività, è necessario prima conoscere tutti i compiti da svolgere, nonché con chi, o chi si deve relazionare, e poi valutare la propria efficienza con il nuovo compito. Queste implicazioni richiedono un po' di tempo per essere riconosciute e padroneggiate, per cui all'inizio probabilmente non sarete molto efficienti e quindi ci vorrà un po' di "lavoro" per prendere confidenza con gli incarichi. Infine, l'accumulo di ricchezza si rifletterà in due aspetti molto chiari, il primo legato alle competenze cognitive, cioè alle capacità che contribuiranno ad aumentare la capacità di analizzare, valutare, determinare e prendere decisioni, risorse che non saranno utili solo sul posto di lavoro ma che potranno essere utilizzate in tutti gli ambiti in cui gli esseri umani sono coinvolti. Quest'ultimo aspetto si riflette nelle competenze motorie, sociali e affettive. Le competenze motorie riguardano la capacità di esecuzione, cioè le abilità che aumenteranno gradualmente e permetteranno una maggiore efficienza nelle azioni che si compiono. Le competenze sociali si irradieranno nella capacità di accrescere i legami di amicizia con i propri compagni e nello stabilire con loro legami affettivi. È per questo motivo che lo sviluppo di quest'area non si basa esclusivamente sulla remunerazione economica ottenuta, né in termini di posizioni in cui si desidera entrare, ma che bisogna considerare in questa evoluzione anche la possibilità di svolgere azioni in accordo con le proprie capacità e aumentare il più possibile il potenziale di esecuzione che si possiede.

Ognuno dei neolaureati ha un potenziale di sviluppo che può dispiegarsi nel momento in cui decide di concentrarsi su ciò che sa fare bene o secondo le politiche dell'azienda in cui lavora, e non su ciò che non conosce o non comprende appieno. La ragione di questa affermazione è dovuta al fatto che in molte occasioni le persone che iniziano a lavorare in un'azienda lo fanno da una prospettiva negativa di auto-osservazione, invece di riconoscere che sono potenzialmente in grado di svolgere i compiti loro affidati.

Sicuramente, è molto probabile che all'inizio si faccia molta fatica a svolgere qualsiasi lavoro, e le ragioni possono essere dovute alla naturale ignoranza degli incarichi, delle politiche, dei colleghi, eccetera; quindi è pertinente non essere così severi con se stessi e censurarsi per l'incipiente inoperosità che si potrebbe mostrare in un dato momento, e invece di questa auto-recriminazione, è meglio incorporare l'incoraggiamento e la volontà e soprattutto l'umiltà verso ciò che si deve imparare e aspirare gradualmente a diventare esperti per realizzarsi come lavoratore e come essere umano.

Epilogo

Un concetto che personalmente mi è piaciuto molto e che è stato una costante nella mia vita è legato alla parola escursione, che di solito si riferisce a gite o uscite ricreative; il che è in una certa misura esatto, ma l'accuratezza di questo significato, preferisco collegarlo al fatto di andare fuori rotta, il che significa che per fare un'escursione, si deve lasciare la rotta normale che si sta prendendo.

L'intento di questo libro è quello di invitare le persone a uscire dal corso della propria vita e a guardare fuori o intorno a sé in luoghi che non sono stati esplorati, forse per paura, per cautela o perché non ci si è interrogati.

La visione sistemica propone, in particolare, due escursioni che richiedono molto coraggio e motivazione. Il concetto di coraggio implica addirittura due premesse, la prima si manifesta perché una persona, per il solo fatto di esistere, ha già un valore implicito, la seconda perché richiede molto coraggio osare andare contro ciò che altri o anche se stessi hanno stabilito come destino e da cui per vari motivi ci siamo allontanati nel tempo, supponendo erroneamente che non sarà possibile riprendere il cammino perché concepiamo ciò che è già noto come verità assoluta.

Ci vuole quindi molto coraggio per osare riprendere il controllo della propria esistenza. E una volta deciso di riprendere il controllo, è necessario un motivo o una ragione per agire, quindi la motivazione sarà necessaria per fare questa escursione, che si rifletterà in due direzioni reciprocamente dissimili. La Visione Sistemica vi invita in tutto questo libro a fare un'escursione nella vostra interiorità, affinché in questo viaggio possiate trovare la vostra essenza, quella che vi identifica, vi individua e vi potenzia, affinché da questo spazio interiore possiate crescere nelle dimensioni cognitive, affettive e spirituali, affinché da questo spazio interiore possiate crescere nelle dimensioni cognitive, affettive e spirituali, affinché da questo spazio interiore possiate crescere nelle dimensioni cognitive, affettive e spirituali, in modo da costruire una sorta di piattaforma sufficientemente solida e flessibile da permettervi di spingervi verso lo sviluppo delle vostre aree di crescita umana e di potervi muovere in ognuna di esse con sufficiente aplomb e fiducia per dispiegare tutto il vostro potenziale di esecuzione.

Per farlo, dovrete innanzitutto costringervi a rivalutare il vostro stile di vita e, con questo, sarete in grado di stabilire cosa lasciare da parte e cosa integrare nella vostra vita per continuare questa escursione. Tenete presente che il modo migliore per godersi il viaggio è quando si cammina con leggerezza, quindi dovete avere il coraggio di lasciarvi alle spalle ciò che vi è utile in questo viaggio e abbandonare ciò che potrebbe stancarvi a causa del suo peso. Ricordate che ogni escursione è un'avventura, quindi non potete sapere cosa succederà; tuttavia, una volta che avrete una sufficiente conoscenza di voi stessi, saprete cosa fare per riprendere il corso della vostra vita.

Per questo, ora avete a disposizione i segnali che vi aiuteranno a non perdervi lungo il cammino, che potrete osservare in ogni momento attraverso il vostro stato d'animo e la vostra salute mentale.

Vi sono quindi grato per il favore della vostra lettura e vi auguro di vivere l'avventura di sviluppare al massimo l'essere umano che è in voi.

Bibliografia

A. Jackson S./Csikszentmihayi 2010 *Il flusso nello sport*
Bandura A. 1963 *Apprendimento* sociale *e sviluppo della personalità*
Bertalanffy V Ludwig 1950 *Teoria generale dei sistemi*
Buceta J. María 1998 *variabili psicologiche legate alla prestazione sportiva.*
Caballo E. Vicente 2008 *Manuale di terapia e tecniche di modificazione del comportamento*
Castaneda Celedonio 2005 *Psicologia umanistica del Nord America*
Corres A. Patricia 2000 *La memoria dell'oblio*
Chávez Rosario/Michel Sergio 2009 *Lo spazio protetto del dialogo*
Covey R. Stephen 1992 *Leadership di principio*
Cueli José/Reidl Lucy/Martí Carmen/Lartigue Teresa/Michaca Pedro 1998 *Teorie della personalità*
Ellis Albert 1996 *Una terapia più profonda e duratura*
Da Ángeles Bárbara 2002 *Eres tu mi media naranja*
Díaz Carlos 2006 *Dall'io sfortunato al noi radioso*
Díaz Carlos 2004 *Dire la persona*
Fadiman James 1998 *Teorie della personalità*
Goleman Daniel 2006 *Intelligenza sociale*
Henderson Grotberg Edith 2006 La *resilienza nel mondo di oggi*
Kazdin E. Alan 1998 *Modificazione comportamentale e applicazioni pratiche*
Klemash Christian 2006 *Come avere successo nel gioco della vita*
Mankeliunas Mateo 1991 *Psicologia della motivazione*
Millman Dan 1997 *L'illuminazione* quotidiana
Millman Dan 2000 Vivere *con uno scopo*
Pervin A. Lawrence/John P. Oliver 2008 *Personalità. Teoria e ricerca*
Prigogine Ilya 1997 *le leggi del caos*
Oblitas Luis A. *2004 Psicología de la Salud Y calidad de vida (Psicologia della salute e qualità della vita)*
Orlick Terry 1990 *Alla ricerca dell'eccellenza*
Paris Ginette 2009 *La vita interiore*
Parra A. Almudena 1997 *Tú cuerpo es tuyo*
Roca Josep 2006 *Auto-motivazione*
McGraw Phil 2004 *Prima la famiglia*
Vega Báez J.M. 2002 *Rumbo a la Cima*
Watzlawick Paul 1991 *Teoria della comunicazione umana*
W. Crawford J. 1972 *pubblicità*
Ziglar Zig 1994 *Ci vediamo al vertice*

Milton Keynes UK
Ingram Content Group UK Ltd.
UKHW011517230124
436534UK00001B/129